合肥工业大学图书出版专项基金资助项目

高校德育主题班会的设计与实施

钟小要　编著

合肥工業大學出版社

图书在版编目(CIP)数据

高校德育主题班会的设计与实施/钟小要编著. --合肥：合肥工业大学出版社，2024.
ISBN 978-7-5650-6778-5

Ⅰ. G641

中国国家版本馆CIP数据核字第2024DV3423号

高校德育主题班会的设计与实施

钟小要 编著　　　　责任编辑 许璘琳

出 版	合肥工业大学出版社	版 次	2024年11月第1版
地 址	合肥市屯溪路193号	印 次	2024年11月第1次印刷
邮 编	230009	开 本	787毫米×1092毫米 1/16
电 话	基础与职业教育出版中心：0551－62903120	印 张	18.5
	营销与储运管理中心：0551－62903198	字 数	358千字
网 址	press.hfut.edu.cn	印 刷	安徽联众印刷有限公司
E-mail	hfutpress@163.com	发 行	全国新华书店

ISBN 978-7-5650-6778-5　　　　定价：46.00元

编委会

编　著　钟小要

副编著　李志明

参　编　邹佳莹　朱玲利　刘雯雯

任　颖　周晓柳　黄　晨

徐美波

前　言

教育是国之大计、党之大计，高等学校肩负着为党育人、为国育才的光荣使命，承担着立德树人的根本任务。大学生思想政治教育是高等学校落实立德树人根本任务的关键环节，对于大力培养有理想、敢担当、能吃苦、肯奋斗的堪当民族复兴大任的时代新人发挥着至关重要的作用。习近平总书记在清华大学考察时强调，“当代中国青年是与新时代同向同行、共同前进的一代，生逢盛世，肩负重任。”“大学教师对学生承担着传授知识、培养能力、塑造正确人生观的职责”。

高校辅导员是开展大学生思想政治教育的骨干力量，是高等学校学生日常思想政治教育和管理工作的组织者、实施者、指导者，成为学生的人生导师、知心朋友是辅导员工作的价值追求。《中共中央国务院关于进一步加强和改进大学生思想政治教育的意见》指出，班级是大学生的基本组织形式，是大学生自我教育、自我管理、自我服务的主要组织载体。要着力加强班级集体建设，组织开展丰富多彩的主题班会等活动，发挥团结学生、组织学生、教育学生的职能。因此，主题班会是辅导员开展学生日常思想政治教育工作的重要阵地，也是思想政治教育理论与实践相结合的重要体现，更是辅导员对大学生进行集体化思想教育的特色课堂，对于促进学生的成长成才和树立正确的世界观、人生观和价值观都具有非常重要的作用。

习近平总书记在中国人民大学考察时强调，“青少年思想政治教育是一个接续的过程，要针对青少年成长的不同阶段，有针对性地开展思想政治教育。思政课的本质是讲道理，要注重方式方法，把道理讲深、讲透、讲活，老师要用心教，学生要用心悟，达到沟通心灵、启智润心、激扬斗志”。主题班会是具有自身鲜明特点的德育课堂，是围绕一个主题、有计划开展、有组织实施、有步骤推进，以实现教育目标的重要集体教育形式，组织召开主题班会是高校辅导员的重要工作职责之一。上好主题班会，要求辅导员具有丰富的知识储备和出色的教育引导能力，更需要辅导员做到心中有法、行动有据，并且在实施的过程中注意把握教育的互动性和创新性，以达到最佳的教育效果。

长期以来，各高校都高度重视主题班会工作，在实践中积累了丰富的经验，凝练并形成诸多工作特色。为了引导辅导员深刻认识主题班会的重要性，科学设计主题班会各项流程，真正让学生在主题班会中收获成长，我们在前期工作实践的基础上精心编写了这本书。本书立足于实务性操作的视角，以启发思维、教授方法为重点，具体章节包括高校德育主题班会基本理论、高校德育主题班会设计与实施原理、高校德育主题班会的评价、高校德育主题班会设计与实施等，特别是在实施内容上精心设计了思想导航篇、适应成长篇、生涯规划篇、安全文明篇等四大核心板块。全书以深入浅出的语言、翔实丰富的实例，围绕爱国主义教育、新生适应性教育、法治安全教育、文明规范教育、生命教育、职业就业教育等43个主题，形成可实施、可借鉴的主题班会教案，为一线学生工作者提供了有益的参考借鉴，以期提高主题班会开展的体系化、规范化和科学化水平。

由于编者水平有限及编撰时间仓促，书中难免存在疏漏与偏差，恳请广大读者批评指正。

编　者

2024年5月

目 录

第一章 高校德育主题班会基本理论

第二章 高校德育主题班会设计与实施原理

第三章 高校德育主题班会的评价

第四章　高校德育主题班会设计与实施

第一章 高校德育主题班会基本理论

第一节 高校德育主题班会概述

教书育人，德育为先。德育主题班会作为大学生思想政治教育的有效形式和重要阵地，在帮助学生习得理论知识、端正道德认知、养成良好行为中发挥着重要作用。在新时代高校育人工作中，着力推进德育主题班会的内容体系化、组织规范化、管理标准化，有目的、有计划地夯实当代青年的思想根基，系统筑牢青年一代的理想信念，不仅是高等学校思想道德教育的重要内容，更是推进“时代新人铸魂工程”落地见效的重要举措。

一、高校德育主题班会的含义

班会是高校辅导员对大学生进行思想政治教育的有效形式和重要阵地，是辅导员工作的重要内容。高校班会主要分为主题班会和常规班会两种形式。常规班会主要用来传达学校相关文件、总结班级前期工作、对近期工作进行安排等，其议程相对固定，形式比较单一。而主题班会是指以班级为单位，有明确的班会主题，集体进行思想教育的活动。德育主题班会更加突出对学生的思想政治教育和价值引领作用，是根据党和国家的路线、方针、政策要求，结合学校人才培养目标和学生成长发展中的实际问题，有针对性地设计思想品德等方面的教育主题，并围绕系列主题举行的班级教育活动。

德育主题班会将价值塑造、知识传授和能力培养三者融为一体，是高校开展育人工作的重要阵地，是高校在育人育才过程中实现思想政治教育的重要途径，是高校做好大学生思想工作的重要场域和手段，是第一课堂理论教育与第二课堂实践体悟有机融合的重要教育形式，也是高校辅导员或班主任的重要工作内容之一。

二、高校德育主题班会的特点

（一）德育主题班会内容的思想性与科学性

习近平总书记在全国高校思想政治工作会议上强调，高校思想政治工作“要坚持把立德树人作为中心环节”。因此，在确定班会内容时，要坚持育“德”为先，确保教育内容的思想性和价值性。要求班会教师在内容选取时应遵循学生品德素养的形成规律，重点围绕爱国主义教育、理想信念教育、社会公德教育、民主法制教育、纪律意识教育、价值观念教育、心理健康教育等内容，通过强化思想引领和正面引导，推动学生的品德发展与人格塑造，切实提升学生个体的思想水平、政治觉悟、道德品质和文化素养。同时，要立足当代大学生的成长需求与能力实际，结合德育工作中的热点难点，重视补充有价值的科学知识、理论资料和技能方法，以提高德育班会内容的科学性、知识性、理论性，实现德育主题班会思想性与科学性的有机统一。

（二）德育主题班会主体的开放性与交互性

德育主题班会以教师为主导，以学生为主体。双重对象的开放性与交互性体现在以下几个方面：一是课程主导教师的开放性。主题班会的施教老师不局限于班主任或辅导员，可以根据班会内容和实施目标，邀请专业教师、知名校友、行业领袖、学生骨干等担任德育班会的主讲教师。二是学生主体的开放性。高校德育主题班会能够实现学段持续、全员覆盖，校院层面、年级内部、班级之间资源开放、主体互通，必要时可以根据班会主题面向的不同主体或特殊学生群体，打破年级或班级界限。三是师生关系的开放性与交互性。在班会组织实施过程中，班会教师应注重给予整体性引导和方向性把关，充分发挥高校学生干部在班会策划、执行、总结中的主体作用，调动学生参与自我教育、问题解决和集体治理的积极性，在师生互动、生生互动中互相启发、互帮互评，实现知识方法的学习与品德素质的提升。

（三）德育主题班会形式的多样性与灵活性

德育主题班会在实施中能较好地融通“理论、知识、经验”与“实践、体验、操作”之间的关系。在“两大课堂”贯通上，德育主题班会的“课程化”建设，确保了学生在第一课堂模式下的知识获得与理论提升；第二课堂多彩活动的融入，也拓宽了德育主题班会的开展形式，打破了空间固定、你听我讲的传统模式。在实施形式上，除课堂讲授之外，主题班会可以采取案例分析、情景模拟、角色扮演、分组辩论、团体辅导、朋辈互动、参观走访等多种学生喜闻乐见的方式。在实施空间上，可以充分运用线上新媒体教育平台，以打破德育班会的时空局限；可以积极拓展校外教育基地，提高学生的班会参与度和积极性。在体验养成上，主题班会具有实践体验性和现实应用性的特征，可以结合学生所学专业的社会服务价值，通过社会调查、生产劳动、社会公益、志愿服务、创业实习等形式，提升学生的自我效能感，促成学生理论获得与实践养成的统一，以实现课堂教学与实践教学的有机融合。

（四）德育主题班会开展的计划性与适时性

德育主题班会的计划性是指能够聚焦当代大学生的学段连续性，紧扣学生不同成长发展阶段的实际需求与思想规律，有计划地拟定针对性辅导主题，并保证各阶段主题间的逻辑合理和体系完善。如对于大一新生重点围绕角色与环境适应，加强校规校纪、安全法治、生命健康、文明修身、学业规划等教育；大二、大三年级学生侧重创新创业、科技竞赛、实践服务、网络素养等教育；对于高年级学生注重职业就业、社会责任、诚信感恩等教育。计划性还体现在班会内容设定时的“因班制宜”，即主题班会能够聚焦不同学科专业的学生特质，通过班级内部环境分析，在充分调研了解班情的基础上，针对班级内部现存的实际问题、共性问题等有计划地组织实施针对性班会。德育主题班会的适时性是指能够实现教育过程的因事而化、因时而进、因势而新，主要体现在主题班会的教育时代性和开展及时性等方面。班会的召开时间相对灵活，例如，可以根据学生当下关注的热点问题、遇到的难点问题、突发的重点问题，结合时事政治、社会热点、舆论事件等，对学生短期内出现的思想问题进行及时引导和解决，取得“及时雨”的思政教育实效。这也要求班会组织者有较高的思想敏锐性和施教主动性，能够及时掌握时政热点新形势，主动聚焦学生思想新动态，形势变化到哪里、热点难点出现在哪里，德育主题班会就要跟进到哪里。

三、高校开展德育主题班会的重要意义

树人先树德，培养并促进学生道德品质的提升，是教育的基本出发点和落脚点。2018年9月10日，习近平总书记在全国教育大会上指出，“要把立德树人融入思想道德教育、文化知识教育、社会实践教育各环节，贯穿基础教育、职业教育、高等教育各领域”。2019年10月，国务院印发《新时代公民道德建设实施纲要》，提出“坚持育人为本、德育为先，把思想品德作为学生核心素养、纳入学业质量标准”。2021年召开的全国教育工作会议再次强调要落实立德树人根本任务，提升思想政治工作质量。在“提升思想政治工作质量。”后增加：2024年，习近平总书记在全国教育大会上强调，要坚持不懈用新时代中国特色社会主义思想铸魂育人，实施新时代立德树人工程。不断加强和改进新时代学校思想政治教育，教育引导青少年学生坚定马克思主义信仰、中国特色社会主义信念、中华民族伟大复兴信心，立报国强国大志向、做挺膺担当奋斗者。注重运用新时代伟大变革成功案例，充分发挥红色资源育人功能，不断拓展实践育人和网络育人的空间和阵地。加大国家通用语言文字推广力度，促进铸牢中华民族共同体意识。在新时代新形势新挑战下，开展德育工作、加强学生思想政治教育有着极端重要性和现实紧迫性。

第一，德育主题班会是高校学生思想政治教育的良好切入点。大学生思想政治教育作为学校育人工作的中心环节，不可或缺并且有着至关重要的作用。在“五育并举”高质量人才培养体系中，德育始终摆在首要位置，是我们思想政治教育工作者工作的重中之重。高校德育工作以大学生品德发展、价值养成、信念建立为基础，注重培养学生正确的思想观念和坚定的政治立场。德育主题班会作为一种可操作性强、经常性开展的教育活动，是一种重要的教育方式，是辅导员或班主任对班级进行有效管理、建设指导的重要教育途径，具有活动和课程的双重性质。德育主题班会能够涵盖多方面的内容，可以进行统一的

提醒，以引发学生对一些共性问题的思考，是范围较大的教育方式之一，是高校思政工作者开展工作的重要载体。

第二，德育主题班会在高校中扮演着学生管理的重要角色。它由辅导员策划和组织，围绕特定主题进行教育活动，是高校日常思想政治教育的重要渠道和方式。大学阶段对学生的个人发展和未来道路选择影响深远，因此提升学生的自我管理和自我教育能力至关重要。自我教育和自我管理可以增强学习的主动性和积极性，培养学生成为综合素质突出、适应能力强的社会建设者。成功召开主题班会需要多种因素共同作用。首先，辅导员的引导至关重要；其次，学生部门的策划组织也不可或缺；最重要的是学生们的积极参与，他们是班会的核心。通过有目的的设计，班会将学生置于主导地位，可以激发他们的主观能动性和积极性，培养自我教育和自我管理的能力。

第三，德育主题班会是一个提升大学生综合素质的有效平台。高校应该培养学生的专业能力和全面、协调、可持续发展能力。主题班会提供了一个形式多样、内容丰富的平台，大学生能够在班会中发挥主体作用，锻炼各个方面的能力，进一步促进自身的全面发展。因此，主题班会是提升大学生综合素质的一种有效途径。

第四，德育主题班会是大学生交流观点的重要渠道。主题班会是对大学生开展思想政治教育的一个重要渠道及手段，通过开展主题班会，可以促进学生更好的交流进而融入班级。平时高校大学生可能与各自的舍友有很多交集，对于其他寝室的同学就显得比较生疏。通过组织主题班会，号召大家积极参加，坐在一起交流，针对主题班会的内容开展讨论、交换观点，来一场别样的“思想风暴”。在这样的交流过程中，高校学生的交流能力、交际能力也会不断提高。所以班会是高校学生交流观点的重要渠道。

第五，德育主题班会不仅是提升高校班级凝聚力的有效手段，也是强化班级向心力的有效手段。班级学生的凝聚力是评判班级建设程度的重要指标之一，一个团结奋进、全面进步的优秀班集体，对每个成员都发挥着潜移默化的管理和教育作用。大学生的课余生活丰富多彩，开展班级活动的次数因而逐渐减少，导致有部分同学团队意识薄弱、班级荣誉感变弱。通过组织主题班会，组织班级学生全员参与，促进学生之间的交流，并使他们在交流的过程中感受班级的温暖，可以增强班级归属感，提升班级荣誉感，从而进一步提升班级的凝聚力。

高校德育主题班会面向大学生组织开展，教育对象的学习专业性强、思想活跃度高、行为自主性大，这就要求德育主题班会能够聚焦当代学生的关注焦点和典型问题，结合学生学科专业特色与学校育人实际，突出思政工作者在班会中的主导作用，发挥班级干部在策划组织中的骨干作用，调动全体学生在班会过程中的主体作用，通过多形式学习、多元化交流、多载体实践，引导他们对当代大学生中普遍存在的思想认识问题进行认真剖析，帮助他们树立起坚定正确的政治方向，涵养爱党爱国的优良品德，养成良好的文明行为习惯。

第二节　系统化构建高校德育主题班会的必要性

一、目前高校德育主题班会存在的问题

（一）德育主题班会选题针对性不强，选题陈旧

目前，高校内开展的德育主题班会在内容选题上存在较大弊端，很多班会都是按照要求定时举行，主题是统一布置统一验收，没有贴合班级实际情况。大多数主题聚焦于高校学生学习生活的主要日常性问题，例如，班级纪律问题、学习成绩以及班级管理等。而对于一些学生关注并且能够引起共鸣、引人深思的社会热点话题，很少进行分析讨论未做过多涉及。同时，一些主题班会还存在选题过大的情况，使得班会无法贴近学生实际、内容缺乏感知度，导致主题班会缺乏合适的切入点和着力点，难以激发学生的兴趣，无法在班会的有效时间内取得该有的思想政治教育效果。

（二）德育主题班会以宣讲为主，学生参与主动性较差

目前，大部分德育主题班会还是延续传统形式，在确立主题后由辅导员或班委进行宣讲说教，学生以被动接受为主，缺乏交互性甚至基本无任何交流沟通，班会的体验感很差。这也导致班会主题的挖掘通常只停留在内容宣讲层面，基本没有引导学生挖掘更深层次的内涵，这样造成的结果是目前大学生很少主动参加主题班会，甚至大部分学生需要辅导员督促才参加，班会育人效果大打折扣。造成这种情况的主要原因有以下几点，目前大部分大学生为“00后”，个性更加鲜明，自我意识较强，不愿意被集体活动束缚；主题班会选题陈旧，内容单一老套，形式死板，吸引力不足，学生学习讨论主动性较差。

（三）对德育主题班会缺乏重视，认识不足

当前，大多数德育主题班会并没有充分发挥育人功能的一个主要原因，就是各方主体对其缺乏重视，对其重要性认识不足。一方面，学生对德育主题班会的重要性认识不足，学生的注意力更多地分散于各种文体活动、社会考证、校外打工等方面，没有意识到德育主题班会是自我成长成才的良好平台。另一方面，部分高校辅导员由于工作时间长、工作压力大，逐渐产生职业倦怠，工作责任心下降，因此对德育主题班会的组织开展没有给予充分重视，要么是自己不组织而委托班级班委开展，要么是在召开班会前不做准备、召开

班会时临时发挥，使得班会内容安排思路不清晰，导致班会乏味没有吸引力，造成班会育人效果大打折扣。

（四）德育主题班会随机性较强，缺少系统规划

德育主题班会是科学化的思想政治工作载体。开展主题班会应当遵循思想政治工作规律、教书育人规律和学生成长规律。大学生的需求有层次性、相对独立性、合理与非合理之分。德育主题班会应该根据大学生成长需要，确定班会主题、班会目标，进而开始班会准备，确定班会流程，最后做好班会总结。但是，目前大部分德育班会内容之间没有连贯性，基本都是相互独立的主题，随机性较强，缺少系统科学的规划，无法达到长期实践育人效果。

二、系统化构建德育主题班会的基础支撑

高校德育主题班会如要形成课程体系，其主要构建和实施者必然是辅导员，基本构成必须是一系列具有整体性又相互关联的课程。而在当前，这两个方面均存在诸多问题。比如，师资上，普遍认为辅导员属管理人员，不需要上课，也无课程内容可上，更缺乏教学能力；德育主题班会的安排上，计划性和整体性不强，无法形成连贯严谨的教学体系；内容上，知识和专业技术含量不够，多为简单说教或事务通知，缺乏理论深度和思想性；方式上，较为随意，有时完全由学生自主召开，娱乐性内容过多，削弱了德育主题班会的思想引领性；等等。因此，系统化构建德育主题班会，首先需要回答的问题有：什么是课程，德育主题班会能否成为与专业课一样的正式课程？辅导员上德育主题班会是否也要像专业课教师一般备课、教学、进行质量监控？德育主题班会教学教什么内容，怎样让这些内容系统、有序、有效？系统化构建德育主题班会是否必要，有何实质意义？

（一）系统化构建德育主题班会的理论基础

课程（Curriculum）一词源自拉丁语，通常的理解是为了达到教育目的而设计的“学习的进程”或“学习的路线”。英国教育家斯宾塞认为“课程即学科”“课程即知识”。多年来，我国高校课程体系设计始终以专业知识为中心，在课程价值上崇尚知识至上，在课程实践上以知识的标准化、统一化支配课程设计和实施。在知识中心论的影响下，德育主题班会自然被排除在了传统教学体系之外。

随着课程改革的深入和课程理念的更新，传统的课程观被不断刷新。美国著名哲学家、教育家杜威提出了“课程即经验”“课程即生活”等思想，认为学校是社会生活的一种形式，最好的教育就是“从生活中学习、从经验中学习”，课程的根本价值在于为学生提供促进自我实现的手段，而不是直接传授知识。以此为基础，国内外学者先后提出了诸如德育工作课程化、社会实践课程化、素质拓展课程化等新理念，认为大学课程是知识、

经历和体验的综合体，大学中所有正式和非正式、显性和隐性的教育形式都应该包含在教学活动系统中，辅导员开展的育人工作也不例外。这就为德育主题班会成为高校正式课程奠定了理论基础。

（二）系统化构建德育主题班会的政策基础

中共中央、国务院《关于新时代加强和改进思想政治工作的意见》指出，要加强学校思想政治工作，加快构建学校思想政治工作体系，实施时代新人培育工程，完善青少年理想信念教育齐抓共管机制，培养德智体美劳全面发展的社会主义建设者和接班人。《普通高等学校辅导员队伍建设规定》（教育部令第43号）明确指出："高等学校要坚持把立德树人作为中心环节，把辅导员队伍建设作为教师队伍和管理队伍建设的重要内容。""专职辅导员是指在院（系）专职从事大学生日常思想政治教育工作的人员，包括院（系）党委（党总支）副书记、学工组长、团委（团总支）书记等专职工作人员，具有教师和管理人员双重身份。"文件的出台，肯定了辅导员教师和干部的双重身份，也为辅导员有课可上、应当上课提供了充分的政策依据。辅导员作为一线学生工作者，了解学生的思想实际，具备丰富的管理经验，掌握着思想政治教育实践的一手课程素材，应当通过教学的方式，将自己的教育管理思想带入课堂，和学生形成有专业深度的交流互动，进而高校提升德育水平。这不仅是对辅导员个体工作层次的提升，更是对辅导员团体工作模式的大胆创新。

（三）系统化构建德育主题班会的实践基础

为积极探索大学生思想政治教育的新途径、新办法，已有不少高校在德育主题班会工作上先行先试。早在2006年，复旦大学就以德育主题班会为平台，每周举行辅导员集体备课会，将辅导员班会制度作为课堂教学的一种延伸，称之为"人生课堂"。这是最早见诸报道的辅导员将工作搬入课堂、形成制度的做法。之后，辽宁、浙江、江苏、安徽、江西等地的高校学生工作者陆续提出辅导员"工作课程化"的理论并付诸实践，其中，以辽宁工程技术大学2009年开始探索、2011年正式实施的辅导员工作课程化工作模式及相关要求最为完备。该校"用课程的理念定位辅导员的工作职责、用教学的标准规范辅导员的工作行为、用科学的方式评价辅导员的工作效果"，以"教育部第24号令"提出的辅导员八项工作职责为框架，把辅导员从事的具体工作整合为基础指导课和专项指导课两大模块，形成"模块–若干单元–若干子课程"的课程体系，对每一子课程都规定了具体的教学内容、要求、学时和学分，并以文件的形式规范了教学大纲，建立了考核机制，取得了较突出的成绩。2013年，该项成果已获准在辽宁省全面推广。工作课程化的实践有较强的借鉴意义，也很好地证明了辅导员工作既有规律可循，也有内容可讲，可以转化为课程，也可以形成体系。但是，辅导员工作包罗万象，整体转化为课程体系，对大多数高校而言，一是需要得到校级层面的理念认可、各部门协同及财力物力支持，在建设上是一项庞大复杂的系统工程，实施起来有相当难度；二是工作课程化具有一定的计划性、稳定性，在实际工作中，不一定能适应学校和学生对辅导员工作变化性的要求。此外，备课、授课势必占用大量时间精力，面对个性不一的工作对象，很难保证辅导员还有余力关注学生个体。因此，利用现有资源，突出班会课实时性、灵活性、小型化的特点，将德育主题班会建设成为系统化体系，是既符合辅导员职业化、专业化发展需求，又能创新性地开展工作的较好选择。

三、系统化构建高校德育主题班会的遵循原则

（一）以生为本原则

德育主题班会要坚持以学生为中心。在内容设定上，要尊重学生成长发展规律，注重通过走访座谈、问卷调研、谈心谈话等，把握学生的阶段性思想心态、学习状态和心理动态，实现德育班会内容与学生个人发展内在需求和现实需要的紧密对接。在形式选择上，要突破传统的交流分享、讲座报告等形式，注重运用学生喜闻乐见的方式手段、载体平台，通过团体辅导、实地讲解、实践体悟、线上互动、即时评价等方式增强班会的吸引力。在实施推进中，要充分调动学生的积极性，尊重学生的志趣爱好和主观选择，提高班会的主体参与度和群体教育性。

（二）问题导向原则

在育人环节中贯穿强烈的问题意识，坚持鲜明的问题导向，是德育主题班会应遵循的重要原则。一是要定准点，立足重点问题开班会。通过聚焦时政热点、重大节点、工作要点、思想特点，厘清重点任务、重点群体、重点领域、重点区域和薄弱环节，明确班会教育目标的指向性和针对性，定好班会拟解决的关键问题。二是要切准脉，聚焦问题分析原因。班会要围绕学生存在或关注的问题进行现象分析和原因查找，注意区分思想性问题或实际性问题等属性，并注重普遍要求和分类指导相结合。三是要发准力，精准施策拟定举措。要切实发挥主题班会思想纠错、问题解决和人生导航的作用，坚持靶向问诊，注重因材施教，对准学生关注的难点、痛点问题出实招、用实劲，从解决学生和团体在发展实践中遇到的实际问题入手，进而解决学生的思想问题。

（三）知行统一原则

德育教育要与课堂相渗透，要与实践紧融合。德育主题班会要坚持理论教育与实际锻炼并重，通过强化理论教育，提高学生的思想道德认识；通过组织参加各种实践活动，让学生在行动中加深情感体验，促进行为习惯的养成。新时代大学生的德育工作面临新形势，这就要求德育主题班会不断突破场域限制、时间限制，积极打造多彩的实践活动课

堂、技能提升课堂、素质拓展课堂、行为养成课堂、公益服务课堂等，注重运用网络自学平台和线上互动课堂，有目的地对学生进行思想道德行为训练。同时，在检查和评定班会成效时也要坚持知行统一的原则，既要进行理论测评，又要关注学生的行动实践，正向激励学生把获得的政治理论、观点信念转化为实际行动。

第三节　高校德育主题班会的结构

德育主题班会是高校开展思想政治教育的一项常态化工作，也是解决班级普遍化问题、学生针对性事件的有效教育方式。在德育主题班会的设计实施中，需要结合“班会前、班会中、班会后”三个环节进行全程化方案设计，并在设计中重点把握两个层面的结构。一是把握主题班会设计中的主体要素，主要包括班会主题、班会目标、活动要素（时间、地点、人物）和班会准备等。二是把握主题班会开展过程中的流程结构，主要包括班会开展的方法手段、环节设置及实施流程，同时包括本次主题班会的拓展教育、总结反思和监督评价，以及对于学生后续的持续教育和延伸教育。德育主题班会在实际运作中，要求班会教师紧扣主题目标，协调主体要素，确保环节紧凑，以期达到预期的德育效果。

一、高校德育主题班会要素层面的结构

（一）拟定班会主题

班会的核心要素是主题。在确立德育班会的主题时，要紧扣我国高等教育发展的战略需求和人才强国的安排部署，明确班会的召开背景，宣传正确的思想观点。同时，要注重把握高校学生的成长发展规律，聚焦学生的学习实际、生活实际、思想实际，充分考虑当代大学生的思想行为特点、学科专业特点、学生关注热点，提出普遍存在或共同关心的主要问题、热点话题、待解难题，做到贴近学生、贴近生活、贴近实际，实现班会的理论性与实践性、知识性与体悟性的统一。另外，要聚焦高校的人才培养目标，对接学校的思想政治教育工作重点和要点，确保主题班会的召开能够切实服务于学校思政教育水平的高质量提升。

通常，德育班会主题的确定要坚持问题导向，既要有普遍指导性，又要具备教育针对性，需要教师通过自身的经验总结、细微观察、座谈调研，并与学生交流沟通后确立。德育班会的主题选择多来源于以下几个方面：一是围绕时事政治或社会热点进行选择；二是根据学生成长发展的不同阶段所遇到的现实问题进行选择；三是基于学校思想政治教育工作的重点要点进行选择；四是根据重要节日和纪念日、重大或敏感时间节点进行

选择；五是结合容易对学生整体产生影响的偶发事件或突发事件进行选择；六是结合常态化、滚动式思想动态调研、谈心谈话、座谈交流等发现的问题进行选择；七是班级内部学生自发出题、自主选择的感兴趣、关心的或者有观点分歧的相关主题。

（二）明确教育目标

德育主题班会的教育目标设定，直接影响到主题班会的育人成效。在设定教育目标时，要紧扣班会主题，找准教育所需、聚焦学校所缺、把握学生所求，以学生的思想品德培育为基准，对接青年学生的时代责任与历史使命，围绕思想塑造、价值引领、能力提升、素质涵育、行为养成等进行班会德育目标的确定。基于此，德育主题班会的目标设定应遵循德育的“知情意行”原则，重点围绕认知目标、情感目标、行为目标三个方面进行设置。

德育主题班会的认知目标是指班会在促进学生形成品德认知方面的目标追求，即通过班会的召开，让学生理解什么、明白什么、掌握什么，达到教育学生掌握知识、转变认识的目的。德育主题班会的情感目标聚焦于培养学生积极的道德情感和高尚的品德情怀，通过关注学生的价值观念、兴趣体验、情绪态度，明确学生在德育班会中能够体会到什么、感受到什么，从而激发学生的道德感情，这一目标也是学生德育认知和品德行为之间的桥梁。德育主题班会的行为目标，就是最终引导学生在实际行动上的变化和提升，即要求学生通过学习感悟能够做到什么，这是德育目标的外显，也是主题班会后教师需要持续跟进和监督的部分。行为目标的提出和落实，亦是主题班会课与理论专业课的最大区别。

德育主题班会在确立目标时要遵循以下原则：一是明确性，要求教师在拟定班会目标时要紧紧围绕班会主题，明确德育意图，突出教育的重点难点；二是逻辑性，认知、情感、行为三个德育目标之间是互相关联、层层递进的有机整体，这就要求教师要厘清班会设计思路，遵循德育目标达成的层级逻辑，在开展过程中逐级推进落实；三是可操作性，要求教师避免拟定空洞、宽泛的“大”目标，也不能制定门槛太低的“小”目标，要从教育实际、学生实际出发，考虑目标的可达成性和可实现性，确保让学生在付出努力的情况下可以实现。

（三）确定活动要素

德育主题班会有一定的活动性，在召开前需要确定好班会时间、班会地点、对象人物等主要的活动要素。德育主题班会的时间要素包括班会的具体课时和召开的时间安排。通常，高校每节主题班会按照2学时进行安排，以保证班会课的完整性和饱满度。班会召开的具体时间，一是根据学生不同学段的成长要求进行安排，如在大一开学初召开新生适应性班会、大三下学期召开考研及就业指导班会、大四下学期召开毕业文明离校班会等；二是以重要时间节点为契机进行安排，如在建军节开展国防教育主题班会、国庆节召开爱国教育主题班会、校庆日召开爱校荣校主题班会等；三是根据现实教育需求因时、因事、因势进行适时性安排，如针对学生突发事件后的心理主题教育班会、重大新闻事件发生时的思想引导班会等；四是通过加强主题班会的课程化建设，将班会统筹纳入学校教学安排，实现主题班会召开的课时固定、时间固定、地点固定。

德育主题班会的场地选择具有灵活性，一般可以分为校内场地和校外场地。校内场地主要包括教室和主题教育场所，如校史校情基地、文体活动场所、学生成长社区、科学研究现场等。校外主题班会召开地点的选择范围更广，主要包括爱国主义教育基地、改革开放前沿阵地、乡村振兴基层实地、科技创新研究高地、劳动教育实践场地、素质提升拓展园地、专业实习实训基地等。德育主题班会在召开时，鼓励班会教师在充分利用校内资源的同时，积极拓展多元班会场地，增强学生在班会学习中的沉浸式体验和实践性感悟。

德育主题班会中的人物要素主要包括班会对象、主讲人或主持人。高校主题班会的对象为学生，通常以一个自然班为单位开展，必要时也可打破专业界限或年级界限，实现班会对象构成的横纵交错。面向研究生的主题班会也可以以课题组或者实验室为单位开展。根据主题的不同类型，德育主题班会的主持方式主要分为教师主导型和学生自主型。其中，思想导航类、成长适应类、生涯规划类等主题的班会多以教师为主讲人，方便教师在班会过程中及时对学生进行思想引导和问题解答，保证班会效果。上好教师主导的主题班会课，也是政工干部需要掌握的一项专业技能。对体验感悟类、行为反思类、宣传歌颂类等主题的班会，可以适当采取学生主持、教师总结点评的模式，主持的学生可以是班级干部、学长学姐、榜样骨干等，班会可采取互动交流、活动体验、经验分享、文娱表演、情景演绎等学生容易把控和接受的教育形式，引导学生积极参与班级管理，激发学生自主思考意识，从而提高学生的自我效能感。

（四）做好班会准备

德育主题班会的准备工作是班会开展的有效保障，其充分程度直接影响班会召开的顺利程度和学生的受教育效果。从广义上讲，班会正式召开前的所有工作，包括班会主题和班会目标的确定、活动要素的准备等都属于班会准备的内容。从狭义上看，德育主题班会的准备主要包括资料准备、道具准备、多媒体准备、学生准备、问题准备、采访调查准备和宣传准备等。班会教师要根据本节主题班会的召开流程，提前做好系列准备及预案工作。

1. 资料准备

搜集与德育主题班会相关的资料并加以整理，包括相关理论知识、政策文件，以及视频、图片、新闻、案例、故事等素材，制作授课PPT，让班会内容更具德育说服力。

2. 道具准备

提前准备好班会所需的相关物品，如客观实物、设备模型、量表图表等，以及授课时的常规教具，如黑白板、粉笔、激光笔等，让学生能够更加直观、形象地理解教学内容。同时注意室内和户外班会在道具准备上的不同。

3. 多媒体准备

准备好教学过程中用到的多媒体设备，如课件播放设备、影音素材展示设备、扩音设备、拍摄录像设备等。

4. 学生准备

德育主题班会开始前，可以根据学生的状态安排一定的课前互动，提升学生的班会参与积极性，引导学生尽快进入班会学习状态。如有需要，可安排学生提前进行问题准备、资料搜集，为班会中的分享交流做好准备。

5. 问题准备

对班会实施中可能存在或出现的问题做好前置预案，例如，学生在争辩讨论中可能产生的各种答案、学生观点分歧的临场处理、班会现场气氛的调动等。

6. 采访调查准备

班会召开前围绕主题内容组织开展问卷调查、话题采访，将分析出的调研结果、录制的采访视频等作为班会支撑材料。采访调查可以面向学生直接开展或引导学生围绕班会主题自行开展。

7. 宣传准备

安排人员做好主题班会的课程视频录制、班会照片拍摄，以及新闻稿的撰写等。

二、高校德育主题班会运作层面的结构

（一）班会形式与方法手段

作为以班级为单位的全体学生的会议或活动，主题班会的形式是灵活多样的。在德育主题班会的实际开展过程中，经常会用到案例分析、故事讲述、知识问答、游戏体验、团体辅导、集体研讨、分组讨论、话题辩论、朗诵演讲、情景陶冶等形式。概括以上方式手段，德育主题班会在召开中普遍用到的运作形式，可以分为以下几种类型。

1. 讲授型

这是德育主题班会较为传统的开展类型，也是其他班会形式的基础，具有简洁高效和易操作的特点。通过班会讲授，直接向学生传授德育知识和价值观念，有利于提高班会课

堂的效率。随着当前教育的发展和学生需求的变化，班会中的讲授法也突破了传统的“灌输”标签，融合讲述、讲解、讲读、讲演等形式，并由教师讲扩展到学生讲，由讲台讲延伸到实地讲，切实提高了德育班会课程讲授的启发性和趣味性。

2. 体验型

体验型德育班会能够在实践中发挥学生的主动精神，让学生通过亲身参与班会过程，对自己的学习体悟负责任，从而成为教学过程的真实主体。班会中的体验式学习也是一种情境化学习，可以实现寓教于乐、虚实结合，激发学生主动学习的能动性，并在相对真实的教育场景中帮助学生实现学以致用。班会教师可以通过素质拓展、团体辅导、游戏互动、直观演示、现场教学、实地参观等实践体验形式，强化学生的知识学习和情感涵育。

3. 讨论型

讨论是班会中经常用到的互动形式。在班会教师的指导下，围绕德育主题和目标，以小组为单位，通过讨论或辩论的形式深化学生的理解，可以极大地激发学生的学习兴趣，提高学生思考的独立性。讨论型德育主题班会在开展过程中要注意以下几个方面：一是注意讨论问题的吸引力、现实性和可辨性；二是注意讨论小组划分的合理性；三是注意启发引导学生自由发表意见；四是注意通过概括总结使学生获得正确的思想观点和系统知识。

4. 表演型

班会教师按照“感知-理解-深化”三个阶段，指导学生通过自导自演等方式，结合实物演示、音乐渲染、角色扮演、语言描绘等方法，围绕德育主题实现画面创设和问题再现，让学生置身其间，使他们产生一定的内心感受和情绪体验，从而起到培养学生道德情感、启迪学生理性思维的作用。表演型的德育主题班会有利于引导学生实现自主探究，将知、情、意、行融成有机整体，从而提高学生分析和解决实际问题的能力。

当然，以上类型是理论层面的划分，德育主题班会在实际召开过程中通常会对多种类型、多样方法进行综合运用。

（二）环节设置与过程设计

德育主题班会的内容、形式确定后，就要考虑班会召开中的环节设置和具体的过程设计。具体而言，要求主题突出、环节紧凑、层次递进、过程流畅，并明确每一环节的设计意图和预期目标。德育主题班会在开展过程中按照提出问题、分析问题、解决问题的思路，一般可以包含以下三个环节：点明主题、进入主题、深化主题。

点明主题可以理解为班会导入或主题切入环节，要求简洁明快、直达主题，并有一定的针对性和趣味性，确保能够让学生快速进入德育班会情境。为此，主讲人可以设计新颖的导入方式，通过视频导入、故事导入、问题导入、活动导入等方式切入主题，以期迅速渲染班会氛围，引起学生参与主题班会的兴趣和积极性。

进入主题可以理解为主题的展示和释义环节，这是主题班会运作中最重要的主体部分。德育主题的展开要充实有力，通常结合多角度、多层次的论证，按照“原因分析、理论梳理、路径探索”的逻辑层次推进。首先，要提出实际问题，并通过多维辩证剖析、正反论证、互动讨论等方式寻找问题根源，提高学生的关注意识。其次，结合案例再现，通过知识梳理和理论教学进行释疑解惑和问题澄清，深化学生对德育主题内涵的认识。最后，强化现实思考，围绕班会要解决的问题面向学生进行办法和策略的收集，在教师指导下共同探寻问题的解决路径，提出实际解决对策。

深化主题可以理解为通过对班会主题的再次提炼与升华，融通学生情感，并将学生对班会内容的理解感悟落到实际行动层面的环节。班会中，结合德育主题的展示和释义，教师可以通过“由表及里”的方式揭示本质来深化主题，或通过“由点到面”的方式揭示普遍性来深化主题，或通过“由此及彼”的方式触类旁通来深化主题。通过主题深化，以签订承诺书、发出倡议函、拟定行动方案等方式，将德育目标落到小处、细处、实处，从而固化德育效果。

（三）总结反思与考核评价

总结反思是德育主题班会的重要环节，一般分为随堂总结和会后总结。随堂总结要求德育主题班会的主讲教师通过知识归纳、交流反馈、系统评价、提出要求等方式，结合班会中学生的实际表现和德育目标的达成度，在班会课上做好最后的总结评价，并将总结作为升华班会主题、深化学生情感认知的重要抓手。会后总结要求教师在班会结束后针对召开情况，结合学生反馈的意见建议，对班会取得的效果、存在的问题、得到的经验等进行回顾分析，认真撰写德育主题班会的总结报告，并做好班会材料的整理归档。高校可以通过开展优秀主题班会案例评选的方式，激励广大政工干部做好班会总结，凝练班会经验，形成可推广、可借鉴的系列优秀德育主题班会案例，为学校德育工作的大发展上台阶提供支撑。

高校德育主题班会的考核评价一般分为针对班会教师的考核评价和针对学生的考核评价。针对教师的考核评价一般由学生工作部门及教师所在学院完成，主要考察班会的教案设计情况、实际召开情况以及学生对主题班会的满意度反馈等情况。一节优质的德育主题班会，在主题上要求立意明确新颖，符合班级实际和学生实际；在内容上应该体现时代性、思想性、知识性、趣味性和实践性，并且有说服力和感染力；在形式上力求新颖多样、生动活泼，是学生喜爱并愿意接受的；在学生参与度上，能够充分调动学生的积极性和主动性，学生在班会活动中有分工、有角色、有参与；在效果和影响上，能够帮助学生实现知识才干有增长、情感体验有深化、思想认识有提高、道德行为有变化。高校可以依托辅导员工作室、年级工作组等，成立德育主题班会备课小组，通过集体研讨、分组备课、班级试讲、院际互讲等方式，强化主题班会的德育功能。同时，可以结合优秀主题班会的教案评选、辅导员精彩主题班会大赛等形式，激励政工干部积极参与主题班会教学实践。

针对学生的考核评价一般由主题班会的主导教师完成或由学生进行自我评价。评价过程中，要求班会教师结合学生在主题班会开展过程中的实际表现做好随堂考核、评语反馈等，同时针对主题班会召开后学生思想及行为的转变进行跟踪监督考核，遴选主题班会优秀学员，避免出现课上情绪激昂、信心十足，课后"旧病复发"、一如往常的情况。学生的自我评价可以通过撰写班会感悟、填写班会自我评价表等方式完成。与第一课堂教学对学生"重成绩"的考核方式相比，德育主题班会更注重评价学生综合素质提升的达成度，属于第二课堂的教育评价。高校可以将德育主题班会纳入第二课堂成绩单德育必修环节，以思政项目形式进行运作，通过构建"项目发布-学生报名-成绩录入-学生评价"的一体化流程，客观记录、科学评价学生在德育主题班会中的全程表现，并通过人工智能、大数据等技术进行分析，为德育主题班会的再次开展提供智能化咨询。

（四）持续教育与延伸教育

一场完整的主题班会不仅仅限于2学时的课上教育，因为德育主题班会无法实现所有问题的即时性解决。教师在认真考虑班会课堂教育效果的同时，还要重点思考德育主题班会教育成果的持续深化和巩固，确保最大限度地发挥班会的持续性德育功能。这就需要班会教师做好德育班会后的教育反思与教育跟进，加强对学生的跟踪教育和延伸教育。

班会教师应及时掌握课上及会后学生反馈的信息，抓住大学生思想情感方面的变化，继续加以日常引导，促进教育升华。班会教师做好持续教育和延伸教育的方式方法有很多，如布置理论学习作业和实践行动作业并进行及时的检查与反馈；持续关注学生的"后班会行为"，抓住各种时机，以之前班会的主题为教育切入点，进行巩固教育和拓展教育，发挥德育班会的多重教育功能；通过常态化、滚动式调研座谈，定期掌握学生的思想动态和行为状态，为开展下一步德育工作提供信息反馈；以班级为单位拟定执行方案，完善奖惩机制，引导学生将主题班会做出的决定、发出的倡议付诸行动，并发挥班级干部的监督和督促作用；围绕主题，配套设计实施丰富多彩的第二课堂实践教育活动，让学生在持续教育中转变认识，在有效实践中落实行动，在监督评比中自省自查，最终达到思想升华、品质提升和德育内化。

第二章

高校德育主题班会设计与实施原理

人无德不立，育人的根本在于立德。教育不仅要传播知识、传播思想、传播真理，更要塑造心灵、塑造生命、塑造新人。德育既是学生入学的第一课，也是学生离校前的最后一课，是需要学生终身修炼的心灵成长与价值养成。组织德育主题班会，是加强学生德育教育的重要举措，是培育学生价值追求、塑造学生精神品格的重要途径，是拓宽学生自我教育渠道，提高学生思想政治觉悟的重要载体。

第一节　高校德育主题班会目标的制订

德育主题班会是辅导员扎实有效做好学生日常思想政治教育的重要载体和主要阵地，通过引导学生围绕主题，采用集体研讨、交流分享等多维参与的方式诠释主题意义，从而实现德育主题精神入脑入心、外化于行的目标。班会主题需要精心设计，依据学生群体思想特点制定主题，凸显系统性和针对性；内容需要与时俱进，结合教学规律精耕细作，突出规范性和科学性；组织需要灵活多样，精心创设丰富教育情境，唤醒学生自我教育主体性，发挥辅导员思想政治教育主导性，教学相长，实现学生成长与辅导员职业能力发展的双赢。

一、坚持主导性与主体性相统一

主题班会的实施离不开辅导员的主导，同时也要注重发挥参与学生的主体作用，这就要求辅导员加大对学生群体特点、学生认知规律等的研究。德育主题班会的育人导向性很强，要求辅导员充分运用问题启发、观点讨论、议题辩论等方式，把学生的思想和行为引导到符合教育目标的正确方向上来。因此，辅导员在组织德育主题班会前，应充分调研学生的德育现状，更新观念、把握规律、设计环节、评估效果，才能把班会开得符合教育需要、学生需要和时代需要。辅导员应对班会的目标设计、过程实施有全环节的把控，充分考虑到新时代大学生的特点，即他们获取知识和信息资源的渠道更加多元，对社会热点现象持有自身独特见解，进一步追求独立意识和自主精神。同时注重发挥学生的想象力和创造力，让学生在班会过程中体现个性、实现自我价值。班会过程中，要科学设计环节、提供展现机会，让学生在班会互动环节中不断加深对自身的合理认知；环节设置、语言风格等内容和形式也要符合学生群体和年龄特点，使班会教育主题内容与教育目标在开放、探讨、比较的过程中逐渐被学生理解、接受和认同，从而使得学生在潜移默化的教育影响下实现自我教育、自我发展、自我完善。

二、坚持统一性与多样性相结合

落实德育主题班会育人目标，需要在育人导向、教育内容、过程设计、效果评估等方面形成统一要求，但同时又要根据学生类别、专业特点、年级阶段等实现因地制宜、因时制宜、因材施教。德育主题班会的育人导向是鲜明的，在内容上要将社会主义核心价值观贯穿始终，同时要覆盖到各类别、各专业、各学段的学生群体。因此，德育主题班会应设置统一集中备课程序，明确教育的主题和导向、目标和效果、内容和形式等。同时，应充分考虑当前大学生思想活跃、兴趣广泛、追求个性等特点，创新班会的内容和形式，鼓励采取学生易于接受、乐于参与的形式组织和开展活动，力求形式丰富又多彩、环节多样又有趣，比如辩论式班会、竞赛式班会、表演式班会等，班会场景布置、环节设置、道具选取、素材选择等兼顾多样化和趣味性。

三、坚持引导性和启发性相结合

德育主题班会应注重启发性教育，引导学生针对现象理性分析、面对问题重点研讨、提炼价值形成反思，在不断启发中让学生自然而然得出结论。在主题班会中，每个学生都可以完成探索、认知和情绪体验的历程，在参与环节和活动的实践中获得心理体验与心灵感悟，并将自己的体验与感悟与其他同学探讨和分享，彼此启发给予反馈、鼓励和建议。教育目标并不能通过一次主题班会活动实现，需要通过教育引导过程的反复多次、循环更替才能实现，以逐步达到预期的效果。所以，班会的总结提升尤为重要，注重班会作用和效果的分析和总结，班会结束后采用进一步的跟踪、监督、反馈机制，带领学生实践、体验、感悟、消化、反思，才能达到育人效果。

第二节　高校德育主题班会素材的选取

高校德育主题班会要符合大学生日常思想政治教育的发展规律，结合大学生身心发展及学习、生活的实际需求设定主题。我们要以加强理想信念教育和社会主义核心价值观教育等为目的，根据学生群体差异性和发展阶段性的实际，结合时代背景依据不同群体不同阶段的学生个人发展需求，对高校学生大学阶段班会的内容进行总体规划，形成一个系统性、全面性、连续性的主题班会教育体系，以指导整个大学阶段德育主题班会的开展。

一、遵循以人为本的理念

大学主题班会，应在旗帜鲜明地坚持大学思想政治教育意识形态领域的一元性和社会主义核心价值取向的主导性基础上，围绕主渠道、主旋律教育，涵盖学习生活、生涯发展、生命教育等内容；应根据社会发展的需要和思想政治教育的要求，着眼于大学生德智体美劳全面发展，依据大学生的志趣、才能、资质和特长，有目的、有计划地组织丰富多彩的主题班会，启发、引导大学生自我教育、自我管理、自我发展。

二、充分发挥教育功能

大学主题班会的素材要聚焦大学生个人成长发展过程中的主要矛盾，致力于大学生思想政治工作中要解决的难点、焦点、痛点问题。通过对外部社会环境和学生内在需求的协同考虑，确定主题班会的主题和内容。实施主题班会时，辅导员要正确分析影响个人发展的主要矛盾或思政教育关键问题产生的原因，通过引导学生思考、组织学生探讨等方式，创造性地提出解决问题的措施和途径。主题班会要呼应时代要求，辅导员要正确定位班会管理功能，突出德育主题班会的教育功能，促进两者之间的充分协调、相互渗透，实现主题班会由“促管理”向“促管理，强教育”转变。

三、明确树立任务目标

大学主题班会设计要符合学院工作实际和学生成长特点，秉承学校统筹和学院特色协同推进、教育引导和实践体验协同推进、专业引导和朋辈互助协同推进的理念，在教育感化、体验感悟、潜能发掘方面明确任务目标。要遵循宏观与微观互相促进的原则，宏观上必须与我国社会主义政治、经济、文化发展目标保持一致，微观上要满足大学生学习生活、心理健康、生涯发展等自我发展需求，帮助学生增强自我效能感，提升自我悦纳能力、自我探索能力，以及爱己爱他爱生活的感悟力与行动力。要着眼针对性和可行性来具体确立目标，并规定目标实现的具体要求和约束条件，充分发挥目标的内驱力，开拓班会教育的外延效果。

四、聚焦学生发展需求

把主题教育所需阐释的观点的灌输寓于校园学习生活的情境之中，从与大学生生活密切相关的实际生活中开发有效的主题班会教育资源，借此丰富大学生的认知结构，开阔他们的视野和思维，锻炼他们的品德意志，提升他们的政治鉴别力、道德判断力及行为选择能力。另外，主题难度要适中，班会所涉的内容过难或过易，只追求表面的热闹与形式都难以实现教育的有效性，内容要考虑大学生的个体差异，让不同层次的学生都能享受解决问题、获取知识、提升能力的愉悦，都能获得积极的情绪体验，这才有助于充分激发大学生浓厚的兴趣和积极的参与性，充分发挥学生的主动性、积极性、创造性。

五、科学化模块布局

大学主题班会是渐进性的教育活动，需要辅导员有计划、有层次地有序推进，班会主题应由简入繁，由易至难，使间断的、琐碎的主题形成由初级–中级–高级层层递进的具有逻辑关系的有机模块，帮助大学生经历多元体验，获取多方发展。模块可包含思想导航、适应成长、生涯规划、安全文明等专题，每个专题可包括新生入学教育、校史校情教育、爱国主义教育、感恩主题教育、诚信主题教育、职业生涯规划教育、心理健康教育及其他相关学生日常教育管理等方面的内容。班会教育体系贯穿于学生大学四年的学习和生活，在了解主题班会模块布局的连贯性、系统性和针对性基础上，可以建立大学四年主题班会内容体系（部分节选），详见表2–1所列。

表2–1　大学四年主题班会内容体系（部分节选）

类型	教育模块	目标	班会主题举例
思想导航	爱国主义教育	以歌颂党、歌颂祖国、歌颂人民、弘扬爱国主义为主旨，讴歌党的奋斗历程和丰功伟绩，教育引导广大青年学生爱党、爱国、爱校情怀和蓬勃向上的精神风貌。	青春告白祖国
	社会责任感教育		双肩的力量
	感恩教育		子欲养　亲请待
	诚信意识教育		言忠信，行笃敬
	入党启蒙教育		心驻信仰，党心飞扬
	挫折主题教育		致逆风飞翔的自己
适应成长	大学适应性教育	鼓励学生通过积极参与公益劳动、社区服务等志愿公益活动体验新时代的巨大变化，在学习和生活中崇尚先进、争当先进，努力在政治素养、学习能力、生活技能等方面展现个人风采。	新征程从心开始
	第二课堂成绩单教育		你的成长，我来记录
	校纪校规教育		不以规矩，不成方圆
	寝室生活教育		室友，是友
	学风建设主题教育		青春同行，乐享学海
生涯规划	学业规划教育	教育引导学生树立正确的学习观、就业观等，有针对性的解决学生学习、考研、就业过程遇到的实际问题，聚焦学生关注的热点、难点、痛点问题，共同研判并提出解决方案。	大学之学，何以为学
	生涯规划教育		走好人生关键一步
	职业价值观教育		发现自己，编码青春
	职业技能探索教育		就业加油站，逐梦未来路
	创新创业教育		点亮创新火花，探索无限可能
安全文明	国家安全教育	强化校园安全教育、防电诈教育等，教育引导学生遵纪守法，遵守校规，合理应对校园突发事件，能够发挥个人主观能动性，为维护校园安全稳定助力。	安全情系你我他，人人守护家国安
	人身安全教育		安全千金难买，命运自己主宰
	宿舍安全教育		宿舍你我他，安全靠大家
	防范电信诈骗教育		骗你不简单
	网络文明教育		E“网”情深，与“文明”撞个满怀

第三节 高校德育主题班会的实施原理

德育主题班会作为日常思想政治教育的实践教育活动，是需要辅导员和学生共同完成的一个完整的实践系统，其实施过程是将一个完整教育设想和构思物化的过程。

一、德育主题班会教案及其设计

（一）德育主题班会教案

班会教案是指辅导员为顺利而有效地开展主题班会教学活动，根据思想政治教育的重点任务和探索方向，结合当下大学生学习、生活等实际需求，聚焦班会主题，对班会内容、操作步骤、教学方法等进行的具体设计和安排的一种实践性教学文案。撰写班会教案的过程，是把关于主题班会的设想和构思以书面文字的规范形式呈现出来的过程。

通常，一个完整的德育主题班会教案应包括标题、班会背景、班会目的、班会意义、班会设计思路、班会实施形式、班会实施过程、班会总结与提升等。辅导员在设计教案的时候，可以采取“一案一主题”的方式，要做到主题明确，观点正确，具有针对性、操作性和实效性；教育内容应符合大学生学习成长的一般规律和教学的基本要求；教案构成要素齐全，逻辑结构合理，总结提升环节丰富而有内涵。

（二）德育主题班会设计

班会设计是指对班会组织的形式、程序、环境进行设计，重视学生的参与度和主体性，突破学生听教师讲的灌输式传统模式。

1. 形式设计

形式设计是德育主题班会设计的关键点。主题班会形式设计应不拘泥于传统思路，鼓励大胆创新求变，可以考虑将辩论、演讲、表演等各种学生喜闻乐见的形式引入主题班会，旨在促进学生之间的交流讨论和通力合作，让学生在思想的交流与交锋中加深认知、强化情感、规范行为，促进德育知识的内化，养成良好的行为习惯。

2. 环节设计

环节设计是形式设计的具体化与内容细化，即在一种特定的形式下，明确主题班会各环节的衔接与具体内容。主题班会的环节设计要科学化，力争做到层次清晰、联系紧凑、衔接自然，综合考虑时代特征、学生特点、成长节点等因素。

3. 环境设计

主题班会是在一定的空间中进行的，空间环境的布置要有利于创设情境、凸显主题，与班会内容达到和谐统一。成功的班会应该让每一个空间、每一块板面、每一个道具都成为主题班会的有机组成部分。

二、德育主题班会实施的流程和注意事项

（一）主题班会实施阶段

主题班会的实施是考验辅导员综合能力和素质的关键环节，辅导员熟悉大学主题班会实施的全过程方可胸有成竹。通常，大学主题班会的实施过程可以分为三个阶段：

第一阶段，酝酿主题。依据学生心理特点和班级中存在的问题，确定主题班会的范围、名称、功能和目标。辅导员在这一阶段的核心工作是观察学生们关注的话题，进行必要的调查和分析，做好资源整合与主题设计的核心工作。具体来讲，辅导员在确定班会主题范围时，应该是在长期观察、调查和研究后确定的。通过对学生的成长过程、班级活动、学生日常生活的观察，发现学生成长和发展中存在的问题，进而提炼总结，寻找相关主题，以主题班会教育的方式进行干预。辅导员在提炼和确定主题时，应在确定主题范围后进一步分析，确定主题内容，并且要结合学校和学院的活动设施条件，确定主题班会的实施形式。

第二阶段，撰写教案。辅导员依据主题内容撰写德育主题班会的书面实施计划即教案，以确定班会目标、步骤和具体安排。撰写教案的过程实际上是主题班会物化和表达的过程。确定班会主题时，首先，在表达上应该平实，避免政治口号式的班会主题；其次，主题应该富有亲切感，易于拉近和学生的心理距离；再次，主题应该具有时代性，可以运用一些时新的词句或者网络语言，符合学生心理预期和认知；最后，可以运用“主副标题”策略，主标题表明主题班会的宏观意义，副标题指明班会的具体内容和要达到的目标。

第三阶段，组织实施。根据主题班会教案付诸实施——导入、主题深化、总结提升。辅导员在主题班会导入时，力求简洁、朴实、形象生动，具有启发性。主题班会导入的常见方法有故事导入、视频资料导入、趣味活动导入、问题情境导入，导入的素材应该具有典型性、贴近性和启发性。主题深化阶段是在主题导入以后，通过有效的活动，让学生深刻体会主题教育的内容，获得关于主题的态度、体验和经验的过程。辅导员在这个阶段要根据主题和学生的特点选择适宜的教育形式，创设体验空间，丰富学生的感受，或者通过同学们充分的讨论和不同的经验分享，深化学生感受，提升主题认知水平。同时，辅导员

应科学合理地安排教师与学生两种角色的关系及各自发挥的作用。总结提升是一场班会的升华，辅导员要结合现场学生丰富的情感体验、思想交流交锋后的深刻认知等，对学生接下来的行为方式进行引导，以期通过教育感悟形成助推学生文明行为的不竭动力。

（二）实施注意事项

在实施主题班会的过程中，德育主题鲜明、内容形式多样、学生积极参与是重要目标，同时应注意以下三点：

1. 合理充分准备是班会成功的基础

班会取得成功，离不开班会前辅导员的精心准备：结合班会设计理念与内容精心打磨班会教案，力求班会德育效果更加凸显，育心育德工作与班级管理工作高度融合。在前期准备工作阶段，也可以充分发挥学生骨干的积极性、能动性和创造性，让他们积极参与问题的收集、会前的研讨、VLOG的录制等前期环节的工作，使班会的准备过程本身就成为学生受教育、受锻炼、展能力的过程，从而有效延展和拓宽了班会的教育作用和影响力。

2. 学生广泛参与是班会成功的重点

主题班会的整个过程是面向班级全体同学的，每一位班级同学都是所在集体的一员，没有特殊情况不建议请假不参加。班会现场，每一位成员都不是旁观者，都应积极参加活动环节，成为有效参与者、积极思考者、受益受教育者。只有亲自参与，投入自己的精力和情感，才会融于其中，达到自我教育的目的，因此，促进学生广泛参与是主题班会实施过程中的重中之重。辅导员应精心创设多样化的活动形式，科学设计各环节，最大限度地调动学生的积极性，提高学生的参与度、融入度、合作度，以充分发挥班会教育的作用。

3. 辅导员的教育引导是班会成功的根本保证

大学生思想活跃、个性突出、追求自我，为确保主题班会不偏离主题、环节不流于形式、效果不打折扣，辅导员要加强现场指导、环节引导、总结升华。具体而言，包括对突发情况的处理，对现场气氛的引导，对各种信息的分析、选择、提炼，对主题班会的总结等。当学生普遍对某一个问题产生疑惑，讨论无法继续时，辅导员需要给予澄清或解答；当班会出现冷场时，辅导员需要调动学生，活跃气氛；当错误观点占上风时，更需要辅导员及时予以纠正。班会结束时，辅导员对班会总体情况进行梳理总结、凝练提升，提醒学生注重相互学习，并将班会心得感悟融入今后的学习和生活中，以提升个人综合素质。

第三章

高校德育主题班会的评价

课程评价是确定一门课程是否实现教育目标的过程。高校德育主题班会是大学生思想政治教育的有效形式和重要阵地，主题班会评价则是保障大学生思想政治教育效果的关键手段，是检验班会教育目标达成度的重要标准，且可以为主题班会的后续改进和延伸教育提供重要决策。

第一节　高校德育主题班会评价概述

一场成功的高校德育主题班会可以使学生真正成为教育活动的主体，潜移默化地达到德育的根本目的。班会评价作为高校德育主题班会流程结构中的重要环节，对其目标设定、内容选择、环节设置、实施流程、总结反思和延伸教育均具有重要的诊断和调适作用，对促进学生全面发展和辅导员职业能力提升也有着十分重要的积极意义。

一、高校德育主题班会评价的含义

（一）高校德育主题班会评价内涵

高校德育主题班会评价是对一场主题班会以及系列主题班会的具体情境进行信息的收集和解释，并进行价值判断的过程，旨在不断提升高校德育主题班会的质量，优化班会内容，并为思想政治教育效果提供参考信息。高校德育主题班会评价是一个涉及多评价主体、多评价对象、多评价方法，并力争实现多种评价功能的复杂过程。

（二）高校德育主题班会评价功能

高校德育主题班会评价是监测班会质量和实现预设目标的重要抓手，对于主题班会载体作用和育人价值发挥起着举足轻重的作用。概括而言，主题班会评价能够在以下方面发挥重要作用。

（1）主题班会评价能够监测班会质量，保证班会的顺利进行，并能够为相关的班会内容改进、班会效果提升提供依据。

（2）主题班会评价能够对学生参与班会的情况进行分析，以考查学生是否受教育、受熏陶，是否达到了班会预期目标。

（3）主题班会评价能够发现主题班会在实际操作过程中存在的问题，并为改进班会方案、提升班会效果提供反馈。

（4）主题班会评价和所有评价一样，对评价对象具有激励作用。通过对班会评价结果的合理运用，对评价对象的优势进行强化，可以使被评价者受到鼓励，激发其主观能动性，从而能更好地参与班会实施与改进，使主题班会在已有的基础上不断改进、创新。

二、高校德育主题班会评价的对象

（一）教案与课件

教案是辅导员召开主题班会的具体计划，是对班会的目标设定、内容开展和预期效果的最详细设计，是分析和评价辅导员开展主题班会的重要基础材料。课件是辅导员将班会内容直接传递给学生的一个重要载体，是整场班会的重要线索和学习资料，会直接对学生的教育引导产生重要作用。

（二）辅导员（班主任）

辅导员（班主任）是班会实施的主体，是连接静态的班会材料和动态的学生表现之间的重要桥梁。无论班会内容如何设计安排，班会素材如何丰富，都需要通过辅导员（班主任）的实施才能使其被学生接触和获得，班会预定的目标也才有可能实现。因此，在班会评价中辅导员（班主任）是重要的评价对象。

（三）学生及其学习成果

有了翔实的班会方案和辅导员的具体实施，预设的班会内容才能够传递给学生。但最终学生对于班会内容的理解程度则是由学生本身所决定的。只有学生通过自身的加工和内化，才能将班会内容转变为习得的知识、积累的能力、内化的情感和转变的态度。学生的学习成果是指在班会过程中学生习得的知识与能力的呈现，也是班会效果的展现。例如，学生在班会过程中根据特定主题形成的过程性资料和完成的作品都可以成为评价的对象。

三、高校德育主题班会评价的特点

（一）强调激励与发展，转化评价功能

评价是一种手段而不是目的，在进行课程评价时要以提升学生的综合素质为出发点。区别于第一课堂的专业课程，高校德育主题班会在评价时要关注学生的个性差异，淡化简单的目标导向；要重视学生参与班会的过程和态度，激励学生，促进学生个体社会化，提升学生综合素养。

（二）制定多元化指标，兼顾个体差异

高校德育主题班会的评价重点不是学生成绩，单纯的成绩指标并不能体现出学生参与班会的态度、兴趣、情感、潜能和动机等，因此在制定班会评价指标时需关注内在因素，制定多维度评价指标。此外，在评价中要根据被评价者个体的不同，制定个性化指标，有针对性地进行评价。

（三）实现主体多元化，考虑主观能动性

高校德育主题班会的评价主体应该为辅导员和学生，两者既是评价者又是被评价者。这样由于双方之间的关系不再是管理者与被管理者的关系，因此被评价者对于评价结果不再是被动地接受，而是以主人翁的角色面对评价，由此加强了双方的沟通，也就更容易就评价的指标等相关内容进行修正。被评价主体主观能动性的发挥，将有助于评价者把握整个评价过程，也利于帮助被评价者看到自身的不足，从而获得真正的发展和提高。

（四）重视过程考核，转移评价重心

高校德育主题班会关注的是学生参与班会的过程感受与体验，其评价也应该相应地由对结果的单一考核转变为对过程的考核。即注重过程，实现评价重心的转移，将考核放到班会全过程，注重对班会各环节参与、班会过程体验等的考核，重点是对学生参与度、学生积极性等进行评价。

第二节　高校德育主题班会评价方法

课堂评价是与教学融为一体的学习成果评价。确定高校德育主题班会评价原则，厘清高校德育主题班会评价内容，可以更好实现主题班会的科学化开展和持续性施教。基于学生全面发展的要求，高校德育主题班会评价应是一种整体性、发展性、动态性、综合性评价，既注重个性，又兼顾整体，既重视结果，又兼顾过程，最终符合立德树人育人规律和时代发展需要。

一、高校德育主题班会评价原则

在教育评价体系中，课堂评价处于教学评价的核心地位。课堂评价是指在课堂教学活动中，任课老师对学生的各种学习行为做出的价值评判。主题班会可以归纳为课堂教学活动形式中的一种，其主要内容包含学生认知、班会方式、情感态度和教学资源等。高校德育主题班会评价应坚持学生为本、科学评价、多元评价等原则。

（一）坚持学生为本的评价原则

德育主题班会开展的根本目的是促进大学生的发展，主题班会的评价和总结应该坚持学生主体性，尊重学生，重视学生的价值提升与情操陶冶。主题班会中，在传授相关知识的同时，要与学生积极互动、共同发展，注重培养学生的独立性和自主性；要激发学生学习、质疑、探究的能力，通过主题班会开发和弘扬学生精神世界中积极、健康、向上的精神需要，使学生得到全面发展。

（二）坚持科学性的评价原则

德育主题班会属于思想政治教育工作的范畴，高校思想政治教育本身就是一个系统工程，对其进行评价也应该是一个系统与科学相结合的工程。因此，对德育主题班会的评价要把其放入思想政治教育工作的大范畴内，与教育教学工作、管理服务支撑工作等统筹起来，建立科学、规范的评价指标体系。在制定评价指标体系时既要把所有的要素、环节和人员考虑进来，进行系统化思考，又要把课内与课外、线上与线下、校内与校外资源全部调动起来，做好综合性设计。

（三）坚持定性与定量相结合的评价原则

高校德育主题班会的实施效果不能简单地依赖某个主题或任务的完成情况来判断，而是需要相对长期和持续性的评价。一方面，从高校思想政治教育大范畴来看，德育工作评价来自多主体评价，不同主体考察的方式、内容和侧重点有所不同，主体多元化有效保证了德育评价的客观性与全面性。这种情况需要依赖多种反馈信息进行综合判定。另一方面，对主题班会实施效果进行评价时，又需要有定量的数据和指标，比如学生的参与量、互动程度、体会感悟等。因此，德育主题班会评价可以采用定量和定性结合的方法，根据实际需要，灵活运用评价指标，注重评价的过程性、发展性。

二、高校德育主题班会评价要素

优质高效的课堂教学是提高教育质量的根本保障。德育主题班会作为课堂教学活动的一种形式，应该注重教师对学生开展思想政治教育的实际效果和学生思想素质的提升情况。而要实现这些评价目标，就需要确定完整、全面的班会评价内容要素。因此，德育主题班会评价要素应包含班会目标、班会教案、实施过程、班会结果等。

（一）班会目标评价

班会目标是班会育人的出发点，对班会过程具有重要的导向和调控作用，决定着班会的发展方向和价值方向。德育主题班会目标的设定要结合国家、学校的人才培养目标，符合时代发展特征，从班级发展的现状、班级（或学生）共性问题、学生发展需求、专业特点等方面综合考虑，使其具有整体性、关联性、实用性等特征。只有通过反复思考活动主题的形成过程，深化对目标的理解，才能细化和制定目标。

（二）班会教案评价

班会教案是班会开展的重要资源，也是学生学习的主要依据。德育主题班会教案的评价，从教案要素构成来讲，一是要素齐全，要围绕班会开展的重难点认真设计和安排教案要素；二是要素表述准确、客观、简练；三是各要素之间呈现逻辑性。从教案实施的可行性来讲，学校现有的设施条件可以满足教案实施所需的硬件和软件设施要求。

（三）实施过程评价

班会是师生积极参与、交往互动、共同发展的过程，是学生学和教师教的统一。德育主题班会的过程评价主要包括教学环节、学生参与、预期目标、发展评价等。教学环节要有利于调动学生的兴趣，要全面系统、科学合理，发挥整体功能。学生参与评价，可以衡量学生在行为、思维和情感三个层面参与班会的质量。预期目标和发展评价体现在适时反馈评价结果，强化交流提升，促进辅导员专业成长等方面。

（四）班会结果评价

德育主题班会结果评价主要涉及两点：一是主题班会活动目标完成度，即对比班会前后学生对既有问题或事件的认识水平的提高程度；二是一次主题班会或一个系列主题班会对后续主题班会教育带来的价值，即为下次主题班会的开展提供良好的基础，形成一些新问题并探索出如何解决新问题的初步想法。

三、高校德育主题班会评价类型

传统的课堂教学质量评价方法是由评价专家对评价对象进行打分，由于评价指标都是定性指标，容易导致评价信息的失真。德育主题班会的评价是高校思想政治教育的评价目标之一，班会评价的实施应重视过程，运用多主体评价、多方法评价。

（一）注重过程性评价

高校思想政治教育是一个复杂的工作系统，一场班会中师生的表现情况并不能全面反映德育效果。事实上，在辅导员“教”的过程中有很多影响结果或效果的因素存在，比如辅导员的教学方法、使用的教材、教学环境等。同时，学生的思想道德素质只有在现实情境中才会表现出真实的行为反应。因此，对主题班会的评价不应仅仅停留在班会上，更应回归现实的生活情境。过程性评价强调将学生日常生活表现作为评价的重要标准，这种过程评价具有更高的信效度，更能反映学生品德素质发展的真实水平，也更有利于学校德育实现系统化。

（二）实现多主体评价

德育主题班会一般采用自评为主、他评为辅的办法。参与德育主题班会的主体，是辅导员、学生以及除此之外的其他德育教育参与者。从德育主题班会的整个过程来说，一方面要对学生进行诊断性评价，即学生在接受主题班会教育前，要对学生本身的认知、情感、技能等状况进行预测，了解学生的知识基础和准备情况，考查学生原有的道德水平，这些是评价主题班会最终效果的基础性条件。另一方面还要对辅导员“教”的过程进行评价，即辅导员开展德育主题班会时，所使用的方法、路径是否合理，所设计的班会内容是否具有思想教育性和价值引领，对德育资源的使用是否充分，整个过程的运行是否有制度保障，使其平衡和稳定发展。

（三）重视多方法评价

德育主题班会的评价目的在于提高管理水平、服务水平，推动学生发展。对德育主题班会的评价不能仅仅考虑辅导员“教”和学生“学”的结果，而应通过多种方法对德育主题班会进行全面审视与评价。德育主题班会的评价方法有课堂观察法、问卷调查法、座谈法、成绩分析法等。课堂观察法是通过对教学过程的观察，了解课堂的真实情况，获得评价的第一手资料。问卷调查法是运用问卷对学生进行调查。座谈法是通过直接听取谈话对象的意见，获取问卷调查难以获得的信息。这些评价方式有量化评价也有质性评价，且各有优缺点，只有多种方式有机结合、合理搭配、形成互补，才能有效促进班会评价的科学性、合理性和完整性。

第三节　高校德育主题班会评价的实施过程

教学课堂评价既重视教师教的质量，也重视学生学的效果。德育主题班会评价注重对学生思想政治素质发展的进程进行评价，是一种以促进学生发展为根本目的，重过程、重评价对象主体性的系统性教学评价。

一、高校德育主题班会的评价内容

（一）班会目标

班会目标要明确，既遵循思想道德建设的普遍规律，又适应学生身心成长的特点，体现情感、态度、价值观的统一，可以引导学生在活动中丰富道德情感，提升生活经验，自觉践行社会主义核心价值观，促进学生人格健全和全面发展。具体而言，一是目标要紧密围绕班会主题，明确德育意图，突出教育重难点；二是认知、情感、行为三个德育目标之间互相关联、层层递进；三是目标要联系教育实际，联系学生实际，确保让学生在付出努力的情况下可达成、可实现。

（二）班会内容

班会内容要坚持贴近实际、贴近生活的原则，要把社会主义核心价值观与学生的生活经验密切结合起来，根据学生的生活实际和发展需要确定内容，挖掘鲜活的教育素材，形成满足学生发展需要、易于被学生接受的教育内容。具体而言，一是班会内容聚焦高校的人才培养目标，围绕学校的思想政治教育工作重点和要点展开；二是班会内容聚焦学生的成长成才发展规律，充分考虑学生的思想行为特点、学科专业特点、关注社会热点；三是班会内容聚焦学生的思想实际、学习实际、生活实际，提出学生普遍存在或共同关心的主要问题、热点话题、待解难题，实现知识性与体悟性统一。

（三）过程和方法

班会的开展应采用学生喜闻乐见的形式，用疏导的方法、参与的方法、讨论的方法等，使学生乐于参与，让学生真正动起来，用心看、用心想、用心做，以增强班会的有效性。在班会过程中，通过师生互动、生生互动的各种情境设置，让学生在互动交流中思考、体验和感悟。具体而言，一是创设情境化学习场景，通过多元实践体验形式，激发学生学习能动性；二是创设讨论式学习场景，通过讨论或辩论的形式，提高学生思考独立性；三是创设探究式学习场景，通过角色扮演、问题再现等形式，启迪学生理性思维，提高学生分析和解决实际问题的能力。

（四）辅导员行为

在班会实施过程中，辅导员要遵循主体性原则，面向全体学生，充分尊重学生，营造良好的教育氛围，让学生自主参与、自主体验；采用开放的活动控制方式，在活动过程中，引发和鼓励学生自由展示他们的情感、体验和观点，使他们在活动中学会自主、学会选择、学会创造；合理、有效地运用现代教育技术手段，并积极参与学生的讨论，在活动中融入自己的生活经验，以真情感染和引导学生；在活动中给予学生适时、恰当的评价，发现并肯定学生的闪光点，引导学生将知情意行融成有机整体。具体而言，一是通过班会讲授，直接向学生传递德育知识和价值观念；二是通过活动组织，强化学生的参与体验和情感涵育；三是通过概括总结，培养学生的道德情操，引导学生在实际行动上有所变化和提升。

（五）学生行为

主题班会的开展要充分发挥学生的主体作用，使他们成为活动的设计、组织和参与者，乐于参与、自主体验、有所感悟，进而从中受益。活动过程中，学生要体现团队精神，善于合作，共同探索，创造性地提出问题，解决问题。具体而言，一是认真进行问题准备、资料搜集，为班会中的分享交流做好准备；二是认真理解教师讲授的理论知识、政策文件精神，学好视频、案例等素材；三是认真参与小组讨论、角色扮演等，置身其间感受情绪体验，在教师指导下共同探寻问题的解决路径，提出实际解决策略。

（六）教育效果

班会活动圆满完成，目标达成度高，教育效果体现在学生通过班会得到真切的情感体验，改善认知和行为，确立正确的思想观念和道德价值取向，自身思想道德素质得以提高。具体而言，一是充分调动学生的积极性和主动性，学生在班会活动中有分工、有角色、有参与；二是班会形式新颖多样、生动活泼，学生喜爱并愿意接受，现场氛围好；三是帮助学生实现知识才干有增长、情感体验有深化、思想认识有提高。

二、高校德育主题班会的评价步骤

教学评价是教育教学过程中的重要环节，它可以帮助教师和学生更好地了解教学效果，发现问题并及时改进。教学评价，需要遵循一定的步骤，下面介绍德育主题班会评价的四个步骤。

（一）明确评价目的

在进行班会评价之前，需要明确评价的目的，包括评价标准、评价对象和评价内容等。只有明确了评价目的，才能更好地进行评价。

（二）选择合适的评价方式

根据评价的目的、内容和对象，选择合适的评价指标和评价方式。评价方式可以包括问卷调查、课堂观察、成果评比等，需要根据具体情况进行选择。

（三）收集评价所需信息

根据评价的目的和方法，通过观察、测量等手段，收集与班会评价相关的信息。信息收集需要全面、客观、准确，以便更好地进行评价。

（四）依据标准进行评价

根据一定的标准，对所收集的信息进行价值判断和解释，并及时反馈给评价对象，以指导改进未来的主题班会教学和学习。

三、高校德育主题班会的评价运用

学生德育工作具有长期性特点，德育主题班会的评价是调节德育主题班会运行机制、优化德育主题班会实施过程、检验德育主题班会效果的重要环节，也是提高育人效果的重要观测点。

具体而言，针对学生的考核评价一般由主题班会的主导教师完成或由学生进行自我评价。评价过程中，班会教师可以结合学生在主题班会开展过程中的实际表现做好随堂考核、评语反馈等，同时针对主题班会召开后学生思想及行为的转变进行跟踪监督考核，遴选主题班会优秀学员，避免出现课上信心十足，课后一如往常的情况。学生的自我评价可以通过撰写班会感悟、填写班会自我评价表等方式完成。学校可以将德育主题班会纳入第二课堂成绩单，以思政项目形式进行运作，通过客观记录、科学评价学生在德育主题班会中的全程表现，运用人工智能等技术进行分析，为德育主题班会的再次开展提供智能化咨询。

因此，通过回收对班会目标、班会内容、班会流程和方法，以及班会过程中辅导员、学生的行为、班会效果的评价结果，能够比较全面地掌握班会育人效果，值得班会组织者仔细梳理、认真分析，有针对性地对评价反馈信息涉及的每一个细节再度进行精心构思与推演打磨，全方位、全过程对主题班会进行优化设计，不断改进教学方法、教学内容和教学形式设计，让德育主题班会真正成为学生思考、交流与成长的重要课堂。

各高校还可以通过开展优秀主题班会案例评选的方式，激励广大政工干部做好班会总结，凝练班会经验，形成可推广、可借鉴的系列优秀德育主题班会案例，为学校德育工作的开展提供支撑。同时，围绕班会主题，鼓励各班级配套设计实施丰富多彩的第二课堂实践教育活动，让学生在持续教育中转变认识，在有效实践中落实行动，在监督评比中自省自查，最终实现思想升华、品质提升和德育内化的目标。

第四章 高校德育主题班会设计与实施

第一节　思想导航篇

青春告白祖国

——爱国主义教育主题班会

班会素材

一、班会主题

青春告白祖国

二、班会背景

爱国主义是我们民族精神的核心，是中华民族团结奋斗、自强不息的精神纽带。中共中央、国务院印发的《新时代爱国主义教育实施纲要》明确了爱国主义的科学内涵、本质特征和实践要求，对新时代爱国主义教育作出了全面部署。第十四届全国人民代表大会常务委员会第六次会议通过的《中华人民共和国爱国主义教育法》，为新时代加强爱国主义教育提供了有力的法治保障。对新时代中国青年来说，热爱祖国是立身之本、成才之基。准确把握加强当代大学生爱国主义教育的着力点，多措并举强化爱国主义教育是为国家立心、为民族立魂的重要工作，对引导当代大学生争做有理想、敢担当、能吃苦、肯奋斗的新时代好青年具有深远意义。

三、班会目标

情感层面

1. 增强学生的民族自尊心、自信心和自豪感，以及对祖国的热爱之情。

2. 培养学生的国家意识和集体荣誉感，使其能够深刻理解个人与国家之间的紧密联系，砥砺强国之志。

认知层面

1. 让学生了解爱国主义的科学内涵和本质特征。

2. 引导学生正确把握国家发展大势，并对社会热点问题有正确的认识。

行为层面

1. 教育学生以“主人翁”姿态明确自身在国家建设发展中应该承担的责任与使命。

2. 鼓励学生努力学习科学文化知识，提高自身素质和能力，用实际行动诠释爱国精神、履行爱国义务。

四、班会准备

1. 时事搜集：搜集最新的国家大事、国际形势信息，收集相关照片、视频和新闻等素材。

2. 文献查找：查找《新时代爱国主义教育实施纲要》《中华人民共和国爱国主义教育法》《中华人民共和国国旗法》等资料。

3. 视频搜集：准备央视推出的展现中国式现代化壮阔前景的纪录片片段，搜集反映不同历史阶段我国发展变化的视频材料。

4. 学生准备：安排有过基层工作锻炼或暑期“三下乡”社会实践经历的学生结合自身真实体验准备班会分享；要求所有学生搜集自己家庭的新老照片；组织班级中有唱歌特长的学生准备歌曲《红旗飘飘》。

5. PPT制作：根据策划书和讲稿内容制作PPT。

五、班会导引

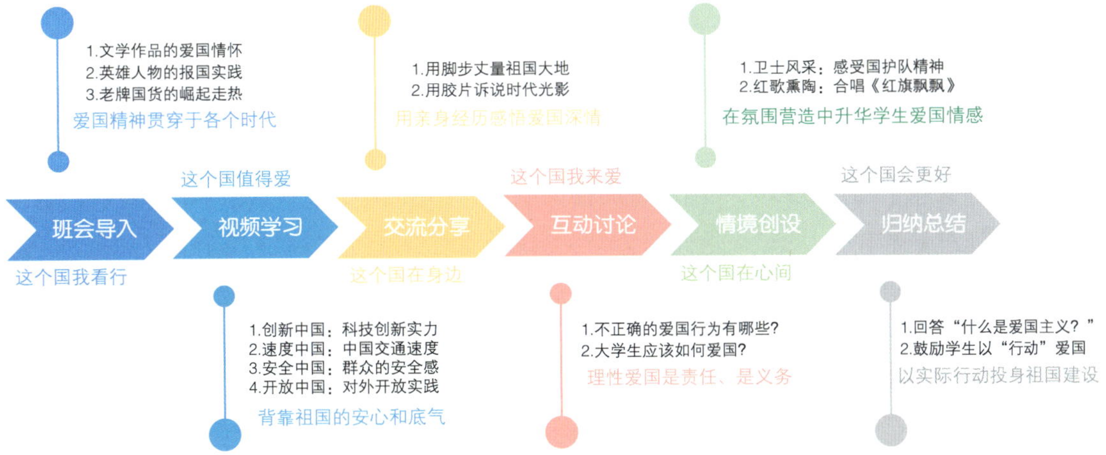

六、班会实施

1. 班会导入：这个国我看行

通过经典文学作品解读、英雄事迹学习感悟，结合当下老牌国货的走热“出圈”，引入“爱国”主题，引导学生深入理解爱国主义是中华民族发展史上最宝贵的精神财富，爱国主义精神深深植根于中国人民心中，是中华民族的精神基因。

（1）文学作品的爱国情怀：从中国古代文学、近代文学、现当代文学中遴选经典的爱国主义作品进行重点赏析与点评，引导学生理解爱国主义情怀根深蒂固于中国文人心里，并表现为对祖国历史、文化传统、大好河山的热爱与赞颂，对祖国命运和前途的关怀与关切，这些深厚的情感一直贯穿在中华民族的精神长河之中。

（2）英雄人物的报国实践：遴选精忠报国的古代英雄、革命时期的英勇烈士、当代社会的时代楷模，分享他们的感人事迹，讲述他们以血肉之躯、钢铁意志筑起爱国长城的实践。明确英雄人物用自己的行动甚至生命，捍卫了国家的尊严和利益，展现了中华民族不屈不挠、英勇顽强的精神风貌。

（3）老牌国货的崛起走热：讲述近年来老牌国货纷纷“重出江湖”，以及传统服饰马面裙等成为时尚爆款，“圈粉”众多消费者等案例。这些品牌通过自身的努力和创新，不仅赢得了市场认可，也成了展示中华民族优秀文化和爱国主义精神的重要窗口。进而引导学生感悟品牌自信背后体现出的中国技术和文化自信，以及相关事件折射出的中国民众尤其是青年消费群体高涨的爱国热情。

爱国主义精神贯穿于中国古代、近代、现代以及中国特色社会主义新时代，它流淌于文人墨客的诗词歌赋里，流传在感人至深的英雄人物事迹中，更在新时代被赋予了崭新的内容和鲜明的特色。虽然在社会发展的不同历史阶段、不同时期，爱国主义具有不同的内涵，但它始终是中华民族保持旺盛生命力的精神力量。

2. 视频学习：这个国值得爱

通过播放相关视频，带领学生从“创新中国”“速度中国”“安全中国”“开放中国”四个维度感受新中国成立以来我国取得的伟大成就，感悟中国式现代化的壮阔前景，增强学生的民族自豪感和荣誉感。（信仰的力量·国旗下的思政课如图4-1所示）

（1）创新中国：播放央视科技创新类节目《智能中国》节选；梳理近年来国家深入实施创新驱动发展战略的有力举措；通过讲解载人航天、新能源汽车、人工智能等领域的典型成就，引导学生切实感受中国科技创新的实力。

（2）速度中国：播放央视纪录片《中国高铁》节选；讲清楚中国已经建成全球最大的高速铁路网、高速公路网、世界级港口群；引导学生理解《国家综合立体交通网规划纲要》中明确的2035年基本建成“全国123出行交通圈”的重要意义，深度感受中国交通速度。

（3）安全中国：播放央视纪录片《端牢中国饭碗》节选、《同心战“疫”》节选；以中国在粮食安全层面采取的系列举措为例，讲清楚“粮稳天下安”的中国保障；以中国在新冠肺炎疫情期间采取最全面最严格最彻底的防控措施保障人民生命安全和身体健康为例，讲清楚国家给予人民群众的安全感。

图 4-1　信仰的力量·国旗下的思政课

（4）开放中国：播放央视纪录片《一带一路上的中国名片》节选；阐明中国提出构建人类命运共同体理念的现实意义；以打造国家级“展会矩阵”、与多个国家和地区签署自贸协定等为例，讲述中国扩大对外开放，积极发出中国声音、贡献中国智慧的生动实践。

国以保民为本，民以爱国为先。新征程上，我们党领导人民不仅创造了世所罕见的经济快速发展和社会长期稳定的两大奇迹，而且成功走出了中国式现代化道路，创造了人类文明新形态。这些成就不仅彰显了国家的实力和魅力，更为中国未来发展铺就了壮阔前景，也让每一个中国人都有了背靠祖国的安心和底气。

3. 交流分享：这个国在身边

分别以“用脚步丈量祖国大地”“用胶片诉说时代光影”为主题安排学生交流分享环节，让学生主动参与其中，通过讲述自身经历和见闻，深刻感受祖国翻天覆地的时代变迁，从祖国发展中找寻实实在在的爱国力量。

（1）用脚步丈量祖国大地：邀请参加过基层工作锻炼或暑期“三下乡”社会实践活动的优秀学生进行经历分享，通过他们对国情、民情的实地观察和亲身体验，向同学们展示中国基层社会发展变化，向世界讲好脱贫攻坚的中国故事。（大学生暑期“三下乡”社会实践团队助力乡村振兴如图 4-2 所示）

（2）用胶片诉说时代光影：根据班级实际人数将学生分成8～10人一组的小组，指导学生小组围绕班会前搜集的能反映社会发展的新老照片进行对比分享。随后，每组遴选代表在班内进行发言交流。教师认真共情，并做好最后总结。

图4-2　大学生暑期“三下乡”社会实践团队助力乡村振兴

青年大学生的梦想里要有家、有国、有天下。时光荏苒，今昔巨变。同学们要坚持用脚步丈量祖国大地，用眼睛发现中国精神，用耳朵倾听人民呼声，用内心感应时代脉搏，在参与中感知，在实践中成长，时刻保持对家国的热情和关注，坚持用自己亲身经历的生动而真实的故事，表达对祖国的深情和对时代的独特见解。

4. 互动讨论：这个国我来爱

爱国不仅是一种传统、一种情感，更是一种责任，是中华民族爱国思想、爱国行为的深刻内涵和重要表现。与学生一起讨论“不正确的爱国行为有哪些？”“大学生应该如何爱国？”两个问题。引导学生在爱国表达上不盲目排外、不激进暴力，能够冷静、客观、全面地思考问题，做到遵纪守法、不违背公序良俗。让学生明白爱国不仅是内心的情感，更应是外化的言行，作为当代大学生应肩负起时代责任与使命，鼓励学生以行动和担当践行报国志向。

5. 情境创设：这个国在心间

五星红旗是中华人民共和国的象征，尊重爱护国旗是每个中国公民的义务。通过解读《中华人民共和国国旗法》，观看国旗护卫队视频，组织有音乐特长的学生进行爱国主义歌曲表演等，激发学生的爱国情怀，帮助学生进一步升华爱国情感。（大学生国旗护卫队如

图4–3所示）

（1）卫士风采：播放央视纪录片《大国仪仗》第九集《国旗卫士》节选。国旗护卫队队员们在阳光下挺拔的身姿、整齐的步伐和庄重的表情，传递着对祖国的热爱与尊重。这充分证明国旗不仅仅是一面旗帜，更是国家尊严和民族精神的象征。让学生深刻感受国旗的神圣与庄严，更立体、更深入地了解国旗卫士守护五星红旗的真挚情感。

（2）红歌熏陶：为班级同学发放手摇小国旗，邀请有音乐特长的学生现场演唱歌曲《红旗飘飘》，鼓励其他学生积极跟唱。在合唱过程中，学生们共同唱响激昂的旋律，感受歌曲中蕴涵的爱国情感。这种情感的共鸣能够激发学生的爱国之情，从而更加坚定爱国信念。

图4–3　大学生国旗护卫队

爱国，不仅仅是一种口号，更是一种信念、一种情感、一种责任，它应当深深地烙印在我们每一个人的心中。希望每一位同学都能将爱国真正地放在心间，让它成为我们前行的动力和信念的支撑。无论走到哪里，无论遇到什么困难，我们都要牢记自己的身份和责任，始终坚守那份对祖国的热爱与忠诚。

6. 归纳总结：这个国会更好

结合前面各环节的开展情况，对整场班会进行总结。回答“什么是爱国主义?”，肯定我国当前取得的各项成就，客观说明我国在发展中存在的问题与不足，以及当前我国面临的国际形势，激发学生的爱国热情和斗志，增强他们的民族责任感和时代紧迫感，引导他们从自身做起、从现在做起，以实际行动积极主动地投入祖国的建设之中。

七、班会感悟

学生A

班会上讲到了许多国产品牌“老面孔”变身“新网红”的例子，这些国产品牌抓住市场风口，在直播带货的“加持”下，迅速“走俏”，引发了一波国潮热。老牌国货频出圈是我比较关注的热点话题，它们如何实现从“网红”变“长红”，也成为公众讨论的焦点。在国货崛起的大潮中，青年群体是消费主力，这也从侧面反映了年轻一代的爱国热情。

学生B

班会上播放的几部央视纪录片节选令我深感震撼，让我对中国当下的整体发展有了更为直观的了解。新时代以来，面对世界百年变局加速演进、国际环境发生深刻变化的复杂局面，中国强国建设的步伐从未停止，一系列成就的取得提振了民族信心，这个国值得爱！

学生C

一张张新旧照片的对比，反映出人民衣食住行的历史变迁，让我深刻感受到发生在身边的变化，更感受到祖国一路走来的不易。照片背后是人民群众对物质富足、精神富有的美好向往，也在告诉我祖国为满足人民美好愿望所做出的不懈努力。这个风里雨里给我安全感的地方，就是我心之所系的国家。

双肩的力量

——社会责任感教育主题班会

班会素材

一、班会主题

双肩的力量

二、班会背景

社会责任感作为一种道德情感，是知识、态度和行为的有机统一，是内在精神价值与外在行为规范的结合，是每一位大学生应当具备的重要品质，它体现了大学生对社会在认知、情感和行动上的承诺。大学生是社会的中坚力量，随着社会的快速发展，对大学生社会责任感的培养显得尤为重要，这不仅关系到个体的价值实现，更关涉国家和民族的未来发展。当前，部分大学生对社会责任感认知尚浅、情感投入不足、行为意识淡薄，缺乏对社会的关注和贡献。对学生进行社会责任感教育，引导其积极投身社会实践，为社会发展贡献青春力量，不仅能够丰富高校思政教育工作内容，更对加速培养自觉服务国家、社会和人民的高素质人才具有重要意义。

三、班会目标

情感层面

1. 激发学生对社会责任感的情感认同，增强其对社会的关爱和责任意识。

2. 帮助学生切身感受责任与使命的重要性，深刻认识社会责任感是自身健康成长的内在要求，使其愿意为集体和社会的发展贡献力量。

认知层面

1. 引导学生明确社会责任感的内涵和重要性，使其充分认识自己作为大学生在社会中的角色和责任。

2. 带领学生反思、总结新时代大学生社会责任感现状，探索分析部分大学生社会责任感缺失的原因。

行为层面

1. 引导学生将社会责任感转化为实际行动，积极参与志愿服务和社会实践。

2. 鼓励学生发挥专业优势，为社会发展提供具体建议和解决方案，做勇于主动承担社会责任的时代青年。

四、班会准备

1. 信息调研：通过问卷调查、采访等方式，调查了解本校学生的社会责任意识及对社会责任感的理解认识程度。

2. 案例收集：准备《感动中国》宣传片、典型人物事迹材料，收集有关社会责任感的主题演讲视频、热点新闻事件等。

3. 报告分析：深入分析最新年份的《中国大学生社会责任感调查报告》，总结报告主要内容。

4. 活动筹备：对班会过程中的活动环节进行设计，做好所需物资、场地等的准备工作。

5. PPT制作：根据策划书和讲稿内容制作PPT。

五、班会导引

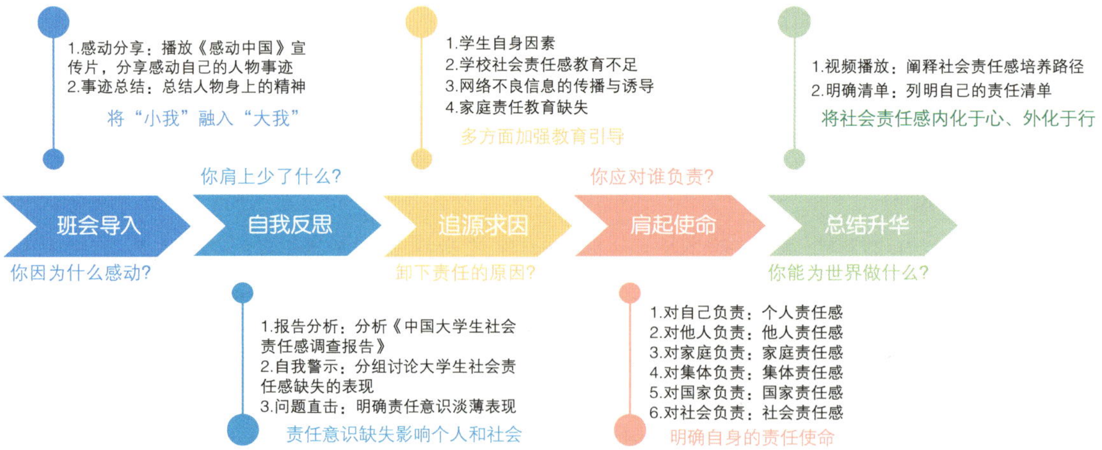

六、班会实施

1. 班会导入：你因为什么感动？

通过播放《感动中国》宣传片，让学生将目光聚焦在央视综合频道从2003年开始打造的这档被称为“中国人的年度精神史诗”的精神品牌栏目，引导学生思考节目所选取的年度人物都有哪些特点，他们的事迹都具有怎样震撼心灵的精神力量，以此引出班会主题。

（1）感动分享：要求学生结合自己观看的往期《感动中国》节目，说出最感动自己的人物，并分享他们的故事。

（2）事迹总结：班级成员分小组讨论这档节目中让人动容的人物或团队都有哪些相似的特点，以及他们身上都反映出何种精神力量，并由小组代表分享小组观点。

感动你我，感动中国。这些获评“感动中国”荣誉称号的人物或团队的事迹都有一个共同之处，那就是他们都勇于主动承担责任，将个体的“小我”与社会所需的“大我”结合。

附：《感动中国》年度人物推选标准。

- 为推动社会进步、时代发展做出杰出贡献，获得重大荣誉并引起社会广泛关注；
- 在各行各业具有杰出贡献或重大表现，国家级重大项目主要贡献者；
- 爱岗敬业，在平凡的岗位上做出了不平凡的事迹；
- 以个人的力量，为社会公平正义、人类生存环境做出突出贡献；
- 个人的经历或行为，代表了社会发展方向、社会价值观取向及时代精神；
- 个人在生活、家庭、情感上的表现特别感人，体现中国传统美德和良好社会风尚。

2. 自我反思：你肩上少了什么？

通过深入分析天津师范大学马克思主义学院研究团队发布的最新年份的《中国大学生社会责任感调查报告》，帮助学生了解我国大学生社会责任感现状。

（1）报告分析：最新年份的《中国大学生社会责任感调查报告》显示，我国大学生的政治责任感、生命责任感、学习责任感、学校责任感、网络责任感均呈现动态平稳的上升态势。同时，社会责任感在不同大学生群体中还呈现出多样性、差异性等特征。

（2）自我警示：播放反映大学生社会责任感缺失的热点新闻事件，组织学生结合自身实际，分组讨论并选派代表分享大学生社会责任感缺失的具体表现。引导学生了解在市场环境利益化、信息环境多元化、社会环境自我化的情况之下，大学生正义感缺位、同情心淡薄、责任感缺失的现象仍存在，并反观自身是否也存在责任意识淡薄的情况。

（3）问题直击：部分大学生责任意识淡薄集中表现在重视个人利益的满足，追求自我价值的实现，忽视他人、集体和社会的利益等方面。比如，认为父母养育自己是理所应当，不主动承担家庭责任；排斥去偏远地区工作，追求舒适、体面且工资高的工作，职业责任感淡薄；认为大学生是自由的个体，对于班级活动、学院荣誉、学校声望不关心，集体责任感淡化等。

通过深思和探讨，我们明确了社会责任感不仅是个人的道德品质，更是整个社会的共同追求。同时，通过现实案例了解到，部分青年存在注重个人利益、忽视社会贡献、缺乏对社会发展的正确认识和思考等问题。社会责任感的缺失会影响青年的个人发展，也会影响社会的整体进步。(毕业生党员“最后一次党课”之使命教育如图4-4所示)

图4-4　毕业生党员“最后一次党课”之使命教育

3. 追源求因：是什么让你卸下了肩上的责任?

通过小组深入讨论，全方面、多层次探究造成当代大学生社会责任感缺失的系列原因。讨论结束后，小组代表发言，教师做好分类记录，并结合学生发言，帮助学生明确原因。

(1) 学生自身因素：当代青年大学生生活条件优越，对生活艰辛理解不深，处事能力不足，社会责任感不强；经不住困难的考验及利益的诱惑，缺乏坚定信念和吃苦精神，容易对社会产生否定、消极反抗的态度，更倾向于满足自身发展和利益的需求，忽视集体和社会的需求。

(2) 学校社会责任感教育不足：学生面临升学压力，中小学阶段普遍缺乏对学生思想道德层面的体系化教育，而高校更注重专业知识培养，易出现道德教育和社会责任感教育边缘化现象，使得大学生无法将国家、社会、集体、家庭等方面的责任融入自己的内心世界和整体人格；实践平台不足，导致学生的内在认知难以转化成为外在行为。

（3）网络不良信息的传播与诱导：大学生在虚拟网络环境中所形成的人格特征，一旦与现实状况发生矛盾，就容易导致学生产生逃避或反现实心理，从而对社会责任感的认知产生偏差；网络信息良莠不齐，网络空间自由度高，许多大学生从网络世界回归现实时，容易出现难以承受各种行为规范与准则的约束，从而对社会责任产生消极态度的现象。

（4）家庭责任教育缺失：溺爱型家庭教育下成长的孩子大多自私、独断，缺乏社会责任感；专制型家庭中，缺乏温暖与爱，父母的话就是权威，孩子缺乏安全感，责任意识薄弱；单亲、留守儿童等家庭中，由于父母角色的缺位，孩子身心难以健康发展，也易造成社会责任感缺失。

深入分析当代大学生社会责任感缺失的原因，可以发现这一现象的产生并非单一原因所致，而是多种因素交织影响的结果。因此，为了提升大学生的社会责任感，我们需要从多个方面加强教育和引导，营造积极向上的社会氛围，共同推动大学生形成正确的社会责任意识。

4. 肩起使命：你应对谁负责？

通过分享用生命诠释责任的案例，如危难中“最帅的逆行者”中国消防员、新冠肺炎疫情中勇冲一线的医护人员等事迹，引导学生体悟勇担责任的伟大，进而明确自身的使命。要求学生结合案例，分组讨论作为当代大学生应该对谁负责，并由小组代表进行班内阐述。对学生观点进行分类总结如下。

（1）对自己负责——大学生个人责任感：在学习和生活中有一定的计划，积极乐观面对困难，对自己的言行负责，为自己做好职业规划。

（2）对他人负责——大学生他人责任感：愿意尽自己所能帮助他人，考虑他人感受，经常参加慈善、志愿活动。

（3）对家庭负责——大学生家庭责任感：主动关心家人，经常帮助父母做家务，参与调解家庭矛盾。

（4）对集体负责——大学生集体责任感：积极参加校院、班级等组织的活动，维护集体安全，保护公共财产，在集体面临危机时愿意牺牲自己的利益。

（5）对国家负责——大学生国家责任感：关注新闻，懂得理性爱国，主动维护国家权益，了解近年来发生在我国的重大事件，并对其有正确的见解。

（6）对社会负责——大学生人类社会责任感：减少资源浪费，敢于站出来制止危害社会的不良行为，愿意为建设和谐美丽的社会做出贡献。

在班会上，我们通过案例分析、小组讨论等方式，引导学生深入探讨个人所应承担的各种责任的内涵和意义，激发学生积极投身社会实践、履行社会责任的热情和动力。同时，我们也鼓励学生将社会责任与个人成长相结合，通过履行社会责任来提升自己的综合素质和能力。

5. 总结升华：你能为世界做什么？

介绍责任清单的重要性，分发责任清单模板，要求学生根据自身实际，列明自己应承担的社会责任。学生独立思考并填写责任清单，完成后可与小组成员交流分享。鼓励学生将责任清单作为个人行动指南，并在日后的学习和生活中不断践行和更新。

（1）播放演讲视频：通过播放北大法学院的一名毕业生在《超级演说家》中发表的《年轻人能为世界做什么》主题演讲视频，引导学生认真思考“你能为世界做些什么?”这一问题，阐释培养自身社会责任感的路径与方法。

（2）明确责任清单：引导学生理解责任是多重性的，请学生根据自己现在的角色和将来可能会承担的角色，明确自己需要承担的“责任清单”，并将其写在下发的便签贴上。邀请部分同学分享自己的“责任清单”。班会老师结合学生发言进行总结，强调社会责任感的重要性，鼓励学生用实际行动践行责任清单，努力成为对自己、对他人、对社会有所裨益的人。（大学新生入学宣誓如图4-5所示）

青春逢盛世，奋斗正当时。社会责任感不仅是个人品质的体现，更是时代发展的要求。社会责任感的培养和实践需要从小事做起、从身边事做起。作为新时代的大学生，要珍惜时代赋予的机遇，将社会责任感内化于心、外化于行，积极投身社会实践，用自己的智慧和汗水书写青春的华章，用实际行动诠释责任与担当，为国家的发展和社会的进步贡献自己的力量。（毕业生离校宣誓如图4-6所示）

图4-5 大学新生入学宣誓

图4-6 毕业生离校宣誓

七、班会感悟

学生A

班会让我认识到，社会责任感不仅仅是一种口号或理念，它需要我们付出实际行动。通过列明责任清单，我更加清晰地认识到自己应该承担的社会责任，也深刻反思了自己的行为。我认为一个有社会责任感的人，主要应该具备三点品质：坚持道德上正确的主张，坚持实践正义原则，愿为他人作出奉献和牺牲。

学生B

通过班会学习，我认识到社会责任感不仅仅是一种道德要求，更是一种责任和使命。大学生作为国家的未来和希望，应该积极关注国家大事，了解国家的发展战略和政策方向，发挥自己的专业优势，为解决社会问题贡献智慧和力量。

学生C

分组讨论环节让我有机会与同学们深入交流，大家各抒己见，共同探讨如何培养社会责任感。这种交流方式让我收获了很多新的想法和启示，加深了我对社会责任感的认识和理解，也激发了我参与社会实践的热情。在未来的日子里，我将以更加饱满的热情投身社会建设，为实现中华民族伟大复兴的中国梦贡献青春力量。

心驻信仰，党心飞扬

——入党启蒙教育主题班会

班会素材

一、班会主题

心驻信仰，党心飞扬

二、班会背景

中国共产党是中国工人阶级的先锋队，同时也是中国人民和中华民族的先锋队，是中国特色社会主义事业的领导核心。在大学生中发展党员是一项重要工作，具有深远的政治意义。然而，现在的大学新生年龄普遍较小，社会阅历较浅，调查发现部分学生政治观念淡薄，不能正确处理“红”与“专”的辩证关系，对党的历史、纲领的认识不够深刻，甚至有一部分申请入党的学生入党动机不端正、不纯洁。解决这些问题的关键是要做好学生的入党启蒙教育，引导学生不断成长。另外，加入中国共产党，成为这个伟大组织中的一员，是当代大学生人生理想的最高政治追求。对学生中的这种政治热情，需因势利导，加强入党启蒙教育，这既是从党的建设和组织发展考虑，也是从大学生自身成长的内在需要考虑。

三、班会目标

情感层面

1. 帮助学生筑牢理想信念根基。

2. 深耕厚植学生爱党、爱国、爱社会主义的浓烈情感。

认知层面

1. 了解党的发展历史，引导学生自觉知党、信党、言党，坚定跟党走的决心。

2. 深刻认识中国共产党“为中国人民谋幸福，为中华民族谋复兴”的使命担当，主动加强自身思想道德修养。

行为层面

1. 积极参与政治生活，积极向身边的榜样看齐，主动向党组织靠拢。

2. 端正入党动机，自觉担当国家和民族赋予的使命，努力实现自己的人生价值。

四、班会准备

1. 问卷调查：发现学生政治观念淡薄、入党动机不端正的主要表现。
2. 资料查找：查找《中国共产党章程》，准备中国共产党党史的相关材料。
3. 谈心谈话：了解青年学生政治观念淡薄、入党动机不端正的原因。
4. 材料制作：拍摄“我身边的先进党员”微视频，制作班会所需PPT和讲稿。
5. 班级分组：将班级学生根据实际情况分为6～8组。

五、班会导引

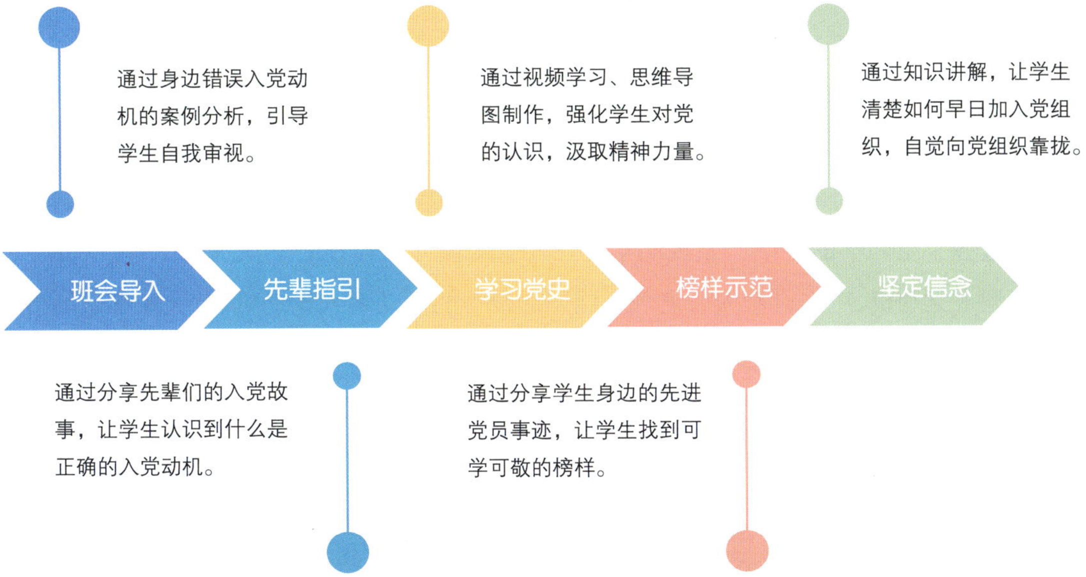

六、班会实施

1. 班会导入：扣好第一粒扣子

入党动机是否端正反映了一名符合入党要求的公民的“初心”是否真正地想要入党。通过分析错误入党动机的案例带领学生思考相关问题，引导学生自我审视，查摆自身是否存在不足，自觉端正入党动机。

（1）案例讲述。这是一个发生在身边的案例——

甲问乙：“听说前几天你递交了入党申请书，你要入党？”

乙回答：“有这么回事。”

甲问乙："你怎么想的？你的成绩在班上数一数二，还担心将来找不到好工作？"

乙回答："成绩是一回事，成了共产党员以后工作了更容易升官。有了权，还怕没有钱？你们的脑袋怎么转不过弯呢？"

甲说道："现在才大一，还有三年才毕业，何必现在着急入党呢？"

乙回答："你真是死脑筋，我大一交申请书，要接受他们考验一年，也就到大二了。就算批准了入党，也只是预备党员，又要一年才能转正，前前后后要三年多。这样我到毕业前就是正式党员了。我一参加工作就是正式党员，升迁的机会就比非党员多，加入共产党就相当于拿到了一张期货收益凭证，你说是不是？"

甲思考了一下恍然大悟："我怎么就没有想到呢，哥们儿，帮个忙，我们一起入党。今后大家当了官、有了权，相互间有个照应，发起财来岂不更容易？"

乙应道："好说好说，没有问题，我找介绍人打个招呼，就说我们一起进步，他肯定会答应的。"

（2）小组讨论。以小组为单位围绕"案例中讲的是什么问题？""对于案例中乙的想法，你有什么看法？""你申请入党是出于什么想法？"三个问题展开讨论，随后每组派一名代表做班级分享。

通过各小组同学的分享，发现同学们在入党动机方面存在着"认为入党是一种荣誉"的功利型入党动机、"来自家人、老师、同学影响"的被动型入党动机、"大家都做的事情我也要做"的从众型入党动机等多种类型。《中国共产党章程》中提到：中国共产党党员必须全心全意为人民服务，不惜牺牲个人一切，为实现共产主义奋斗终身。可以看出，这才是最为正确的入党动机。

2. 聆听入党故事

通过分享陈望道、钱学森、牛犇等先辈们的入党故事，让学生明白正确的入党动机是正确的精神指引。只有树立正确的入党动机才能有坚定不移的目标和行动。

（1）故事分享

【家国大义——陈望道的入党故事】1920年早春，南方的山村阴冷潮湿，在分水塘村的一间柴房中，一个清瘦的年轻人正拿着一本英文版《共产党宣言》和一本日文版《共产党宣言》不停地思索、推敲，他就是陈望道，彼时他正在把《共产党宣言》翻译成中文。他翻译的《共产党宣言》，是中国共产党成立前后在中国传播最早、影响最大的马克思主义著作，为中国共产党的建立和党的早期理论建设做了重要的思想准备。1956年元旦，毛主席到上海视察，专门会见了陈望道，这更使陈望道坚定了重返中国共产党的决心。于是，他把入党申请书交给了组织。知悉陈望道的入党要求后，毛主席说："陈望道什么时候想回到党内，就什么时候回来。不必写自传，不必讨论。可不公开身份。”1957年6月，陈望道由中共中央直接吸收为中国共产党党员。

【科研之路——钱学森的入党故事】“梁园虽好，非久居之乡。”1955年，他放弃国外优厚待遇，冲破重重阻力，回到了自己魂牵梦萦的祖国。他开创了我国火箭、导弹和航天事业，被誉为“中国航天之父”，他是“两弹一星”元勋钱学森。他在自己的入党申请书中这样写道：“我回国近三年来受到党的教育，使我体会到党的伟大，党为实现共产主义社会这一目标的伟大。我愿为这一目标奋斗并忠诚于党的事业。”与党同心、与党同行，他始终初心不改，热忱不减。

【耄耋之志——牛犇的入党故事】2018年5月31日，中共上海电影（集团）有限公司演员剧团支部委员会同意吸收83岁高龄的电影表演艺术家牛犇为中共预备党员。他在入党志愿书中写道：“我已经80余岁，为党工作的时间就算是不睡觉，也不会太长了，我一定要珍惜。只有跟着共产党，才能把自己有限的生命，活得更有意义。”6月6日，鲜红的党旗前，牛犇举起右手，在他的入党介绍人、上影集团党委书记任仲伦领誓下，和上影其他青年党员一起庄严宣誓，加入中国共产党。

（2）小组讨论

以小组为单位围绕三则入党故事讨论：“什么样的入党动机是正确的?”“青年学生应该树立怎样的理想信念?”讨论后，每个小组派代表分享。

这些先辈们在书写入党申请书时，无不情真意切地表达了为党、为人民奋斗终身的决心。由此可见，正确的入党动机是正确行动的精神指引。只有树立正确的入党动机，才能有坚定不移的目标和行动。向党组织提交入党申请书，是每一位想要入党的同志向党组织靠近的第一步。

3. 感悟党史伟力

胸怀千秋伟业，恰是百年风华。通过视频学习、思维导图制作引导学生读懂党百年历史中的“变”与“不变”，强化对党的认识、对党史的了解，并从中汲取精神力量。

（1）观看视频。播放视频《中国共产党百年述职报告》，与学生重温党史。

（2）画说党史。以小组为单位分享视频观后感，并且制作党史思维图。制作好后，每组派出代表谈谈在制作党史思维图过程中的感受。

中国共产党是一部史诗，它是一群人的理想；中国共产党是一座长城，它是一个国家发展的保护；中国共产党是一条长路，它是一个未来发展的方向。中国共产党如航海的船帆，它的成长见证了“长风破浪会有时，直挂云帆济沧海”；它的发展说明了“疾风知劲草，岁寒见后凋”；它的未来将会告诉我们什么是“不经一番寒彻骨，怎得梅花扑鼻香”。

4. 学习身边榜样

通过分享学生身边的先进党员事迹，引导学生向身边的先进党员看齐，主动向身边的榜样学习。（十佳党员典型事迹分享如图4-7所示）

图4-7　十佳党员典型事迹分享

（1）视频播放。通过播放前期制作的微视频《我身边的先进党员》（视频内容取材于学校大学生优秀党员事迹），引导学生认真思考身边的先进党员身上有哪些值得学习的优点。

（2）明确方向。以小组为单位分享观后感，并且列举出自己今后需要在理论学习、科技创新、社会实践等各方面努力的方向。

向身边榜样看齐，向优秀党员学习。希望初入大学的你们，学有榜样，行有示范，赶有目标，能够自觉将个人的目标追求融入党和国家的发展伟业中，勇于追求卓越，不负使命担当。

5. 书写我辈之志

通过讲解如何书写入党申请书，帮助学生了解入党条件、入党程序等，引导学生积极向党组织靠拢，积极作为、主动担当。

授课教师从入党条件、入党程序、入党申请书格式、需要注意的问题等方面进行详细讲解。

本次主题班会针对部分同学政治观念淡薄、入党动机不端正等现象进行了入党启蒙教育，力图使大家通过先辈指引、党史学习、榜样示范等坚定理想信念。同学们在平时的学习生活中要坚决拥护中国共产党的领导，积极向党组织靠拢；要发奋学习、立志报国，从身边小事做起，主动将个人命运与国家和民族的命运结合起来，自觉担当起国家和民族赋予的使命，努力实现自己的人生价值。（特色党团活动如图4-8所示）

图4-8　特色党团活动

七、班会感悟

学生A

在本次主题班会中，我们小组成员分工合作，共同完成了思维图绘制等任务。小组成员充分的互动使我对班级同学有了更加深刻的了解，也体会到了团队的力量。

学生B

通过本次班会我知道了作为一名入党积极分子，应该主动学习党的相关理论知识，要在学习和生活中坚持全心全意为同学服务的宗旨，要自觉做好身边同学的表率。

学生C

通过观看《我身边的先进党员》微视频，我对身边的先进党员事迹有了深刻的了解。在今后的学习生活中，我将向优秀的学长学姐们看齐，自觉锤炼本领，踏实实践，争取成为像他们一样优秀的人。

我与母校有个约定

——感恩母校教育主题班会

班会素材

一、班会主题

我与母校有个约定

二、班会背景

“滴水之恩，涌泉相报”的感恩意识，是中华民族薪火相传的美德，更是新时代下中国特色社会主义文化建设的重要内容。作为一种以德传德的道德教育、以情动情的情感教育，感恩品质培育是大学生德行养成的重要一环，感恩教育更是思想政治教育的重要组成部分，是大学生道德素质涵育的重要基础。面向毕业生开展感恩母校教育，激发个体感恩意识，引导学生识感恩之理、怀感恩之情、践感恩之行，不仅有助于促进学生个体道德人格的完善，促进高校德育良性发展，更能升华学生感恩社会献爱心、感恩国家效忠心的责任感。

三、班会目标

情感层面

1. 激发学生爱校荣校、感恩母校的情感共鸣。

2. 促进学生感恩意识“迁移”到感恩他人、感恩社会、感恩祖国上，增强学生积极践行社会主义核心价值观的主观情感。

认知层面

1. 理解“滴水之恩，当涌泉相报”的意义，引导学生培育“饮水思源”的感恩意识。

2. 掌握感恩品质的形成机理，强化对感恩的理性认识。

行为层面

1. 掌握正确表达感恩的方式方法，做到识恩、知恩、施恩、报恩。

2. 促进大学生在生活中表现出亲社会行为，增强社会责任意识，顺利实现由“学生”向“社会人”的角色转变。

四、班会准备

1. 案例搜集：搜集典型校友的先进事迹，收集本专业老师的毕业寄语，收集学生为班级同学准备的毕业祝福信或小礼物。

2. 视频制作：安排班委搜集大学四年学习、生活、集体活动的照片，制作毕业视频；邀请相关老师录制毕业祝福视频；联系部分学生家长录制对孩子的未来期许视频。

3. 活动筹备：对班会过程中的活动环节进行设计，做好所需物资、场地等的准备工作。

4. 嘉宾邀请：提前联系并邀请关工委五老人员、优秀校友等，准备相应的现场分享交流内容，或邀请他们提供故事分享视频。

5. PPT 制作：根据策划书和讲稿内容制作 PPT。

五、班会导引

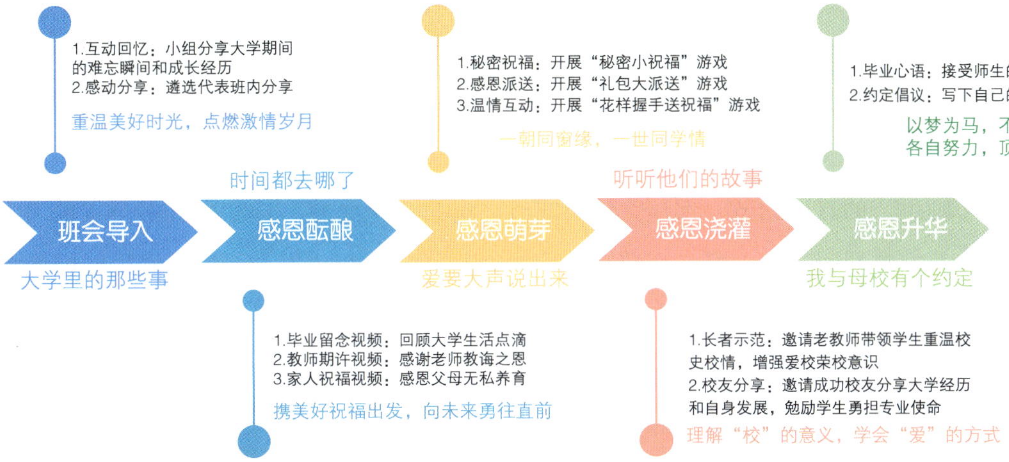

六、班会实施

1. 班会导入：大学里的那些事

通过班级内部小组分享，带领学生共同回顾校园里最难忘的成长故事、最有趣的青春瞬间，追忆求学期间的美好时光，引出毕业生爱校荣校、感恩母校的班会主题。（参观学校校史展览馆如图 4-9 所示）

（1）互动回忆：根据班级实际人数将学生分成 8～10 人一组的小组，指导学生在小组内部，围绕自身在大学期间的难忘瞬间、成长经历、师生情谊等进行个人成长故事分享，或结合一系列与大学时光相关的问题，如“你大学期间最难忘的一堂课是什么？”“你大学期间最难忘的一件事是什么？”“你最想感谢的一个人是谁？”等进行互动交流。

图4-9　参观学校校史展览馆

（2）感动分享：小组内部分享后，每组遴选代表在班级内分享本小组中最令人感动的大学故事。教师认真共情，并紧扣班会主题增设互动问答内容，进一步激发学生的参与热情，引导他们更加深入地回忆大学时光，分享美好回忆。最后，教师做好点评与指导。

回顾大学往事，感悟青春历程。大学里的故事，无论是学业上的拼搏经历，还是友情、爱情、师生情的点滴细节，都让人难以忘怀。通过回忆之旅，让学生有机会重温大学时光里那些美好的瞬间，将大家带回那段充满激情与梦想的奋斗岁月。这些美好的回忆将永远留在学生们的心中，成为他们未来人生道路上的宝贵财富。

2. 感恩酝酿：时间都去哪了

通过播放班级毕业留念视频、教师祝福视频、家长祝福视频等，引导学生从班集体层面回顾大学生活，再次聆听恩师教诲，感受成长足迹，引发学生情感共鸣，引导学生感恩彼此的相遇和相聚。（我与大学合张影如图4-10所示）

（1）播放毕业留念视频：指导班委按照时间脉络制作班级毕业留念视频。班会现场播放该视频，带领学生从集体层面回顾大学四年的生活点滴，引导学生表达对同学陪伴、对母校培育的感恩之情。

（2）播放教师祝福视频：由班会老师提前邀请主要专业课教师、辅导员、班主任等录制毕业祝福视频。班会现场播放该视频，带领学生聆听母校老师的毕业祝福，引导学生表达对恩师教诲的感谢。

（3）播放家长祝福视频：由班会老师提前联系部分班级同学家长，录制对孩子的未来期许视频。班会现场播放该视频，带领学生感恩父母的无私付出和养育之恩。

图4-10 我与大学合张影

毕业留念视频将学生带回了那些熟悉而又难忘的校园时光，教师祝福视频让学生感受到母校恩师对他们未来发展的期望，家人祝福视频让学生明白亲人的爱与支持永远是他们最坚实的后盾。希望同学们能够珍惜这些美好的回忆与祝福，勇往直前地追求自己的梦想，创造更加美好的未来。

3. 感恩萌芽：爱要大声说出来

通过三个互动小游戏，鼓励学生珍惜大学期间的“遇见”，并勇敢表达自己对母校、对老师、对同学以及对家人的爱与感激之情，进一步营造温馨感人的毕业氛围，勉励同学们在人生道路上继续前行。

（1）秘密祝福：组织开展“秘密小祝福”游戏，请每位同学随机抽取一个班级同学的名字，为他写下匿名毕业卡片，表达美好祝福和期许。具体内容可以是对未来生活的期许、对友情的珍视、对共同经历的回忆等。班会后由老师将卡片分发给对应学生。

（2）感恩派送：组织开展“礼包大派送”游戏，将学生提前准备的写给某位同学的信件或礼物进行感恩派送，邀请几位同学现场分享他们的感恩之词，增加同学间的互动和情感交流。在感恩派送结束后，设置一个互动环节，让同学们自由交流、拥抱或合影留念，以加深彼此之间的情感联系。

（3）温情互动：组织开展“花样握手送祝福”游戏，祝福语为“相遇是缘，相识是份，认识这么久，真的很开心；今天握手祝福你，愿有前程可奔赴，亦有岁月可回首”。随后，所有同学围成一圈，通过给对方揉揉肩、敲敲背、按按头等，融洽学生关系，引导同学们在活动参与中感悟感恩，知恩于心，感恩于行。

三个温馨而富有深意的环节让大家在书写、交换和互动的过程中增进了友谊。有的同学因为收到礼物而激动落泪，有的同学因为回忆起共同的经历而感慨万千。这就是感恩的力量，它不仅能够让我们更加珍惜彼此之间的情谊，更能够让我们在未来的道路上坚定地走下去。

4. 感恩浇灌：听听他们的故事

通过邀请学校关工委五老人员、优秀校友进行故事或事迹分享，激励毕业生离校后继续传承母校精神，在新的领域或岗位上不懈地钻研、求索，矢志铸就母校辉煌。（院士报告会如图 4-11 所示）

图 4-11　院士报告会

（1）长者示范：邀请学校关工委五老人员开展一次专题分享，带领学生重温校史校情，引导学生深刻理解“校”的意义，学会“爱”的方式，增强毕业生心系母校、荣校强校情感。

（2）校友分享：邀请同专业的成功校友线下或线上分享他们在校期间关于学业、社团活动、师生关系等方面的难忘故事，以及他们离校后的发展成就，鼓励学生毕业后勇担专业使命，贡献青春力量。

铭记母校的历史与传统，秉承母校的精神与风范，是每一个毕业生的责任与使命。通过聆听优秀故事让学生更加深刻地认识到，母校是他们成长成才的摇篮，更是他们未来发展之路上的坚实后盾，进而勉励每一名毕业生既要传承和发扬母校的优良传统和精神风貌，更要为母校的未来建设添砖加瓦、贡献力量。

5. 感恩升华——我与母校有个约定

举办“毕业心语”活动，将提前收集的本专业老师手写的毕业寄语送给同学们。发起“我与母校有个约定”倡议活动，学生在便利贴上写上自己对学校的情怀、对学校的祝福、对未来的憧憬和对母校的承诺等，将便利贴张贴在活动海报上，并合影留念。引导学生共同约定，无论未来走到哪里，都会铭记母校的教诲和期望，不忘初心，砥砺前行；无论取得多大成就，都会保持谦逊和感恩的心态，不忘回馈社会、回馈母校。（最美毕业合照如图4-12所示）

图4-12 最美毕业合照

七、班会感悟

学生A

通过本次班会，我切实认识到自己对身边人、学校乃至社会、国家都有着义不容辞的报恩责任。本次班会活动内容丰富，形式多样，代入感很强，逐步深入地让我们感受和理解了知恩、施恩、报恩，引起了我的共鸣。

学生B

本次主题班会从别开生面的小游戏和毕业视频开始，在欢乐的氛围中渐渐牵出一份份回忆。在秘密小祝福和礼包大派送中，匿名卡片和礼物赠送更显同学情谊。

学生C

从学校关工委老教师口中听到了老一辈人与母校之间的动人故事，从优秀校友的典型事迹分享中感受到母校为党育人、为国育才的成就，让我们在回忆中多了一份对未来的畅想，更多了一份成才的坚定。

子欲养，亲请待

——感恩父母教育主题班会

一、班会主题

子欲养，亲请待

班会素材

二、班会背景

感恩是一种积极的内在动能，是一种处世哲学，是一种心灵品格，它联结着人与人之间的和谐关系，陶冶人的心灵，宽阔人的胸怀，安定人的内心，激励人的发展。大学生作为推动社会发展的中坚力量，是促进社会进步的主力军，具有较强的活力、丰富的学识、极强的创造力，其思想品质表征着时代最为深层的精神状态，其价值取向决定着未来整个社会的价值取向。2024年1月，吴谢宇被执行死刑，使“北大学霸弑母案”再次受到广泛关注，也引发了高校对大学生感恩意识培养的深层次思考，如何引导学生深化感恩认识、强化感恩情感、坚定感恩意志、实施感恩行为，具有现实的关切性。

三、班会目标

情感层面

在层层递进的引导、多元多维的互动中，促进学生形成与感恩认知相一致的感恩情感。

认知层面

1. 通过视频采访、数据播报、亲情选择题等，引领学生深入了解感恩的重要性与感恩的时间紧迫性。

2. 通过总结升华，引导学生把小我与大我结合起来，将感恩父母与感恩社会、感恩国家紧密联系起来。

行为层面

通过角色换位、父母画像等，引导学生联系自身实际，明确在当下如何实施感恩行为。

四、班会准备

1. 视频录制：围绕精心设计的七个问题，录制采访视频《孝，本不应该是这样》；完成五名以上同学的父母视频录制，倾听家长的真实心声。

2. 数据分析：根据采访结果，对采访的数据进行分析，并进行相应的原因收集。

3. PPT制作：根据策划书和讲稿内容制作相应的PPT，对接学生内在需求，对接班会讲解实际。

4. 道具准备：准备亲情“金三角”模型、亲情时光条、亲情DIY的相关道具，确保班会顺利实施。

5. 素材收集：收集与班会各环节紧密联系的故事、案例、美文等，提升班会的感染力和吸引力。

五、班会导引

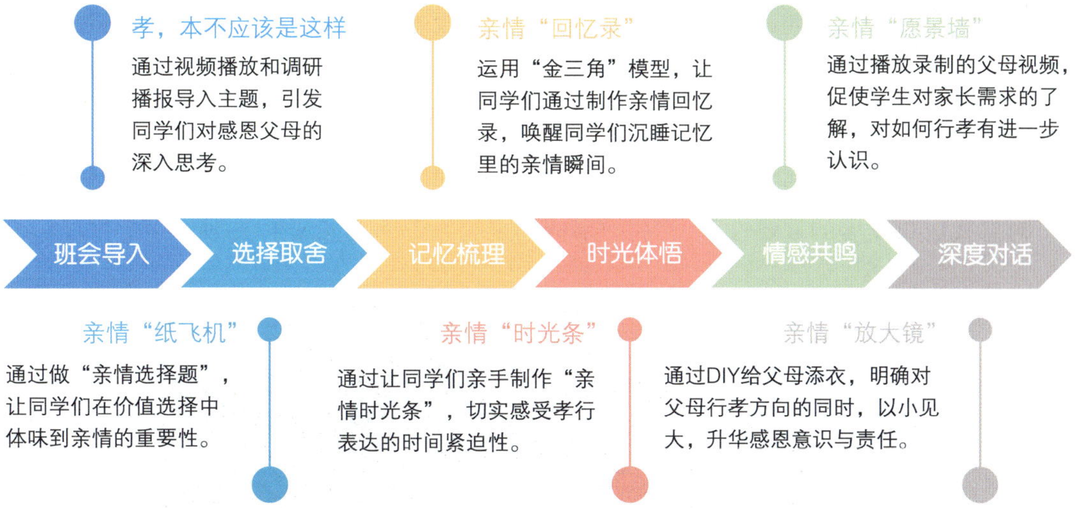

六、班会实施

1. 班会导入：孝，本不应该是这样

通过视频播放和调研播报导入主题，引发同学们对感恩父母的深入思考。

（1）播放录制视频：“你爱你的父母吗？你觉得能陪伴他们多长时间？你觉得你孝顺吗？你一周给父母打几次电话？你记得父母的生日吗？你曾经为父母精心准备过生日礼物或者宴会吗？你曾经给父母洗过脚吗？”通过观看视频，很多同学发现自己对父母的爱说得多做得少，视频内容激发了同学们对孝道行为的思考。

（2）“小喇叭”播报：分析调研数据，并针对性地分析原因，让同学们切身体会到召开此次班会的重要性。

树欲静而风不止，子欲养而亲不待。你与父母的关系，表征着你与世界的距离。在安徽省旌德县的“孝子祠”里，有一个苍劲有力的大字——“孝”，孝作为中华民族的传统美德，被人们世代传颂。

2. 选择取舍：亲情“纸飞机”

通过做“亲情选择题”，让同学们在价值选择中体味到亲情的重要性。

（1）亲情选择题：模拟飞行场景——假如世界末日即将来临，每个人有五样东西可以同等地在另一个星球被还原，它们分别是亲情、友情、权势、金钱、名望。当你乘坐上横跨宇宙的飞机，准备出发驶往另一个星球时，乘务员告诉你，因为超重，每位乘客都必须放弃其中的一样东西，你首先会选择放弃哪一样呢？飞机起飞了，地球也随之毁灭，路程行至一半，飞行员很遗憾地告诉你，由于前期估计不足，剩余的燃料难以保障飞机到达目的地，这时候你不得不放弃其中的两样东西，请你好好想想，你将怎样抉择？飞机继续飞行着，生活有时候就是如此坎坷，飞机出了故障，燃油泄漏，现在已不允许你同时拥有仅剩的两样东西，为此你不得不再次做出艰难的选择……就这样让学生在“亲情、友情、权势、金钱、名望”中不断做出选择。

（2）亲情齐分享：同学们自主阐述在逐层选择中留下亲情的原因，在互动分享中明确亲情对自我成长发展的重要性。（“拥抱亲情”主题教育活动如图 4-13 所示）

图 4-13　“拥抱亲情”主题教育活动

亲情不豪华却温馨，不奢侈却安定。生活中父母给我们带来太多的感动，现在每个人手中都拿着一张亲情“回忆录”，让我们沿着时光隧道去找寻找沉淀的亲情瞬间。

3. 记忆梳理：亲情“回忆录”

运用“金三角”模型，让同学们通过制作亲情回忆录，唤醒沉睡记忆里的亲情瞬间。

（1）制作亲情回忆录：引导学生梳理“父母做过的最让你感动的事，最让你触动的事，最让你开心的事”，并将其记录在亲情记录卡上，为情感抒发奠定基础。

（2）诉说亲情力量：针对以上每个话题选择一定数量的学生进行分享，让同学们在分享中回忆父母为我们所做的点点滴滴，感念父母的养育之恩。（“诉说亲情力量”主题分享如图4-14所示）

图4-14　“诉说亲情力量”主题分享

儿行千里母担忧，时光无言，给我们留下的，是父母亲从我们“啼哭”的那刻起，沉淀在我们心底的点滴温暖。岁月无情，苍老已经悄悄地爬上了父母的眼角，现在的我们，还有多长时间来陪伴他们？

4. 时光体悟：亲情“时光条”

让同学们亲手制作亲情时光条，引导他们切实感受孝行表达的时间紧迫性。

世界卫生组织的数据显示，中国人的平均寿命为78.6岁。

（1）初始阶段

假设父母的寿命为78岁。我们能和父母在一起的时间为78−父母的实际年龄=X年；

假设父母的实际年龄为48岁，则X为30，即我们能和父母在一起的时间为30年。

（2）学习阶段（以大三上学生为例）

A. 我们离毕业还有一年半的时间，其中，假期大约为3个月。

B. 你在家的3个月里，父母在家的时间为24天（2×4×3），请在其中减去你与朋友聚餐和每天的睡眠时间（以15天计）。

（3）工作阶段

A. 假设当你走入工作岗位后，每年只有除夕才能回家，大年初五就要回单位上班，即每年在家待的时间为5天。

B. 从每年你在家的5天时间里，减去你与朋友聚餐的时间和每天的睡眠时间。[朋友聚餐时间24小时，睡眠时间（8小时/天）32小时。也就是说，每年你与父母在一起的时间只有64小时，那么，64×30=8×8×3×10=24×80=80（天）]

我们原本以为还有30年的时间来陪伴父母，计算之后却猛然发现，实际仅有80天，或许更少，看到这组让人不寒而栗的数字，我们心里微微一颤：子欲养，亲不待？那么，在有限的时光里，我们应该怎样来行孝呢？让我们一起来倾听父母的心声。

5. 情感共鸣：亲情“愿景墙”

通过播放录制的父母视频，帮助学生了解家长需求，使学生对如何行孝有进一步的认识。

播放五名同学父母的视频，内容为父母谈“孩子，你不知道的那些事”和“父母的心愿”，促使学生倾听家长的真实想法，并换位思考，为学生行孝提供有效的依据。

“所谓父女母子一场，只不过意味着，你和他的缘分就是今生今世不断地在目送他的背影渐行渐远。你站立在小路的这一端，看着他逐渐消失在小路转弯的地方，而且，他用背影默默告诉你：不必追。”

6. 深度对话：亲情“放大镜”

通过DIY给父母添衣，激发同学们对父母的特点进行梳理和回忆，明确对父母行孝的方向，进而升华感恩意识与责任。

（1）我为父母添新衣：将学生分为四组，小组成员结合父母普遍的穿着特点，为父母画新衣，在衣服的材质、样式等设计上表达对父母的美好祝愿，并在新衣上写下最近能实现的对父母行孝的5件事。集思广益，以小组的形式进行分享，通过一件件的小事感恩父母。

（2）小我之举融入大我之行：通过以小见大，从孝“小家”（父母）到孝“大家”（祖国），引导学生从点滴着眼，从身边着手，从自我着力，将小我融入大我，将青春献给祖国。

① 孝父母之身

【勤俭节约】坚决不能拿父母的血汗钱来满足自己的虚荣心。

【合理开支】一粥一饭当思来之不易，半丝半缕恒念物力维艰。

【自立自强】生活独立自主，丰富拓展自己，有余力勤工俭学。

② 孝父母之心

【嘘寒问暖】一个电话或者一条微信问候或许会让爸爸妈妈温暖好一阵子。

【爱惜自己】保持身心健康会让父母减少很多不必要的担心和牵挂。

【遵纪守法】遵规守纪、文明举止，共建平安和谐校园，构筑法治社会。

③ 孝父母之志

【勤奋学习】坚定“知识充盈人生”的信念，以坚实行动实现阶段目标。

【感恩社会】以感恩的心对待身边的每一个人，做好每一件事。

【立志报国】立志为强国建设、民族复兴而读书。

中国有句古话，“子欲养而亲不待”，与其感叹“时光时光慢些吧，不要再让你变老了”，不如从现在做起，将“提篮春光看妈妈”的美好心愿融入我们的一言一行，用实际行动告诉父母：“子欲养，亲请待”！

七、班会感悟

学生A

原以为与父母共处的时间还很长，这样一算，减去上学、工作、聚会、交友、恋爱、结婚等的时间，真正能陪在父母身边的时间太少了，所以，与父母相处的一分一秒都弥足珍贵，值得我们珍惜！

学生B

亲情很重要，有时候我们却在不知不觉中将它弄丢了，感谢老师对我们的引导，让我们在梳理有关父母的点滴记忆中，对孝道有了新的审视和认识。

学生C

上大学后的第一次回家，看到妈妈的白发多了，走路也变慢了，但不变的是她忙前忙后做了一桌我最爱吃的菜。在父母的世界里，满满的，都是我们！

言忠信，行笃敬

——诚信教育主题班会

一、班会主题

言忠信，行笃敬

班会素材

二、班会背景

“言必信，行必果”“人而无信，不知其可”，诚实守信作为中华优秀传统文化的核心道德理念之一，是社会主义核心价值观的重要内容，有着鲜明的民族特色和丰富的时代意蕴，是我们安身立命之本、为人处世之基、现代文明之源。

青年大学生作为国家的未来和民族的希望，正处在拔节孕穗的关键时期，其思想道德与行为素养整体是积极向上的。但不容忽视的是高校中作业抄袭、考试作弊、履历“掺水”、贷款逾期、学术造假等不诚信的情况时有发生，如何将正向引导和反向教育相结合，强化学生的学习、生活、就业、经济等方面的诚信教育，分层次培塑学生的诚信观显得尤为重要，有利于营造风清气正的良好校园氛围。

三、班会目标

情感层面

1. 让学生认识到诚实守信的重要性。
2. 增强学生的诚实守信意识。
3. 树牢学生对他人、对社会的责任感。

认知层面

1. 让学生能够明确诚实守信这一基本规范的内涵和外延。
2. 使学生能够明确判断、识别违反诚信的现象和行为。

行为层面

1. 促进学生养成以诚待人、以诚处事的思想与行为自觉。

2. 遵守信用时代的行为准则，让诚信变成自身的一种财富。

四、班会准备

1. 案例搜集：查找有关诚信的视频和新闻，包括正面和反面的案例。

2. 访谈调查：调查学生对于诚信的认识，发现问题，分析原因。

3. 文献查找：查找国家信用体系建设的相关政策及方案，了解当下社会信用体系建设情况。

4. 资料整合：将所有的资料进行归纳整合，撰写讲稿，并根据策划书和讲稿内容制作PPT。

5. 材料准备：组织学生提前搜集中华民族历史上有关诚信的格言、古训、故事；搜集发生在自己身上的守信或失信的例子；学生代表就辩题“诚信主要靠自律还是他律?”进行准备。

6. 现场布置：选择活动教室开展此次班会，提前准备好辩论赛所需道具。

五、班会导引

六、班会实施

1. 班会导入：经典永流传

诚信是我们中华民族的传统美德，在中华民族悠久璀璨的历史长河里，有着诸多关于诚信的格言、古训及故事。通过学生提前收集材料、主动分享成果，教师说文解字、逐层递进的方式，加深学生对诚信的认识，引入主题。

（1）诚信我来说：由学生主动发言，分享课前搜集的有关诚信的格言、古训和故事。

（2）说文解字：结合学生分享，以说文解字的方式与学生共同探讨“何为诚信?”得出其本质内涵为“诚实、诚恳、守信、有信”的结论。

“得黄金百斤，不如得季布一诺。”通过分享，我们充分认识到我国的诚信文化源远流长，它是在传统定居农业、血缘伦理、乡土社会基础上形成的，是中华优秀传统文化的有机组成部分，是维系中华民族世世代代和谐共处的重要精神纽带，是中华优秀传统文化赓续发展的重要精神血脉。

2. 互动分享：诚信在身边

通过播放视频、播报新闻、共读案例以及组织互动分享讨论，让学生明白诚信不仅是心中责，更是当下事，不仅是国家、企业、社会团体等的事，更是个人的头等大事。

（1）对比思考：播放视频《浙江诚信老太，90岁摆地摊还清2077万债务，获百万群众点赞》，播报新闻《拾金不昧好榜样！合肥学子捡到98000元原地等候失主婉拒酬谢》，共读案例《“李鬼”终难变“李逵”，以身试法不可行》，引导学生思考守信的利和失信的弊。

（2）言由心生：组织学生分享生活中遇到的关于守信和失信的例子，让学生深刻体悟到诚信与自己的学习、工作、生活息息相关，同时深化学生对守信和失信行为的感受和判断。

“车无辕而不行，人无信则不立。”大到国家相处讲究诚信为本，小到人与人交往言而有信，“信用”已经融入大家生活学习的各种场景，如免费借书、免押金租车、淘宝先用后付等便利服务，以及招聘求职等职业需要，信用作为个人的一笔财富，与我们的关系越来越紧密。

3. 辨析明理：诚信辩论赛

围绕“诚信主要靠自律还是他律?”组织开展分组辩论，促使学生在辩论的参与与旁观中，进一步澄清自身价值观，明确诚信的意义和自身的责任，认识到诚信品格的养成是自我约束与法律制约的统一，是自觉与规约的结合。

辩论赛应提前准备，由学生主持，在辩论过程中，双方应注意把握时间、言语得当、有理有据，教师应统筹把控辩论现场的整体情况，对辩论中的优秀表现、存在的问题等在辩论结束后及时予以总结梳理反馈。辩论赛的组织实施主要包括以下环节。

（1）主持人宣布辩论开始，正方围绕“诚信主要靠自律”陈述3分钟，反方围绕“诚信主要靠他律”陈述3分钟；

（2）双方围绕“诚信主要靠自律还是他律?”进行自由辩论5分钟；

（3）观众提问3分钟；

（4）正反双方各自总结1分钟；

（5）其余同学对双方表现进行投票，教师进行总结点评。

通过辩论表明，诚信是集个人品德、社会道德、法律意识等多元内容于一体的社会公德，需要自律和他律相辅相成，需要国家、社会、家庭、学校、个人共同着力，将内在约束和外在制约倡导统一起来，才能真正实现言忠信、行笃敬。

4. 深度讨论：诚信养成记

聚焦“学习、生活、经济、就业”四个方面，通过分组讨论，共植“诚信树”，引导学生深度思考应如何在大学阶段增强自身内在约束和外在管理的能力，真正植“诚”于心，践“信”于行，养成知行合一的良好行为习惯。

（1）回顾讲述校园诚信教育的短片《看不见的代价》，引导学生明确“勿以恶小而为之”。

（2）引导学生从学习、生活、经济、就业等方面思考作为当代大学生应当如何做到诚信。讨论后，各组形成统一意见，将讨论明确的关键点粘贴到提前准备的“诚信果”上，并将“诚信果”展示在“诚信树”上，在师生的互动交流中达成思想共识。

A. 学习上，按时上课、诚信考试、学术规范。

B. 生活中，与同学相处表里如一、坦诚待人、诚实做事。

C. 经济上，及时偿还贷款、不恶意拖欠学费，不编造虚假材料骗取国家助学金、奖学金。

D. 就业上，简历不掺假、证书需真实、签约要三思。

“诚在于心，信在于行，诚信在于心行合一。”同学们在自主、合作、探究中，达成了诸多共识，梳理了较为全面的关键词，找寻了撬动你我他的诚信点滴，让我们更加坚定了“诚实守信”是立足社会、与人交往的必选项。

5. 延伸学习：诚信伴我行

当前，我国的社会信用体系和个人诚信体系建设正大力推进，但在日常生活中，仍有各种不良干扰因素存在，需要我们有意识地修正自己的思想和行为，诚以待人、言行一致。

（1）修身之道。端正诚信态度，树牢诚信价值观，增强责任担当意识，不断奠定新时代个体认识世界、改造世界的道德基础和价值取向。

（2）规范之本。自觉遵守校纪校规、法律法规以及各类规章制度，在各类实践中践行美德和公德，做社会主义核心价值观的自觉践行者和模范引领者。

（3）强国之基。弘扬诚信文化，树牢文化自信之底气，以小家之力筑大家之和，合力打造诚信国家名片，在推动构建人类命运共同体中凝聚中国担当。

诚以修身，信以立志，诚信是为人之道、立身之本。让我们将诚实守信作为人生信条，言己所思，践己所诺，敬畏规则、坚守底线、始终向善，齐心构建个人、家庭、社会、国家四维联动的社会信用体系，共同凝聚起强国建设民族复兴的磅礴力量。

七、班会感悟

学生A

“浙江诚信老太坚持10年还清债务，只为当初许下的承诺”的例子，让我倍感惊叹和温暖。人与人之间的信任是相互的，我们应坚守诚信的本心，以一颗感恩的心去发现生命中的美好！

学生B

虽然在网络上常看到严重失信的案例报道，但觉得诚信离我们很远，通过与老师、同学的交流互动，我才明白了信用与我们紧密相关，学术要规范、金融领域活动要规范、社会公共活动要规范、网上言行要规范，我要时刻保持警惕，遵纪守法，诚信为人。

学生C

通过参与辩论，我更加明白了诚信应是每个人内在的行为准则，我们应不断强化诚信意识。偷拿同学零食、不经他人同意使用他人物品……这些看似“没什么”的行为，其实都迷失了诚信的根本。

生活热辣滚烫，精彩生生不息

——生命教育主题班会

班会素材

一、班会主题

生活热辣滚烫，精彩生生不息

二、班会背景

党的二十大报告中指出："青年强，则国家强。"习近平总书记对青年人寄予厚望，希望新时代中国青年勇于砥砺奋斗，在奋斗中摸爬滚打，体察世间冷暖、民众忧乐、现实矛盾，并从中找到人生真谛、生命价值、事业方向。大学生面临着日益复杂的生活压力和各种挑战，开展生命教育能够帮助学生正确认识生命的意义和价值，培养学生积极向上的人生态度，提高他们应对困难和挫折的能力。同时，激发学生对未来的美好憧憬，引导学生树立正确的生命观和价值观，明确自身的社会责任与担当，保持积极乐观的心态，勇于砥砺奋斗，勇于面对挫折，不断奋起、永不气馁，让生命焕发出更加绚丽的光彩。

三、班会目标

情感层面

1. 感知生命的意义，体会爱与被爱的温暖能量。
2. 感悟人生价值，激发对生命的热爱，积极投身社会实践。

认知层面

1. 通过生命教育，认识生命的珍贵和无限可能性。
2. 树立正确的生命价值观，增强对生命的尊重与珍惜。

行为层面

1. 树立积极向上的人生态度，增强应对挫折的勇气。
2. 培养自尊自信、理性平和、积极向上的心态，懂得爱惜自己和善待他人，提升生活质量，为个人未来的发展奠定坚实的基础。

四、班会准备

1. 资料收集：收集生命教育相关的理论知识及相关歌曲、图片、视频等素材，并进行分析整理。

2. 材料准备：画有30×30表格的A4纸、彩笔等工具材料。

3. 课件制作：根据班会设计内容制作PPT。

4. 班级分组：将班级同学根据实际情况分为6～8组。

5. 学生准备：安排有过特别人生经历的学生结合自身真实体验准备班会分享；组织班级有唱歌特长的学生准备歌曲《怒放的生命》。

五、班会导引

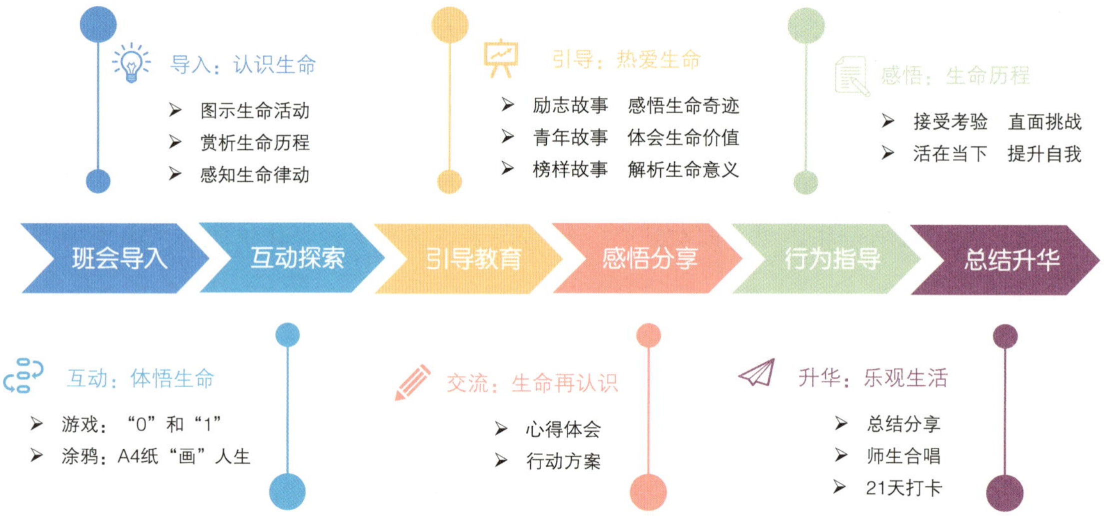

六、班会实施

1. 班会导入：认识生命

通过欣赏自然景物之美，感受四季轮回、万物生长的景象，认识世界万物的生命之美。借助媒体视听材料，了解动植物生命的奇妙，了解人的生命孕育常识，引入主题，激发学生内心生命意识的觉醒和对美好生命的向往，进而敬畏生命、热爱生命，感悟生命的真谛。

（1）图片展示。放映不同形式生命的图片，引导同学们了解生命的来源、生命的历程，感受生命的存在，领略生活的美妙。

（2）视频播放。播放生命活动、生长过程的视频，引导学生边观看视频，边学着视频里的生命做展示动作，发言交流最喜欢视频中哪一种生命活动的样子。

（3）音乐欣赏。播放音乐《森林狂想曲》，引导学生欣赏乐曲中纯自然的声音与音乐的完美融合，静心聆听自然界中生命的声音。再播放婴儿啼哭的声音，引导学生感受人的生命之初。

（4）感知生命。引导学生放慢呼吸，安静地将右手手掌放在自己的心脏处，感受生命的律动。

生命是一种神奇而又不可思议的存在，存在于我们周围的自然界中，从微观的细胞，到宏观的动植物，无不展现出蓬勃的生机，体现着生命顽强的力量。生命是无价的，每个生命都是世界上独一无二的存在，生命也是短暂的，它们有着规律性的生物周期，从开始到结束，每一刻都充满了无限的可能性。

2. 互动探索：体悟生命

采用游戏活动与情境体验的方式与学生互动，通过观看视频、感悟交流和纸笔练习等环节，引导学生认识到生命的宝贵与短暂。

（1）通过游戏感悟生命。用“1”代表生命，用“0”代表愿望，有多少个愿望，就画多少个“0”。老师先做示范，再请每组同学依次完成，选派代表进行分享，交流各自的愿望。愿望或者梦想，让我们的生命更加美好，更有意义。随后，老师慢慢擦掉黑板上的“1”，提出问题：如果发生了这样的事呢？请同学们说说感受。

（2）观看视频思考生命。时间构成了生命，时间带着生命一刻不停地往前跑，我们总以为时间还很长，明天还很多，今天没有机会做的事情，明天还可以继续；今天无法实现的梦想，明天还有机会去实现。然而生命来来往往，真的有那么多来日方长吗？通过播放视频《A4纸上看人生　珍惜眼前好时光》，向同学们展示宝贵而短暂的人生。

（3）涂鸦绘画感悟生命。上述视频通过表格来“量化”人生，每一格代表着生命里的一个月，不同的人生阶段则对应不同数量的方格，直到生命殆尽则涂满900个方格，引发了学生对于时间和生命的思考。给每位同学准备好画有30×30表格的A4纸，组织学生在A4纸上画出自己的“人生”，启发学生思考“过去”表格中的三个意义非凡的方格，讲一讲这几个方格涉及的时间、事件和对自己的影响。或者，引导学生畅想“未来”的表格中，最想完成的三件事，以及完成这些事有什么困难、挑战和自己准备采取的应对举措。

生命，属于我们每一个人的只有一次。生命的诞生本不容易，生命的周期更是十分短暂。因为不易，山间的竹笋拼命地从土壤里、石缝中往外钻；因为不易，路旁的小草虽屡遭践踏仍顽强地、不屈地向上长；因为不易，树上的鸣蝉历经地底下数年黑暗的生活，竭尽全力地在阳光下歌唱。现在的你，是否也正面临着一些难题？请你相信，所有的难题都有答案。请你相信，所有的不快乐都会被治愈。生命的意义首先取决于你对生命的态度。

3. 引导教育：热爱生命

组织学生观看视频，让他们更加直观地感受到生命的顽强与力量。可以设置小组讨论或者辩论环节，让学生通过交流、讨论、思考与观点碰撞，进一步深化对生命的理解和认识。

（1）感悟生命的奇迹。通过PPT展示一些体现生命奇迹的故事和影像，如医学奇迹、生命的坚韧和复苏等，引导学生思考生命的宝贵与不可替代性。也可以组织学生观看中国残疾人运动员的比赛视频，让学生体悟残疾人运动员的励志精神，见证他们的勇气与毅力，感受他们战胜困难、追求梦想的强大力量。

（2）体会生命的价值。播放视频《有为·无畏》，介绍短道速滑运动员武大靖、青年骨科医生吴楠、清华听障博士生江梦南等有为青年的奋斗故事，通过PPT讲解生命的价值和意义，引用史铁生多年来与疾病顽强抗争，在病榻上创作出大量优秀的、广为人知的文学作品的事例，激发学生对生命的热爱与敬畏，培养学生不懈拼搏、坚韧不拔的优良品质。

（3）身边的榜样故事。以小组为单位，围绕“最近完成的一件令自己满意和自豪的事”展开分享。介绍自己为完成这件事做出了哪些努力，战胜了哪些困难，事件带来的积极意义是什么。引导学生懂得，实现生命价值不是一句响亮的口号，而是要日积月累地做好每一件小事、完成每一项任务、履行好每一项职责。同时，通过公安干警、医务人员等群体的先进事迹，教育引导学生关注身边的生命，互相支持和关怀，共同拥抱生命阳光。

生命就像一班疾驰的列车，从某个起点出发，向某个终点前进。回头看看驶过的路，抬眼望望要走的路，希望我们每个人都能明白，不要枉费列车的飞驰，而要善待旅途里的所有。珍惜自己，珍爱他人，我们没有办法选择这班列车的起点与终点，但我们可以让沿途的风景变得更加美丽，让旅途的体验更加充实和丰盈。

4. 归纳小结：绽放生命，做更好的自己

通过学生积极分享，强化学生对生命的感恩和珍视。可以设置歌曲合唱、21天线上打卡等活动，鼓励学生将收获化为实际行动，以更加成熟的心态面对生活，以更加乐观的心态经营人生。（“自在如风，筝筝向上”心理主题实践活动如图4-15所示）

图4-15 “自在如风，筝筝向上”心理主题实践活动

（1）感悟分享。老师邀请学生代表分享他们在主题班会中的心得体会，可以围绕三个主题展开，可以讲述自己对生命的新认识、行为上即将要做出的改变，有想法也可以有行动方案；可以讲述自己通过交流分享，对于自身优势和支持资源的新发现，对哪些自己原以为很困难的事情，找到了新的解决方案；可以讲述未来畅想，自己将如何给予身边人关心与支持，让生命的价值和意义感通过付出与奉献得到升华。

（2）升华共鸣。采用PPT展示《茶，一片树叶的故事》，让学生见识茶的制作过程，通过展示茶的差别源自工艺和冲泡的洗礼，指出叶的焕发离不开水与火的煎熬。每个人都必须历经世事，接受考验，直面挑战，才能提升自我。当挫折让自己找不到解决的办法，感觉自己崩溃到无法面对的时候，需要积极求助。老师需要给学生提供学校心理健康教育与咨询中心的关爱支持资源，包含地址、电话和咨询预约方式等，告诉学生勇于求助是强者的表现。

（3）高声合唱。由有唱歌特长的学生领唱歌曲《怒放的生命》，教师帮助解读歌词含义，鼓励学生在歌唱中深切体悟，激发热爱生命的情感。“曾经多少次跌倒在路上，曾经多少次折断过翅膀，如今我已不再感到彷徨，我想超越这平凡的奢望。我想要怒放的生命，就像飞翔在辽阔天空，就像穿行在无边的旷野，拥有挣脱一切的力量。曾经多少次失去了方向，曾经多少次破灭了梦想，如今我已不再感到迷茫，我要我的生命得到解放。我想要怒放的生命，就像矗立在彩虹之巅，就像穿行在璀璨的星河，拥有超越平凡的力量。”

（4）打卡之约。在行为心理学中，人们把一个人的新习惯或理念的形成并得以巩固至少需要21天的现象称为21天效应。与学生约定晨跑、早睡、阅读、运动等21天打卡活动，帮助学生戒掉懒惰和拖延的坏毛病，保持高度的生活自律，每天追求进步一点点，在养成良好习惯的同时，促进德智体美劳全面发展，提高自身的执行力，让生命的每分每秒更有意义。（“跃动青春”心理素质拓展运动会百人战鼓挑战项目如图4-16所示）

图4-16 “跃动青春”心理素质拓展运动会百人战鼓挑战项目

鲁迅先生说，青年“所多的是生力，遇见深林，可以辟成平地的，遇见旷野，可以栽种树木的，遇见沙漠，可以开掘井泉的”。新时代中国青年要保持初生牛犊不怕虎、越是艰险越向前的刚健勇毅，勇立时代潮头，争做时代先锋，在担当中历练，在尽责中成长，努力学习掌握科学知识，提高内在素质，锤炼过硬本领，使自己的思维视野、思想观念、认识水平跟上越来越快的时代发展，在学习中增长知识、锤炼品格，在工作中增长才干、练就本领，以真才实学服务人民，以创新创造贡献国家！

七、班会感悟

学生A

此次班会引导我们树立了正确的人生观，生命不在于长度，而在于它所延展的宽度，如何把握生命中的每一分钟，将其过得有意义，是我们需要深入思考的问题。

学生B

本次班会最令我印象深刻的是观看视频《A4纸上看人生　珍惜眼前好时光》和《有为·无畏》。人生旅途中会有很多人来来往往，重要的是如何做更好的自己，珍惜生命并将人生过得有意义。

学生C

班会为我们传达了青年一代应该具备的正确生命观，我们也知道了自律是一种积极主动的人生态度，自律是为了成为更好的自己，我会积极参加21天打卡活动，活在当下，改变从现在开始。

掌握自己快乐的钥匙

——情绪管理主题班会

班会素材

一、班会主题

掌握自己快乐的钥匙

二、班会背景

“emo”是我们当下常听到的网络流行语，也是大学生的口头禅之一，是学生对忧郁、伤感等情绪的表达。大学生正处于青年期，心智尚未完全成熟，情绪、情感特别丰富，部分学生情绪状态不够稳定、容易冲动，个人情绪极易受外界因素影响，并容易出现悲伤、焦虑、紧张、痛苦等消极心态，这些负面情绪会严重影响其身心健康。长期的消极情绪往往会使学生出现学习动力不足、工作效率下降、生活失去追求等问题，导致身体免疫力下降，内脏功能受损，出现消化系统溃疡、紧张性头痛和偏头痛、心律失常、月经失调等症状。因此，大学生需要学会疏导自己的负面情绪，掌握管理自己快乐的金钥匙。本次主题班会以“掌握自己快乐的钥匙”为主题，让学生在了解情绪的同时，掌握情绪管理的方法，提高情绪管理的能力，从而保持乐观向上的精神状态，塑造健康心灵，促进全面发展。

三、班会目标

情感层面

1. 通过互动体验，让同学们现场感受常见的积极情绪和消极情绪。
2. 帮助同学们了解大学生常见的情绪问题及其表现。

认知层面

1. 促使同学们了解情绪的相关概念以及大学生的情绪特点。
2. 初步了解情绪对个人身体健康、心理健康和学习生活等方面的影响。

行为层面

1. 帮助同学们掌握管理个人情绪的技巧。
2. 引导同学们根据自己的喜好及实际状况，找到适合自己的情绪调节方式方法。

四、班会准备

1. 资料收集：收集班会主题相关的理论知识、身边案例，并进行分析整理。

2. 材料准备：印制《PANAS情绪量表》，准备模拟情境引导语。

3. 课件制作：根据班会设计内容制作PPT，梳理形成班会讲稿。

4. 学生准备：部分同学根据教师要求，对提供的大学生在恋爱、交友、学习、生活等不同方面的情绪体验进行表演练习和相关准备。

五、班会导引

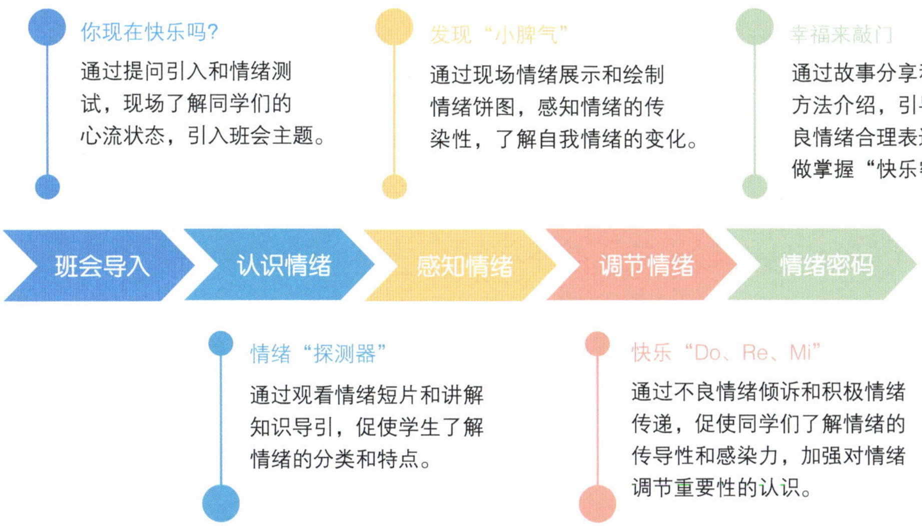

六、班会实施

1. 班会导入：你现在快乐吗?

通过提问引入和情绪测试，现场了解同学们的心流状态，引入班会主题。

（1）提问引入：在班会上发起提问“你最近一次开怀大笑是什么时候?”，引入班会主题“你想掌握快乐的钥匙吗?”

（2）情绪测试：让学生填写《PANAS情绪量表》（网络版），通过量表测试，让学生了解自己的情绪状态，激发他们对自我情绪的探索，提高其班会投入度。

（3）测试解析：客观分析PANAS情绪量表测试结果，引导学生辩证、理性看待测试结果。

每个人的成长过程中，都会不断产生各种各样的情绪，情绪伴随着我们的一生。积极的情绪让我们的工作、学习、生活井井有条，体味到充实、满足和快乐。消极的情绪则不利于我们的智力发展、人际和谐、身心健康。学会有效控制情绪和保持良好的情绪，是我们健康成长与发展的压舱石。

2. 认识情绪：情绪“探测器”

通过观看情绪短片和讲解知识导引，促使学生了解情绪的分类和特点。

（1）短片认知：播放情绪小故事短片《阿弗莱德与影子》，让学生通过生动形象的画面了解情绪的内涵、情绪的功能、情绪的探索、情绪的转化等具体内容，促进学生对情绪的全面认知。

（2）知识导引：通过知识图谱的形式，向学生介绍情绪的基本概念，并结合大学生情绪表现案例，分析大学生的情绪特点，帮助他们了解情绪表达的丰富性和复杂性、波动性和两极性、阶段性和层次性、冲动性和爆发性、外显性和内隐性等知识内容。

情绪是人对客观事物是否满足自己的需要而产生的态度体验，通常会通过行动、表情、言语表现出来。每个人都有情绪，符合主体的需要和愿望，会引起积极的、肯定的情绪，相反就会引起消极的、否定的情绪。

3. 感知情绪：发现“小脾气”

通过现场情绪展示和绘制情绪饼图，感知情绪的传染性，了解自我情绪的变化。

（1）让身体说话：请学生根据班会前准备的内容，通过表情、语言、肢体动作、情景再现等表演方式模拟在恋爱、交友、学习、生活等方面不同的情绪体验，让同学们在感受不同的情绪表现的同时，写下对预设情境的情绪反应。

（2）我的情绪蛋糕：请同学们结合最近一周的生活实际，联系已了解的情绪的分类，分别计算自己本周出现某种情绪的时间占比，在情绪蛋糕图片上按比例绘制自己的情绪蛋糕，并将不同的情绪用明暗颜色涂色，实现情绪的自我探索和感知。

每一种情绪都值得尊重。高兴、惊讶、羞耻、害怕、烦躁、愤怒，情绪诉说着我们的内心想法。面对不同的情境，我们会有不同的情绪表达，即使面对相同的情境，每个人的情绪反应也会有所不同。

4. 调节情绪：快乐“Do、Re、Mi”

通过不良情绪倾诉和积极情绪传递，促使同学们了解情绪的传导性和感染力，加强对情绪调节重要性的认识。

（1）吐露心声：组织班级同学2人一组，开展“一吐为快”活动。由甲同学向乙同学讲述最近产生的不良情绪及原因，乙同学倾听，并可以用一定的语言、动作和表情表示自己对对方情绪状态的理解。限时结束后，由乙同学向甲同学进行倾诉。通过这种方式帮助学生宣泄消极情绪。

（2）快乐传递：以欢快的音乐为背景，做“击鼓传花”游戏，花落谁家，谁就通过讲笑话、讲故事、表演等方式让同学们笑一笑，并分享一句令自己快乐的话，让大家充分感受积极情绪的力量。

情绪是我们人际交往中的重要信号，积极的情绪体验能让彼此更舒心。关注自己的内心，保持对自身情绪的好奇和耐心，遇事不被消极情绪绑架，不丧失对事情的理性判断，才能享有快乐、向阳成长。

5. 情绪密码：幸福来敲门

通过故事分享和不良情绪排解方法介绍，引导同学们了解不良情绪合理表达的路径和方法，做掌握“快乐密码”的人。

（1）斯坦顿的信：讲述美国陆军部长斯坦顿在遇到他人的指责时，林肯引导他写信但不寄出以宣泄自己的不良情绪的故事，促使学生了解情绪掌控的重要性。

（2）快乐密码：聚焦注意转移法、情感宣泄法、理智制怒法，引导同学们接纳自身的多种情绪，并能在遇到不良情绪时，善于运用大哭、倾诉、运动、写信、做微笑体操等方法宣泄情绪，掌握自己的情绪调节密码。（斛心手工坊如图 4-17 所示）

图 4-17　斛心手工坊

每个人的一生都会遇到顺境和逆境，并产生不同的情绪体验。懂得调节和控制情绪的人，才能真正掌控自己的人生。对于成功的人来说，他们并不是没有消极情绪，而是掌握了调节和控制情绪的方法。积极关注自身情绪变化，有意识了解它、掌握它，进而调节它，掌握自己快乐的钥匙。

七、班会感悟

学生A

此次班会以同学们的情绪表达为切入点，在帮助我们了解并反思日常生活中可能出现的消极情绪的同时，也为我们树立了积极健康的情绪标杆。班会源于生活，为我们带来正能量，也为我们合理宣泄并调整情绪提供了有益方法。

学生B

在利用PANAS情绪量表进行情绪测试的环节，我感受到自身情绪的复杂性；通过烦恼的互诉、快乐的传递、情绪的控制，我更加认识到情绪管理的重要性。生活中不总是有阳光，也会有艰难的时候，不以物喜，不以己悲，同时尽可能照顾到身边人的情绪变化，才能构建更为和谐舒适的大学生活。

学生C

在班会的各个环节中，我印象最深刻的是模拟情绪与调节情绪。人的情绪会受认知、性格等多方面影响，模拟不同情绪帮助我们直观地体会其中的情感，快乐密码帮助我们学会调整消极情绪，我们都应成为个人情绪的掌舵者，在顺境中谦逊、在逆境中成长，与幸福撞个满怀。

压力君减肥记

——压力教育主题班会

班会素材

一、班会主题

压力君减肥记

二、班会背景

“00后”熬夜成家常便饭，是什么让你夜不能寐呢？旅行的兴奋？考试的焦虑？还是抖音的神曲，王者的队友？

《中国睡眠研究报告2024》显示，我国居民平均睡眠时长为6.75小时，28%的人群夜间睡眠时长不超过6小时。其中，“00后”成为熬夜主力军，平均入睡时间为00：33，甚至19%的大学生入睡时间晚于凌晨2：00。手机等电子产品是影响“00后”睡眠质量的一大帮凶，工作和学习压力造成的失眠症也是影响其睡眠质量的重要原因。

现阶段学生主要面临着学习生活压力、人际交往压力、考研就业压力。心理长期承受过大压力无法疏解，会对学生造成消极影响，以致免疫功能下降，甚至出现焦虑、恐惧、抑郁乃至产生过激行为，严重危害大学生的身心健康。因此，通过开展压力主题班会，帮助学生全面认识压力，学会直面压力源，学习有针对性的应对策略，不断提升学生的压力管理能力，引导学生掌握维持生理平衡状态的心理技巧。

三、班会目标

情感层面

1. 运用心理案例教学，使学生在活动中亲身体验，进而有所感悟，内化于心、外化于行。

2. 让学生能够以平常心面对生活中的各类压力，乐观应对以及处理压力产生的负面影响，不逃避、不恐惧，培养学生较强的抗压能力。

认知层面

1. 引导学生认识压力的普遍存在性和两面性，能够明白不同人体验的压力水平及管理压力的方式不同，应对压力的认知态度不同会产生不同的结果。

2. 要求学生能够清楚自身压力的状况并分析压力来源。

行为层面

指导学生充分了解自己，学会处理生活中容易给自身造成压力的事件，如朋友关系、期末考试等，增强自我疏导和自我抗压能力，掌握压力情绪的转化和排解方法。

四、班会准备

1. 资源查找：查找压力相关视频，如“TED压力为什么会影响你的身体”；搜寻冥想练习、呼吸练习以及与肌肉放松相配合的台词和舒缓的音乐。

2. 材料制作：围绕压力认知、压力起因、压力管理方法等内容，制作与主题契合的PPT。

3. 工具准备：准备时钟游戏中的纸板道具，打印神奇的曲线游戏中用到的图案，准备记录感悟用的卡纸、笔等工具。

4. 学生预填：提前打印好大学生心理压力测试问卷（PSTR专业版），并填写完毕。

五、班会导引

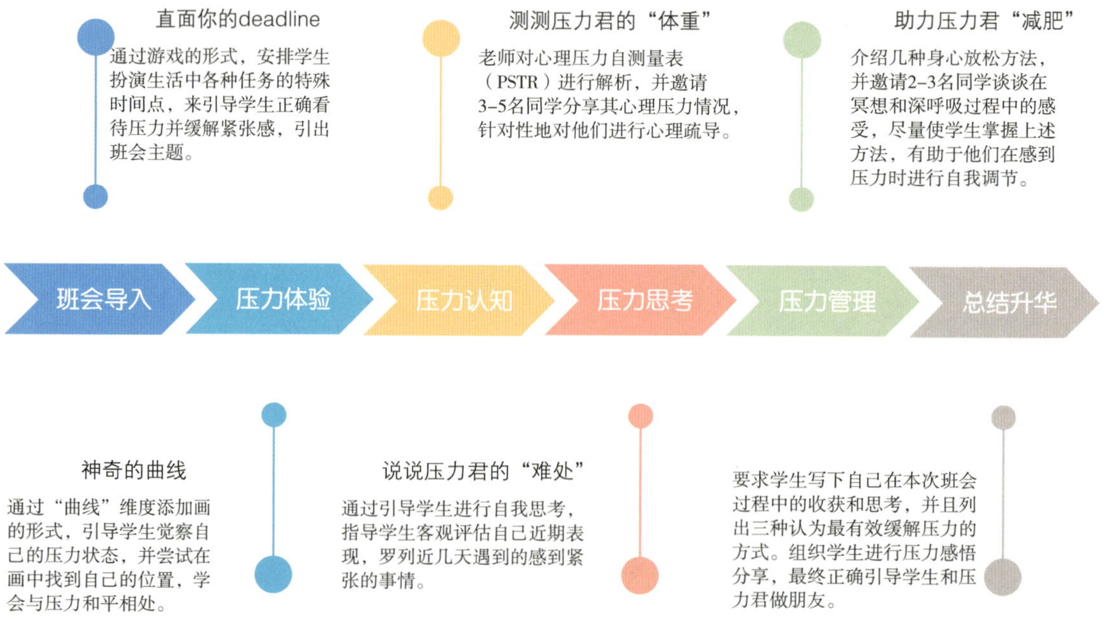

六、班会实施

1. 班会导入：直面你的deadline

通过游戏的形式，安排学生扮演生活中各种任务的特殊时间点，来引导学生正确看待压力并缓解紧张感，引出班会主题。

（1）在白板或墙壁上画一个大的时钟模型，并将时钟的刻度标出来；找三位同学分别扮演时钟的秒针、分针和时针，手上拿着三种长度不一的木棍在时钟前面站成一纵列（注意要背向白板或墙壁，扮演者看不到时钟模型）。主持人任意说出一个时刻，比如上午第一节课上课的时间，要求三位扮演者迅速将代表指针的道具指向正确的位置。

（2）邀请2～3位同学进行游戏体验分享。引导学生认识到，如果将扮演时钟当作生活中各种任务带来的压力，保持从容的心态能够帮助我们更好地缓解紧张感。

在面对生活的各种任务和deadline时，我们常常感到压力巨大，仿佛时间在不断逼近我们，而我们又无法逃脱。然而，如果我们换个角度来看待这些任务和deadline，将它们比作时钟上的指针，我们或许能够更从容地面对。

2. 压力体验：神奇的曲线

通过“曲线”维度添加画的形式，引导学生觉察自己的压力状态，并尝试在画中找到自己的位置，学会与压力和平相处。

（1）让同学们在所发的“小山丘”图案上添加任何想添加的元素，使画面更加完整，画完以后可给自己的作品命名。

（2）让同学们在纸上找到令自己最舒服的地方画一个“我”，可以用任何形象代表自己，颜色形状大小均由自己决定。

（3）老师根据学生的画面内容进行分析。若添加元素在“小山丘”左边，则表示过往生活中的压力事件对学生有影响；若在右侧，则说明学生对未来充满希望；在下方表示学生对待压力比较消极，在上方表示学生对待压力保持积极主动的态度。如果有的学生将“小山丘”倒置作画，说明他对压力有否认和逃避态度。

生活如山路弯曲，压力是曲线的起伏。有人选择向前，笔墨勾勒出对未来的美好期待与信心；有人则试图逃避，将曲线倒置以回避现实。然而，每一笔绘画都是生命的一部分，每一段曲线都是成长的痕迹。只有勇敢面对压力，以平和的心态迈向未来，我们才能领悟生命的真谛，体味人生的美好。

3. 压力感知：测测压力君的“体重”

对心理压力自测量表（PSTR）进行解析，并邀请3~5名同学分享其心理压力情况，针对性地对他们进行心理疏导。PSTR心理压力量表由瑞士心理学家爱德沃兹于1983年编制，心理压力自测量表（PSTR）可以帮助学生了解自身面临的心理压力程度。

生活是一场关于承压的旅程，而心理压力自测量表则是我们理解内心状态的一面镜子。通过认知自身的压力，我们能够更好地应对挑战。在分享与倾听中，我们寻求着理解与支持，共同勇敢面对内心的起伏。就像登山者攀登险峻山峰，只有直面挑战，才能登上生命的高峰。

4. 压力思考：说说压力君的“难处”

通过引导学生进行自我思考，指导他们客观评估自己近期表现，罗列近几天遇到的感到紧张的事情。在压力值测试结果的基础上，每个人都将近期让自己感受到压力的事件按照压力大小进行排序，深入思考排序前三位的事件，分析其压力来源。

在思考压力时，我们常常陷入困境。通过自我反思，客观评估近期所遇到的紧张事情。按压力大小排序近期事件，并深入思考排在前三位的压力来源。这个过程让我们更清晰地认识自己，更深刻地领悟生活的意义。

5. 压力管理：助力压力君“减肥”

通过介绍压力管理的方法，使学生能够自我调解压力、减轻压力。

（1）介绍几种身心放松方法。

A. 冥想训练：冥想就是闭目冥思。其具体方法是调整自己的坐姿，让身体舒适，然后慢慢闭上眼睛，想象一种场景。长期坚持冥想可以缓解压力，放松身心。想象自己躺在一片绿色的草地上，软软的，绵绵的，阵阵清香扑面而来。蓝蓝的天空中没有一丝云彩，潺潺的小溪从身边缓缓流过，叫不出名的野花争相开放。远处一头母牛带着它的孩子在散步，身边孩子们尽情地嬉戏玩耍着。一只蛐蛐在地上蹦来蹦去，树上的鸟儿不停地在歌唱。你用心去听，远处小溪潺潺的声音；你深吸一口气，身边有玫瑰散发的幽香；你认真地去体会，自己忽而漂浮在安静的湖面上，忽而又深入葱郁的山谷中。你要用心去感觉，你的身体变得很轻很轻，轻得几乎能在空中飘浮着，你的身体又变得很重很重，重得就要陷进地下。

B. 呼吸训练：在冥想的同时，调整我们的呼吸，尽量使用腹部肌肉呼吸。通常的深呼吸其实是胸腔和腹腔同时扩张，也能起到快速缓解压力的作用。

C. 肌肉放松：让自己静卧在椅子上或者床上，然后从头到脚连续地放松身体的大部分肌肉，能起到减压的作用。

（2）邀请2~3名同学谈谈在冥想和深呼吸过程中的感受，尽量使学生掌握上述方法，有助于他们在感到压力时进行自我调节。（瑜伽减压放松法如图4-18所示）

在生活的喧嚣中，我们常常被压力所紧逼，而学会放松自己的身心，是一种珍贵的技能。冥想、深呼吸以及肌肉放松，是我们对自己的恩赐，是驯服内心波涛的艺术。在这静谧的时刻里，我们不再是生活的奔波者，而是内心的舵手，指引自己驶向平静与和谐的彼岸。

图4-18 瑜伽减压放松法

6. 班会总结：我和压力君

要求学生写下自己在本次班会过程中的收获和思考，并且列出三种认为最有效缓解压力的方式。以小组为单位，在每组中随机选择一名同学与大家进行压力感悟分享，交流自己认为最有效的缓解压力小妙招，最终正确引导学生和压力君做朋友。

在学习和生活中，压力是不可避免的，但我们可以通过正确的方式来应对和缓解压力。我们要学会正确认识压力，压力并不是一件坏事，它可以激励我们更努力地学习和成长；我们要学会寻求帮助和支持，无论是家人、老师还是朋友，他们都愿意倾听你的烦恼；我们也要学会放松自己，在紧张的学习之余，适当的休息和放松也很重要；我们要有信心和勇气，相信自己的能力和潜力，勇敢地面对压力和挑战。

七、班会感悟

学生A

本次班会的心理压力测试让我对自己当下状态有了更深的了解。老师在班会上还做了一些减压的示范，让我掌握了一些缓解压力的技能与方法，很简单也很实用。

学生B

班会内容很丰富，形式也很吸引人，开头提到的熬夜主力军里就有我，很有代入感。在每个环节后留给我们思考和相互交流的机会，加深了同学们对彼此压力的了解。

学生C

最近身边不少同学都因为期末考试感到很大压力。这次主题班会非常贴近我们的日常学习和生活，不仅使我们获得了一次有效的放松，还使我们学到了缓解压力的方法。

致逆风飞翔的自己

——挫折教育主题班会

班会素材

一、班会主题

致逆风飞翔的自己

二、班会背景

巴尔扎克曾说过："挫折就像一块石头，对弱者来说是绊脚石，它让你却步不前；而对于强者来说，却是垫脚石，它使你站得更高。"挫折具有两面性，正确认识挫折是开展好大学生抗挫折教育的前提和基础。时代的发展和客观环境的变化，使当代大学生必须面对来自各方面的压力和竞争，这也容易使他们产生挫折感，甚至出现不理智行为。缺少社会阅历的大学生，一方面独立性强，一方面又极易盲目自信，做事易冲动偏激，自我控制能力和辨别是非的能力不强，在应对外部诱惑和各类困境时，抗压能力弱的大学生容易迷失自我。鉴于当代大学生的这些特点，对其进行挫折教育十分重要。

三、班会目标

情感层面

1. 帮助学生积极面对挫折，不再恐惧挫折，积极接纳生活中遇到的困境，培育其不懈奋斗、热爱生活的意志品质。

2. 帮助学生释放缓解当下人生阶段来自家庭、学习、生活等各方面的压力，使其通过班会活动获得轻松愉悦的情绪，培养积极对待挫折的心态和坚强的意志，增强学生勇敢面对挫折的决心和信心。

认知层面

1. 引导学生正确面对挫折与坎坷，强韧心智；珍视生命、善待他人，深刻体悟爱的温暖与力量。

2. 通过学习亚当斯的挫折理论，使学生能够提升自我认知水平，理性看待各类境遇，认识到不同的人在面对挫折时，采取不同的认知态度会产生不同的结果。

行为层面

1. 增强学生应对挫折的心理承受能力和行动力，培育学生爱自己与爱他人的能力，提升学生理性分析问题与抗压的能力。

2. 帮助学生掌握挫折情绪的转化及发泄方法，学会排解挫折情绪，进而达到提升学生心理素质水平及抗挫折能力的目的，引导学生积极应对挫折与困境，不懈奋斗、百折不挠。

四、班会准备

1. 案例搜索：围绕班会内容准备材料，搜索贝多芬、俞敏洪的故事。

2. 问卷调查：开通班级“悄悄话信箱”，请同学们以匿名的方式写出近期遇到的挫折并投递到信箱中。

3. 文献查找：查找亚当斯挫折理论的相关文献。

4. 材料制作：制作挫折理论教学课件。

5. 物资准备：彩色卡纸、白板纸、彩色笔等游戏道具，并布置相关场地。

五、班会导引

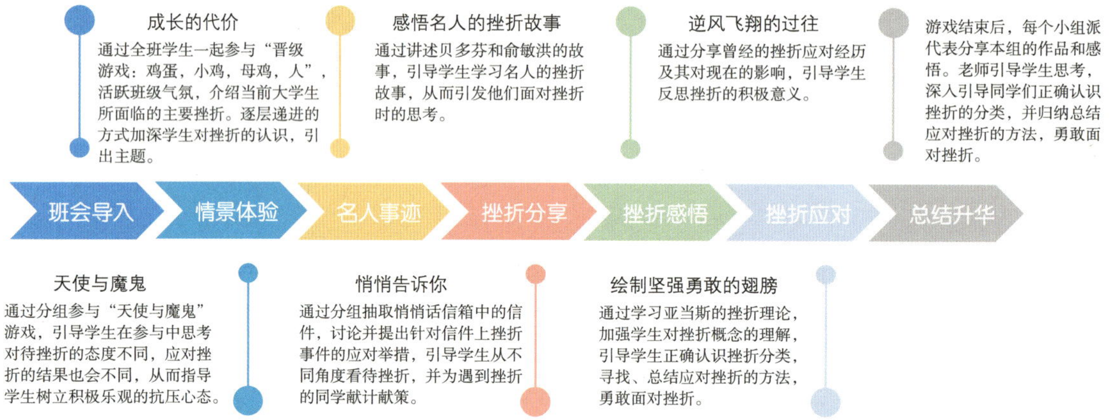

六、班会实施

1. 班会导入：成长的代价

通过全班学生一起参与“晋级游戏：鸡蛋，小鸡，母鸡，人”，活跃班级气氛，介绍当前大学生所面临的主要挫折。逐层递进的方式加深学生对挫折的认识，引出主题。

（1）所有成员蹲在地上，假装鸡蛋，然后一对一通过“石头、剪刀、布”的方式进行PK，胜者晋升一级，负者退后一级。以此类推，直到晋升成人可以回到座位上。游戏要求同学都要牢记蜕变的顺序及相应的姿势，按照规则猜拳PK，不要颠倒顺序，更不能越级晋升。

（2）游戏结束后，请2～3名成功晋级为人的同学分享感悟，再请2～3名未蜕变成功的同学分享感悟。

（3）老师引导学生思考：如果将这个游戏看作人生，晋级的过程就是我们成长的过程，那么猜拳PK意味着什么？猜拳的结果又意味着什么？并总结游戏感悟，同时介绍当前大学生面临的主要挫折情况。

在这个晋级游戏中，石头、剪刀、布的选择不仅代表着我们在人生道路上所面对的选择，更代表着成长中的挑战与转折。胜利意味着我们勇敢面对挑战，不断前行，而失败则是成长的一部分，是我们学会反思、调整、再次努力的机会。每一次晋级都是一次内心的蜕变，都蕴含着坚持与勇气。因此，无论成功与否，我们都应珍惜每一次选择的机会，因为正是这些选择塑造了我们成长的轨迹，让我们逐渐成为更好的自己。

2. 情景体验：天使与魔鬼

通过分组参与“天使与魔鬼”游戏，引导学生在参与中思考对待挫折的态度不同，应对挫折的结果也会不同，从而指导学生树立积极乐观的抗压心态。

（1）班级同学三人一组，小组成员轮流扮演天使、凡人与魔鬼。担任凡人者说出让自己觉得受挫的事情，魔鬼的目的是通过说一些话，让凡人的压力变大。天使的目的是帮助凡人降低压力，正确对待挫折。每次由天使先说30秒，然后魔鬼再说30秒。每个同学需要分别担任这三个角色，互动结束后在组内分享不同角色的感受和体会。

（2）游戏结束后，全班邀请2～3名同学进行分享。

（3）老师引导学生思考：生活中更愿意听天使的语言还是魔鬼的语言？不同语言带来的结果是什么？并总结游戏感悟，深入引导同学们思考用不同方式对待挫折，结果会有所不同，从而帮助学生树立积极乐观的心态。

在人生的舞台上，我们既扮演着凡人，思考受挫时如何应对，也可能成为天使，给予他人支持和鼓励，也可能是魔鬼，用负能量影响他人的心情。然而，我们要明白，言语的力量胜过想象，一句话或许能改变一个人的心情甚至命运。在挫折面前，选择成为天使，用温暖和理解扶持他人，不仅可以化解他人的困扰，也会让自己在心灵上获得满足与成长。因此，让我们用善良和助人为乐的心态去面对生活中的挫折，成为彼此的天使，共同赋予生活更多的温暖与光芒。

3. 名人事迹：感悟名人的挫折故事

通过讲述贝多芬和俞敏洪的故事，引导学生学习名人的挫折故事，从而引发他们面对挫折时的思考。

（1）贝多芬在双耳完全失聪的情况完成了激昂澎湃、举世瞩目的《命运交响曲》。

（2）俞敏洪历经三次高考终于考上了大学，并且还是让人无比羡慕的北京大学。

贝多芬和俞敏洪的故事告诉我们，挫折并不是终点，而是通往成功的必经之路。贝多芬在听力丧失的情况下创作了伟大的交响曲，彰显了坚韧不拔的精神；俞敏洪通过三次高考才进入梦寐以求的北京大学，展现了不屈不挠的意志。这些名人的故事启示我们，无论面对怎样的困难和挫折，只要坚持信念、勇于拼搏，终将迎来属于自己的辉煌时刻。因此，让我们在挫折面前保持乐观与坚定，相信自己的潜能，勇往直前，去追逐心中的梦想。

4. 挫折分享：悄悄告诉你

通过分组抽取悄悄话信箱中的信件，讨论并提出解决信件上挫折事件的应对举措，引导学生从不同角度看待挫折，并为遇到挫折的同学献计献策。

（1）班级同学进行分组，4～6人一组。每组花3分钟时间确定队名、口号以及队长，同时在白板纸上画出本组的标志图案，写上队名、口号。

（2）每一组成员从事先准备好的悄悄话信箱中随机抽取一封信，大家围绕信中同学描述的挫折进行讨论，提出对待挫折事件的态度以及具体的解决对策，每组讨论时间5分钟。讨论结束后，每个小组派代表进行分享。

（3）老师引导学生思考：不同的人应对挫折的态度有什么区别？对你有何启发？并总结游戏感悟，深入引导学生学会从不同角度看待挫折，启发学生遇到挫折时可以选择与身边的人进行分享，寻找多人帮助，以达到成功应对挫折的目的。

在挫折面前，我们可以选择独自承受，也可以选择与他人分享。通过悄悄话信箱的分享，我们学会了倾听他人的挫折，同时也获得了解决挫折的智慧。不同的人对待挫折的态度各异，通过分享和倾听，我们可以获得更多的启发和帮助。因此，让我们学会与身边的人分享挫折，寻找多人的支持与帮助，共同应对生活中的挑战，携手走向成功。

5. 挫折感悟：逆风飞翔的过往

通过回忆曾经的挫折应对经历，并分享其对现在的影响，引导学生反思挫折的积极意义。

（1）给每个同学发放彩色卡片，让同学们回忆从小到大以来面临的最大挫折，写出挫折事件，并写下当时是如何应对的，以及该事件对现在的启发。每人3分钟时间，之后进行组内讨论分享。

（2）游戏结束后，每个小组派代表分享本组的交流内容和感悟。

（3）教师引导学生思考：对于人生中的挫折，自己是如何应对的？现在回看挫折，又有哪些感悟？挫折有没有积极的作用？深入引导同学们勇敢应对挫折，不要被挫折打败，从每一次挫折中吸取经验教训。

在人生的旅途中，挫折如同逆风，时常阻挡我们前进的道路。然而，正是逆风的吹拂，让我们学会如何飞翔。回首过往，每一次挫折都是成长的催化剂，是生命中宝贵的教训。挫折教会我们坚韧、勇敢，启迪我们前行的方向。因此，让我们珍视挫折带来的启示，不忘初心，勇敢迎接逆境，让每一次挫折都成为我们飞翔的翅膀，让我们更加坚强、成熟、有智慧。

6. 挫折应对：绘制坚强勇敢的翅膀

通过学习亚当斯的挫折理论，加强学生对挫折概念的理解，引导学生正确认识挫折分类，寻找、总结应对挫折的方法，勇敢面对挫折。

（1）带领学生学习亚当斯的挫折理论，对挫折进行深入认知。挫折是指人类个体在从事有目的的活动过程中，指向目标的行为受到障碍或干扰，致使其动机不能实现、需要无法满足时所产生的情绪状态。挫折理论主要揭示人的动机行为受阻而未能满足需要时的心理状态，以及由此而导致的行为表现，力求采取措施将消极性行为转化为积极性、建设性行为。个体受到的挫折与其动机实现密切相关。人的动机导向目标时，受到阻碍或干扰可能出现四种情况。

A. 虽然受到干扰，但主观和客观条件仍可使其达到目标；

B. 受到干扰后只能部分达到目标或达到目标的效益变差；

C. 由于两种并存的动机发生冲突，暂时放弃一种动机，而优先满足另一种动机，即修正目标；

D. 由于主观因素和客观条件影响很大，动机的结局完全受阻，个体无法达到目标。

其中第四种情况下人的挫折感最大，第二和第三种情况次之。挫折是一种普遍存在的心理现象，在现实生活中，个体动机及其动机结构通常比较复杂，同时，影响动机行为满足的因素也极其复杂，因此，挫折的产生是不以人们的主观意志为转移的。几乎人的所有行为都有受挫可能，但挫折心理的实际发生有三个必备条件：第一，个人所期望的目标是重要的、强烈的；第二，个人认为这种目标有可能达成；第三，在目标与现实之间存在难以克服的障碍。事实上，如无此条件，目标就会实现，挫折就不存在了。

（2）给每组同学发放白板纸和彩色笔，让同学们用8分钟时间讨论以下内容。

A. 现实中我们会遇到哪些挫折，并对这些挫折进行分类；

B. 如何应对遇到的挫折。

（3）要求每组将所讨论的应对挫折的方法写在白板纸上，并选出一种组内公认的最高效的应对挫折的办法，用彩色笔在它旁边绘上翅膀，意为“最坚强勇敢的翅膀”。

挫折是人生必经之路。亚当斯的理论告诉我们，正确认知、分类应对挫折，是解决困境之道。让我们绘制最坚强的翅膀，迎接挑战，飞向梦想。

7. 总结升华

游戏结束后，每个小组派代表分享本组的作品和感悟。老师引导学生思考：人生中的挫折可以划分为不同类型，针对不同的挫折，可以采取哪些方法去应对？深入引导同学们正确认识挫折的分类，并归纳总结应对挫折的方法，勇敢面对挫折。

挫折是我们成长道路上不可或缺的一部分，它既是一种考验，也是一种宝贵的学习机会。在这个快节奏的社会中，我们往往会遇到各种各样的挑战和困难，但正是这些挫折塑造了我们的性格，锻炼了我们的意志，让我们更加坚强和成熟。正确看待挫折，从中学习、汲取经验，保持乐观态度，珍惜成长过程中的每一个收获，是我们应对挑战的关键。让我们以更加坚定的信心和勇气，迎接未来的挑战，不断成长和进步。

七、班会感悟

学生A

我非常喜欢这次主题班会，它有趣、有用，我从中学到了一些心理学知识，这对于今后我应对挫折具有积极的影响。同时，我也认识到挫折教育的重要性，非常希望学校今后多开展此类型的主题班会。

学生B

之前，在遇到挫折的时候，我总是不够勇敢，不能很好地应对，经常困扰于没有应对挫折的好方法，而今天在这次班会上，我学到了很多，我认为对我来说战胜挫折最有用的方法是用积极的心态去看待它，提高自己的逆商。

学生C

我很喜欢这次主题班会中的游戏，它们不仅趣味性强，而且层层递进，引人深思，我积极参与其中，收获颇多。我也切身体会到这些小游戏从某种程度上就是我们的人生缩影，既然我们能够乐在游戏中，那为什么不能在人生中笑对挫折呢？

爱之智慧，情之笃厚

——恋爱教育主题班会

班会素材

一、班会主题

爱之智慧，情之笃厚

二、班会背景

人际交往作为影响大学生学习、生活和自我发展的关键因素，其重要性不言而喻。而恋爱关系，作为人际关系中特殊且重要的一环，在新时代的校园中愈发受到大学生的关注。大学校园以其开放与自由的氛围，为爱情之花提供了肥沃的土壤，使得恋爱成了校园生活的一大热门话题。恋爱关系的处理，对大学生的成长具有双重影响。当恋爱关系处理得当，它可以成为学习和事业的助推器，激发人的积极性和进取心；而一旦处理不当，则可能使学生分散精力、产生情绪波动，甚至导致学业和生活的退步。因此，深入了解大学生的恋爱观，并引导树立正确的恋爱观，显得尤为必要。本次班会以“爱之智慧，情之笃厚”为主题，旨在强调正确恋爱观的重要性，并引导大学生树立正确的恋爱观。

三、班会目标

情感层面

1. 激发情感共鸣。通过班会导入的视频和数据分析，唤起同学们对恋爱的向往和兴趣，引导其深入思考不同人群的恋爱观，从而增进对恋爱主题的理解和感悟。

2. 增进情感认知。通过心动课堂中的歌词赏析，帮助同学们深入感受歌词中蕴含的真挚情感，增进对“爱情”这一主题的理解与感悟，树立正确的恋爱观。

认知层面

1. 树立正确的恋爱观。通过心动课堂中对歌词的深入解析，引导同学们理解爱情的真谛，认识到爱情不仅是激情和浪漫，更是一种责任和承诺。

2. 拓展恋爱知识。通过恋爱测试环节，让同学们了解自己的恋爱类型和偏好，从而更加深入地认识自己在恋爱中的行为模式和特点。

3. 增强恋爱风险意识。通过分析不同恋爱类型特点，帮助同学们认识到恋爱中可能遇到的风险和问题，提高应对恋爱挫折的能力。

行为层面

1. 践行健康恋爱行为。鼓励同学们在恋爱中践行健康、积极的行为，如坦诚沟通、相互尊重、理解包容等，建立健康稳定的恋爱关系。

2. 增强自我控制能力。通过恋爱测试和自我反思，帮助同学们认识到自己在恋爱中可能存在的不足之处，提高自我控制和调节能力。

3. 树立积极的生活态度。通过班会讨论和分享，引导同学们以积极的心态面对恋爱生活，将恋爱作为个人成长和发展的重要组成部分。

四、班会准备

1. 案例搜集：搜集与爱情及大学生恋爱相关的最新歌曲和电影。歌曲方面，可以关注流行榜单上的情歌，这些歌曲往往能反映当代年轻人的恋爱心情和状态。电影方面，可以挑选一些讲述大学生恋爱故事或探讨恋爱观的影片，这些电影能够为学生提供直观、生动的恋爱样本和启示。

2. 问卷调查：设计一份问卷调查，并通过线上或线下的方式发放给学生填写。问卷内容应涵盖学生对于恋爱的认识、期望、困扰等方面，以便更全面地把握学生的恋爱观现状。在收集到问卷数据后，对其进行统计和分析，为班会的讨论和引导提供有力的数据支持。

3. 人员采访：采访单身学生和情侣学生，了解他们的恋爱观。通过面对面的交流，了解他们对于恋爱的看法、经历和感受。征得被采访同学的同意后，记录采访内容，并在班会上进行分享和讨论，以便学生能够相互学习和借鉴。

4. 视频拍摄：为展现身边真实的恋爱故事，寻找一些榜样情侣，并邀请他们参与视频拍摄。通过记录他们的日常生活和相处方式，展示健康、积极的恋爱模式。视频将在班会上播放，为学生提供直观的参考和启发。

5. 资料整合：在收集了歌曲、电影、问卷数据、采访内容和视频素材后，进行资料的整合工作。这包括将各种资料进行分类、筛选和整理，形成一份完整的班会资料库。同时，根据资料内容制作课件和撰写讲稿，确保班会的内容丰富、连贯、有深度。

五、班会导引

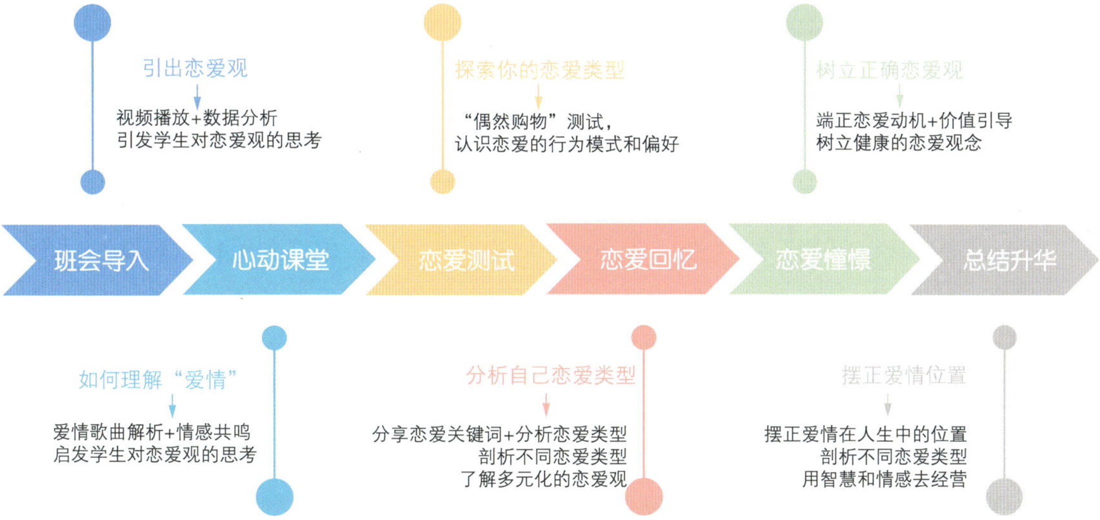

六、班会实施

1. 班会导入：引出恋爱观

播放身边的榜样情侣的视频，唤起大家对恋爱的向往，展示恋爱观点数据分析和采访片段，引导同学们深入思考不同人群的恋爱观，激发对恋爱话题的兴趣与讨论，为班会主题的深入探讨奠定基础。

2. 心动课堂：如何理解“爱情”——以李琛的《窗外》为引

通过播放李琛的歌曲《窗外》，结合歌词的深入赏析、小组讨论和情感共鸣，引导学生感受和理解爱情的真挚与复杂。

（1）歌曲引入。播放李琛的《窗外》，课件展示歌词，以深情的旋律和质朴的歌词作为“心动课堂”的起点，引导学生深入感受歌词中蕴含的真挚情感，从而增进对“爱情”这一主题的理解与感悟，营造温馨、感人的氛围。

（2）歌词赏析。逐句分析歌词的质朴真切之处，及其如何以简洁的语言传递出深厚的情感。同时，探讨歌词中蕴含的爱情观，以及这些观念对当代大学生的启示。示例如下。

A. 歌词中的男孩为什么在今夜又来到了“窗外”？

明确：“明天我就要离开”，道别。

B. 男孩为什么要选择这样的方式道别呢？

明确：“悄悄地爱过你这么多年”，因为男孩并没向女孩表白过，也就是我们说的

“暗恋”。

C. 那么，男孩为什么没有表白呢？

明确：“想一想你的美丽我的平凡，一次次默默走开”，男孩觉得自己很平凡，配不上女孩。

D. 知难而退了，是吗？男孩打算怎么办？

明确：男孩决定去外面打拼，等有了能为女孩带来幸福生活的能力之后，再回来倾诉爱意。歌词里还交代了一个问题，就是如果没打拼出成绩，没有能力使女孩过上好日子，就默默地祝福女孩，而自己就不打算表白了。

（3）情感共鸣。开展小组讨论，从《窗外》这首歌词中，你得到了什么启发？讨论完之后可邀请学生代表分享自己听歌时的感受，例如，是否有过类似的情感体验，对爱情有何新的理解和期待。根据学生提出的见解进行总结，提出正确的恋爱观。

① 爱情很美，也很苦涩。

② 爱是一种权利，更是一种责任。

③ 爱不是占有，而是希望对方过得更好。

④ 也许我们不愿意接受，但是真正的爱有时候只能埋在心底。

⑤ 爱有时候会带给我们前进的力量。

3. 恋爱测试：探索你的恋爱类型

通过轻松有趣的“偶然购物”游戏，引导参与者深入了解自己的恋爱类型，帮助大家更好地认识自己在恋爱中的行为模式和偏好。

（1）测试内容

本测试基于一个日常场景：假设你漫无目的地在街上闲逛，想要回家的时候，突然意识到两手空空，于是决定买一样东西带回家。遇到这种偶然间的随意性购物，你希望买什么呢？请在下列选项中任选一项。

A. 去书店买本书看看，正好可以打发无聊的时间。

B. 一件漂亮的衣服最实用。

C. 水果自然是最好的选择，免得家里没有又出去跑一趟。

D. 带一些西式面包，又好看又好吃，说不定省了做一顿饭。

（2）测试答案

【选A】你对爱情的要求是较高的，对方若非魅力十足，又有能力提供你所渴慕的浪漫生活的话，你们多半良缘无涉。你的受教育层次较高，因而对生活质量的要求有别于常人，不仅要富有情调，而且要高雅精致，恐怕能办到的人不多。记住了，太挑剔会使你失去很多机会，年华易逝，还是现实一点好些！

【选B】表明身在情海中的你，常常游移不定，搞不清好男（女）人在哪里。爱起来，你会不顾一切，可惜你这种热情太不持久，三天不到，你又觉当初选择有误，于是立马收兵回营，另觅良枝。在爱情上三心二意的你，虽在乎自己的感觉，却往往搞不清自己的感觉，因此时常心无定所。还是安静一点好，先弄清自己，再全力出击，才会得到你梦想中的情人。

【选C】痴情的你，对爱全身心地投入，也要求对方坚定不移地爱你。你把一切看得太美好，一旦受伤，久久难以恢复。“糊里又糊涂”是爱情中的你的最好写照，你认为只要全心全意地投入，对方也一定会如此回报你，且理应回报于你，因此在不知不觉中，你对恋人的要求较为苛刻。我们给你的建议：请试着退一步看问题。对爱情执着是好的，但万一你们已缘分不再，别一门心思试图唤回对方的爱。过去的，就让它过去吧！

【选D】生活中的你非常现实，从不会委屈了自己，让自己舒舒服服是你的目标，爱情中的你也不会为了爱一个人委曲求全，虽然偶尔冲动，但最终理智会占到上风，因此，在情路上你一般不会吃亏。你的问题是有时太计较施与受的平衡，会让人觉得你不够真诚。

通过模拟日常生活中的偶然购物场景，让同学们根据自己的喜好和直觉做出选择，从而揭示其在恋爱中可能存在的行为模式和偏好。这种测试的目的是提供一种轻松有趣的方式来探索个人的恋爱类型，而非提供科学准确的结论。因此，在参与这类测试时，建议保持开放和娱乐的心态，将其视为一种自我探索和启发思考的方式，而非绝对的结论。

4. 恋爱回忆：分享了解自己的恋爱

通过分享恋爱回忆与关键词，鼓励同学们深入讨论恋爱的多面性，促进彼此对恋爱的理解和交流，同时鼓励未恋爱者分享他们对恋爱的看法和期待。

（1）班会主持人和同学们分享自己的恋爱回忆，具体分析恋爱的类型，进一步引导同学们回忆自己的恋爱经历并写下自己的恋爱关键词，如美好、懵懂、遗憾、痛苦、兴奋、快乐等。

（2）以小组为单位，分享自己的恋爱关键词并分析恋爱类型，讨论结束后每个小组派一名代表分享自己的感受，具体可以围绕以下话题进行分享。

① 你们是怎么认识的？

② 你们经历过哪些难忘的事情？

③ 这次恋爱带给你最大的感受是什么？

④ 你是怎样看待恋爱的？

（3）对于未恋爱过的同学，鼓励他们在听完别人的恋爱经历后分享感受，并分享自己对恋爱的期待或看法。还可以请未恋爱过的同学畅谈自己对恋爱的态度，是充满期待与向往，还是享受单身的自由与独立，并分享自己产生这种感受的原因。

5. 恋爱憧憬：树立正确的恋爱观

通过价值引导，帮助学生端正恋爱动机，在大学期间树立健康的恋爱观念，在享受爱情的同时，也能够不断提升自己的综合素质和道德修养。（大学生恋爱教育主题班会如图4-19所示）

图4-19 大学生恋爱教育主题班会

（1）提倡志同道合的爱情。真正的爱情应该建立在共同的兴趣、价值观和理想之上。我们应该避免草率的恋爱观念，而是追求深层次的精神契合。

（2）摆正爱情与学业的关系。学业始终是学生的主要任务，爱情不应该成为放松学习的借口。学生应该学会在学业和爱情之间找到平衡点，让两者相互促进，共同为个人的全面发展贡献力量。

（3）发展健康的恋爱行为。恋爱言谈应文雅，交谈中要诚恳坦率、自然真诚，避免粗俗和不尊重对方的言行。在恋爱过程中，双方应平等相待，相敬如宾，共同维护健康的恋爱关系。

（4）理解爱情中的相互理解与信任。爱情是一种相互理解与信任的关系。理解对方的需求和感受，为彼此营造轻松快乐的氛围；相互信任是自信的表现，也是建立稳定关系的基础。双方应该努力增进彼此的了解，建立深厚的信任基础。

（5）责任与奉献。爱情需要责任感和奉献精神。在恋爱关系中，双方应该承担起相应的责任，为彼此的成长和幸福付出努力。同时，奉献精神也是个人道德修养的体现，通过为对方付出，我们能够获得更高层次的爱情体验。

本次主题班会结合PPT讲解、互动提问、视频教学、交流讨论等教学方式，让同学们能够更加清楚地了解大学阶段的爱情，明确学习与恋爱的关系。希望大家在今后的生活中，摆正爱情在人生中的位置，树立正确的恋爱观，用智慧和情感去经营自己的恋爱关系，让爱情成为我们人生中的美好回忆和宝贵财富。

七、班会感悟

学生A

通过本次班会我懂得了，恋爱不是盲从，而应坚守真心。如今社会风气复杂，人们易受不良因素的诱惑与影响。若随波逐流，失去心动与纯真，便难尝爱情之甜。因此，树立正确的恋爱观至关重要，只有坚守初心，方能品味爱情之美。

学生B

本次班会让我对恋爱有了向往和期待，以前我是一个对恋爱无感的人，觉得一个人也挺好，甚至觉得恋爱很麻烦，这次班会让我对正确的恋爱充满了期待。我们一定要树立正确的恋爱观，让恋爱带给我们更多积极的能量，使我们不断进步。

学生C

通过本次班会，我的恋爱观发生了一些改变，之前我觉得一个人的相貌很重要，现在我觉得树立正确的恋爱观是一件很重要的事。我们选择的恋人应该与我们志同道合，两个人的思想品德、事业理想和生活情趣等应该大体一致。比起美丽的外表，我更喜欢融洽的灵魂。

第二节 适应成长篇

新征程从心开始

——新生适应性教育主题班会

一、班会主题

新征程从心开始

班会素材

二、班会背景

大学新生会对大学中的很多事物表现出强烈的好奇心。同学们刚从紧张的高中生活和学习中走出来，往往会表现得小心翼翼，部分同学也会由于高中过于紧张的学习及生活而使得大学初期的生活过于放松。调查发现，大学新生的不适应性主要表现在以下几个方面：1.生活上的不适应。如今很多学生都是独生子女，家长对学生的生活照顾得无微不至，使得他们欠缺生活自理能力。2.学习上的不适应。刚刚进入大学的新生学习上的不适应通常表现为学生在高中学习过程中养成的学习思维模式不能适应大学的学习环境。3.人际交往上的不适应。来自不同地区的新生学习和生活习惯通常会有很大的差别，导致其在生活以及人际交往过程中不能较快地适应。4.自我定位的不准确。大部分学生在高中阶段都是班级中的佼佼者，进入大学后，面对来自全国各地的众多优秀学生，很多学生会感到不被重视，甚至导致心理上产生较大的落差感。初入大学的这个阶段是学生人生中的宝贵起点，通过此次班会激励大学新生主动适应大学生活，迎接未来，追逐梦想。

三、班会目标

情感层面

1. 建立新生对大学不适应性的合理认知。
2. 激发大学新生适应大学生活的自信心和效能感。

认知层面

1. 了解大学应具备的交往能力，主动与同学之间建立友好关系。

2. 完成从中学学习方式到大学学习方式的转变。

行为层面

1. 发现入学初期的问题和困惑，并制定明确的规划。
2. 学习和借鉴他人适应环境的方法和技巧。

四、班会准备

1. 问卷调查：在大学新生中开展“入学以来你在哪些方面还没有适应大学生活?”主题调研，发现大学新生不适应大学生活的主要表现。

2. 谈心谈话：了解大学新生应对大学新生活的方法和技巧。

3. 工具准备：准备“爱的采访单”和“学习方式变化表”。

4. 班级分组：将班级同学根据实际情况分为6~8组。

5. 课前思考：学生提前思考大学入学以来最愉快的三件事和最不适应的三件事。

6. 材料制作：制作班会所需PPT和讲稿。

五、班会导引

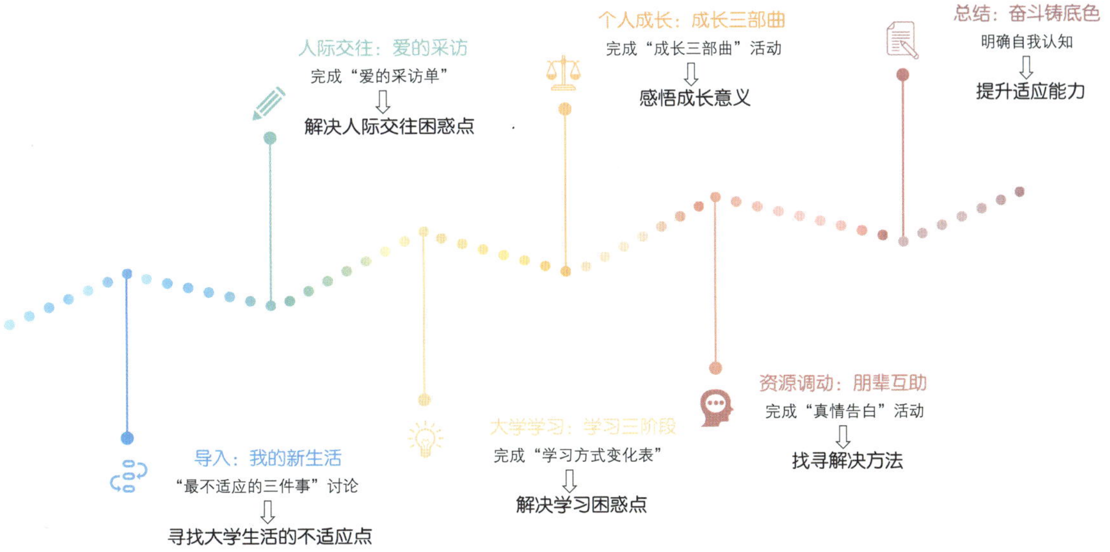

六、班会实施

1. 班会导入：我的新生活——寻找不适应点

通过小组讨论，引入班会主题，引导同学们思考大学生活适应性的问题。

（1）以小组为单位，围绕“入学以来最愉快的三件事和最不适应的三件事”进行分享，其他小组成员可以提供应对方法。

（2）小组内部整理出各组排名前三的不适应事件，做班级分享。

步入大学校园，梦想蓬勃生长。通过同学们的分享发现，大家面对新的学习与生活环境，主要存在人际交往、学习和自我定位等方面的不适应。环境的转变、角色的转换、学业的压力是摆在每位新生面前的必答题，让我们一同答好必答题，开启全新旅程。

2. 爱的采访单——解决人际交往困惑点

通过做“爱的采访单”，让学生对周围同学有一个全面的了解，帮助学生了解他人的兴趣爱好、生活状态等，尝试与他人交流沟通。

（1）爱的采访单。给小组每位成员发放“爱的采访单”——你最喜欢的休闲娱乐活动是什么？你的人生座右铭是什么？说出你心目中的理想对象，请以一位名人为代表。你最痛苦的一门功课是什么？你最喜欢什么样的异性？你最爱吃哪种食物？你最喜欢的书是哪一部？你最喜欢的歌曲是哪一首？你最喜欢哪个城市？请留下你的签名。让学生相互访问，且要求每个问题必须找不同的同学回答，回答完后记录答案，并要求回答者留下自己的签名。看谁在规定时间内访问的人最多。

（2）爱的发声器。约在10分钟后停止访问，评出每组访问最多人的同学，并让其念出访问结果，分享感受。让学生在互动分享中感受人际交往的重要性。

良好人际关系是大学生提高学习效率、完善自我意识、保持心理健康的需要，我们在人际交往中应坚持真诚待人、宽容待人、平等待人，把握好人际交往的方向、深度、广度。现在，每个人手中都拿着一张“学习方式变化表”，让我们一起走进学习的旅程。

3. 过去、现在、未来——解决学习困惑点

通过填写“学习方式变化表”，让学生了解大学学习方式的转变，促进其主动探索适合自己的学习方法。

（1）找变化。给小组每位成员发放一张“学习方式变化表”，请大家思考后填写。

（2）谈感受。填写完毕后小组内分享，分享分四轮：第一轮每人轮流介绍六年级时的情况，并说明为什么这样写；第二轮介绍高三时的情况，并说明为什么这样写；第三轮介绍现在的情况，并说明为什么这样写；第四轮介绍十年后的情况，并说明为什么这样写。

（3）齐分享。选出小组代表，做班级内部分享，谈对人生发展的看法和学习对个人发

展所起的作用。

“树无根不长，人无志不立。”明确大学学习目标是开启大学篇章的第一步，聚焦发展方向，发掘潜能兴趣，适应全新环境，相信你的大学时光定会有所收获。

4．成长三部曲——体会成长

通过“成长三部曲”活动，让学生体会成长路上并非一帆风顺，挫折和艰辛是难免的，对自我成长有进一步了解，加强自我意识。（斛心沙龙如图4-20所示）

图4-20　斛心沙龙

（1）成长体验。全体同学蹲在一个大圈子里，此时大家的角色都是小鸡。每只小鸡只能寻找和自己相同等级的同学猜拳，胜者成长为中鸡，呈半蹲状，失败者继续作为小鸡蹲着。没有成长的小鸡需继续寻找同样是小鸡的同学猜拳，中鸡可以寻找同等级的中鸡猜拳。小鸡胜出为中鸡，中鸡胜出为大鸡，大鸡身体呈直立状态，并继续和其他大鸡猜拳，大鸡猜拳获胜后作为最终胜出者站到老师身后，成长结束。

（2）小组讨论。小组成员围绕“成长过程中的感受，想到了现实中的什么？”谈感受和体会。

每个人的成长过程都不是一帆风顺的，可能经历许多挫折，但每一次的进步和退步都告诉我们成长需要勇气和毅力，只要坚持不懈，在经历了若干次失败之后终将迎来茁壮成长，到达成功的彼岸。

5. 真情告白——朋辈互助化祝福

通过“真情告白”环节，进一步调动班级同学之间的朋辈互助资源，增强班级凝聚力。(朋辈心理辅导技能大赛如图4-21所示)

图4-21 朋辈心理辅导技能大赛

(1) 朋辈话祝福。每人在背后粘上一张白纸，请班级同学为其写一句祝福的话或者建议。

(2) 同心齐祝愿。邀请3～5位同学分享自己收到的祝福语或建议，并互道感谢。

同学们，大家都送出了自己的祝福，也收到了他人对我们的真诚祝福，让我们带着这些祝福勇敢地踏上大学学习之路，当遇到困境逆境时，记得鼓起勇气去寻找方法、面对挑战。

6. 归纳小结：奋斗铸底色

本次主题班会结合同学们初入大学后面临的现实问题，从人际交往、学习适应性和自我成长认知等方面进行了新生适应性教育，力图使大家在朋辈群体的互动交流中相互理解、相互支持，自我认知、自我成长，实现在较短的时间内较好地适应大学生活的目标。同学们，昨日的星光渐渐落尽，在迷茫的时候，曾经的经历会变成今后成长的财富。今日的钟声缓缓敲响，相信在未来的日子，奋斗会成为青春最亮丽的底色，行动会成为青年最有效的磨砺。

七、班会感悟

学生A

本次主题班会我们每个小组均有上台分享发言的机会，小组成员在团队活动中学会了分工合作，并且尝试担任了不同的角色。小组成员充分的互动使得我们对班级同学有了更加深刻的了解，对团队合作有了新的认识。

学生B

通过本次班会我知道了适应是指个体对自然环境和社会环境的顺应。作为大学新生，我们应该根据环境条件改变自身，调节自身与环境的关系使之协调。积极的适应是一种健康的适应，是改变自己来顺应环境，是达到目标的保障。如果个体出现适应不良，就会产生一系列矛盾冲突和负面情绪体验，从而造成心理、生理上的异常反应。

学生C

通过班会中的互动环节，我对周围同学有了更加全面的了解，也使我更好地理解了班级同学和室友的生活状态，今后我会在学习生活中主动尝试与他人交流沟通，互相帮助，争取尽快适应大学生活。

知规守则，行止有度

——校纪校规教育主题班会

班会素材

一、班会主题

知规守则，行止有度

二、班会背景

近年来，高校学生违纪事件时有发生，已引起社会、学校的广泛关注。违纪学生虽是少数，但在广大学生中造成的不良影响、对校风校纪建设所产生的消极作用却不容忽视。古人云：“无规矩不成方圆。”国有国法，家有家规。高校的校纪校规是学校的上级主管部门和学校为保障正常的教学秩序制定的规定、规章、制度的总称，是学校师生员工必须遵守的行为准则。加强校纪校规教育，发挥违纪案例对其他学生的震慑作用，能够帮助学生树立规矩意识，强化纪律观念，远离违纪红线；利用身边案例警示教育身边人，能够让学生做到不敢违纪，不能违纪，不想违纪，进一步减少学生违纪现象的发生，使校纪校规内化于心、外化于行。

三、班会目标

情感层面

1. 培养规矩意识，增强纪律观念。
2. 提升法治素养，明晰青年学生的责任义务。

认知层面

1. 进一步了解学校章程和各项规章制度。
2. 加深对校纪校规的认知，自觉规范日常行为习惯。

行为层面

1. 提高自我教育、自我管理意识，规范个人行为，养成良好的行为习惯。
2. 严格遵守校纪校规，争做弘扬社会主义核心价值观的典范。

四、班会准备

1. 案例搜集：收集整理学校学生违纪案例和近期与学生违纪相关的网络热点事件，并进行分类归纳。

2. 问卷测试：准备学校校纪校规知识问卷，并在班会召开前组织班级学生进行测试。

3. 文献查找：《高等教育法》《普通高等学校学生管理规定》《学校学生手册》等。

4. 班级分组：将班级同学根据实际情况分为6~8组。

5. 材料制作：制作班会所需PPT和讲稿。

五、班会导引

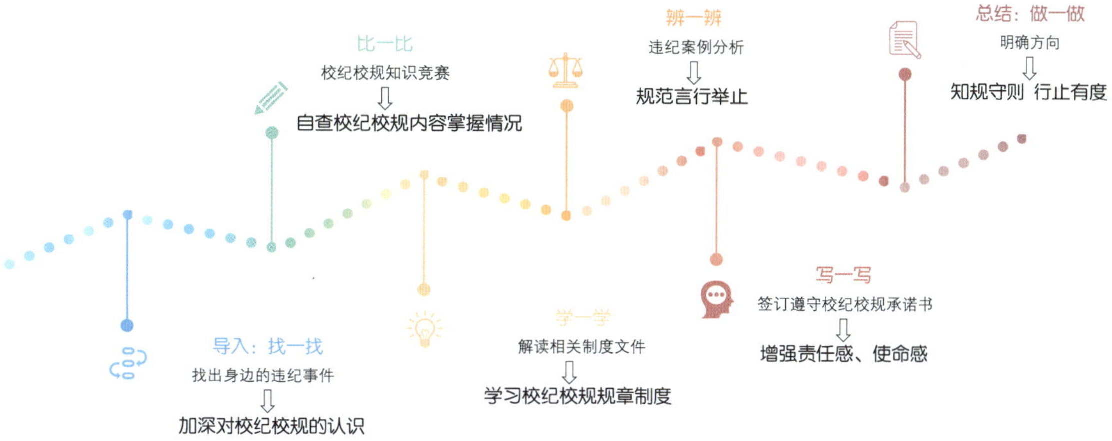

六、班会实施

1. 班会导入：找一找——找出身边的违纪事件

通过小组讨论引导学生发现身边的违纪事件，引出班会主题，加深学生对校纪校规的认识。

（1）小组讨论。以小组为单位，每位同学围绕“身边的违纪事件有哪些？”进行分享并分析违纪原因。

（2）分享交流。小组内部整理讨论结果，并选一名代表进行班级分享，整理形成违纪事件负面清单。

通过各小组同学分享发现，在校大学生违纪情况时有发生，主要表现为违规使用大功率电器、擅自离校、旷课、考试作弊等。违反校纪校规会带来哪些影响呢？让我们带着问题一起进入班会的主体部分。

2. 比一比——校纪校规知识竞赛

通过组织学生参加校纪校规知识竞赛，了解学生对于校纪校规等内容的掌握情况。

挑选校纪校规中重要的部分做成判断或选择题，开展知识抢答活动，每答对一道题计2分，率先达到10分的同学获得奖励。

3. 学一学——解读相关制度文件

通过解读校纪校规制度文件和思考相关问题，引导学生学习相关规章制度，知晓违纪相关处分条款。

（1）领学文件。教师领学解读《普通高等学校学生管理规定》《学校学生违纪处分办法》等文件中的重要条款及违纪所带来的严重后果，引导学生励志勤学、刻苦磨炼，养成良好的道德品质和行为习惯。

（2）思考互动。各小组围绕“你认为考试作弊是不是一项严重的违纪行为?”“你认为使用大功率电器会造成什么样的危害?”“你认为旷课会给个人和学校风气带来什么样的影响?”进行讨论。讨论结束后，每组选派一名同学进行班级分享。

校纪校规是维护教育秩序和促进学生发展的重要手段。这些规定旨在保障学生的合法权益，规范学生行为举止，培养其成为遵纪守法、堪当大任的新时代青年。

4. 辨一辨——违纪案例分析

通过案例分析，让学生了解违纪处分对自己未来发展造成的影响和危害。

案例一：某高校学生刘某在某场期末考试中，违规携带手机进入考场参加考试，并建立QQ群用于传输试题答案。在考试过程中，校外人员将做好的试题答案发到群内，该生在翻看答案时被监考老师当场发现。根据该校《学生违纪处分规定》，该同学的行为已构成考试严重作弊，经讨论给予其留校察看处分。

解析：大学学习的方式方法与中学相比有很大变化，有些同学认为进入大学就可以放松对自己的要求，思想上懈怠、行为上懒散，导致学业荒废，并在考试时铤而走险，违反学校的规章制度。大学生应当树立正确的学习目标，明确努力方向，端正学习态度，不断改进学习方式，提高学习水平，用刻苦努力来换取优异的学习成绩，而不是走捷径、违规违纪。

案例二：某高校同学冯某未经批准，私自在外租房，多次夜不归宿，无故旷课达20余学时。辅导员老师多次通过电话、微信等方式与其联系，但该生不回信息、不接电话，拒绝与老师沟通，行为非常散漫，纪律意识极其淡薄。

解析：大学生在外没有学校的保护很可能受到社会不安全因素的影响，为其身心健康和社会稳定带来极大的安全隐患。我们应该自觉地把自己当成集体中的一员，积极融入集体生活，学会在班级和寝室中与老师、同学和谐相处。

案例三：某高校一男生宿舍突发火灾，经调查，为二楼宿舍某男生边吸烟边寻物，烟灰掉落在书桌可燃物上所致，初步鉴定为吸烟遗留火种引发火灾。消防救援人员到场后，实施警戒的同时，立即进行灭火，经过20分钟，火势被控制并被扑灭。

解析：大学生是校园文明的建设者，亦是校园文明的受益者，每一位同学都应坚决对寝室抽烟行为说“不”，宣传吸烟有害健康的常识，自觉遵守公共场所消防安全规定，努力营造健康、绿色的学习生活环境。

立身必先立德，无德无以立身。心有所畏，方能言有所戒；行有所止，方能一往无前。希望同学们能时刻规范自己的言行举止，牢记责任使命，共同营造良好的校园文化氛围。（辅导员深入学生寝室如图4-22所示，辅导员深入学生社区如图4-23所示）

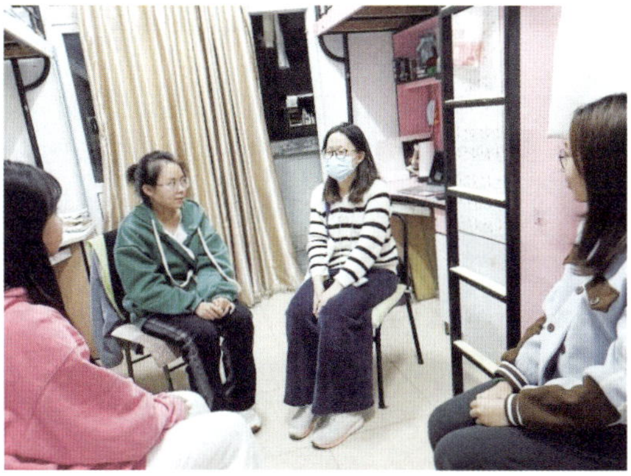

图4-22　辅导员深入学生寝室

图4-23　辅导员深入学生社区

5. 写一写——签订遵守校纪校规承诺书

遵规守纪，从我做起。作为在校学生，遵规守纪要从现在做起，从身边小事做起。通过签订承诺书，引导学生增强责任感，使学生充分认识到违反校纪校规的严重危害。

组织学生签署遵守校纪校规承诺书，引导学生端正态度、遵规守纪。

作为一名学子，我们应当秉承校训，砥砺品德，文明修身，共同维护校园优美环境；我们应当恪守校风，勤奋为学，提升素养，共建优良学风，努力争做德才兼备、能力卓越、自觉服务国家的骨干与领军人才！

6. 做一做——知规守则，行止有度

高等教育的任务是培养具有社会责任感、创新精神和实践能力的高级专门人才，使受教育者成为德智体美劳全面发展的社会主义建设者和接班人。作为高等教育受教育主体的大学生，应该做到：遵规守纪，自制自律，严格遵守学校规章制度；明礼修身，自尊自爱，带头规范自身言行举止；刻苦学习，勤于思考，诚信考试，诚信做人。

七、班会感悟

学生A

通过本次班会我学习了考试作弊的相关案例，进一步熟悉和理解了校纪校规中关于考试作弊的处分条例。今后，我会端正学习态度，遵守校纪校规。

学生B

在遵守校纪校规承诺书上签下自己名字的那一刻，我深刻认识到遵守校纪校规的重要性。营造优良学风、诚信考风需要我们共同努力。

学生C

没有规矩，学校的良好秩序就无从建立，学习与生活所需要的环境就无法保障。今后我会在学习中，按时上课、诚信考试；在生活中，不违规使用大功率电器、不夜不归宿，带头遵守校纪校规。

考之以诚，答之以信

——考风考纪教育主题班会

班会素材

一、班会主题

考之以诚，答之以信

二、班会背景

考风考纪是学校学风建设的重要内容，加强考风考纪宣传教育是抓好学风建设的重要保证，也是贯彻“立德树人”根本任务和落实“以德为先”教育理念的重要环节。每到考试季，学校、学院都会通过诚信教育、考风考纪宣传、违纪案例分析等方式严肃考风考纪，营造风清气正的考试环境。但仍有个别学生抱有侥幸心理，考试违纪行为时有发生。究其原因，主要有以下几点：1. 学生诚信意识淡薄。部分大学生诚信意识、是非观念、自控能力相对薄弱，没有意识到诚信对个人成长的重要性，从而不能用大学生应遵守的道德标准严格要求自己的行为。2. 学生平时学习努力程度不足。部分大学生由于平时学习不努力，上课不认真，等着考前“临时抱佛脚”，然而遇到难度较大的学科仅凭考前突击没办法取得预期成绩，所以寄望于夹带小抄，铤而走险，最终酿成大错。3. 学生存在从众、侥幸等消极心理。个别同学通过网络等渠道看到其他同学靠作弊轻松通过考试，且未被监考老师发现，开始心理失衡，并抱着侥幸心理加入作弊行列。通过此次班会营造优良考风考纪的氛围，帮助大学生正确理解诚信，深刻认识诚信的重要性，并主动践行和弘扬诚信美德。

三、班会目标

情感层面

1. 树立诚信意识，引导学生崇尚诚信，远离虚伪欺诈。
2. 教育学生严格要求自我，对违规违纪行为产生抵触心理。

认知层面

1. 正确理解诚信内涵，知诚信、懂诚信、讲诚信。
2. 端正考风，严肃考纪，提高遵守纪律的自觉性。

行为层面

1. 主动杜绝考试作弊行为。

2. 端正学习态度，明确学习目标，营造良好学风考风。

四、班会准备

1. 素材搜集：准备与诚信相关的故事、视频和考试违纪相关案例。

2. 学生访谈：了解班级学风建设现状及学生中存在的实际问题，针对不同的问题提出相应的解决方法。

3. 资料查找：查找《国家教育考试违规处理办法》《学校学生违纪处分办法》《学校考试管理细则》等文件。

4. 资料准备：准备考风考纪承诺书、考风考纪宣誓誓词、考风考纪知识竞答题等。

5. 班级分组："一对一"学习帮扶小组分组安排。

6. 材料制作：制作班会所需PPT和讲稿。

五、班会导引

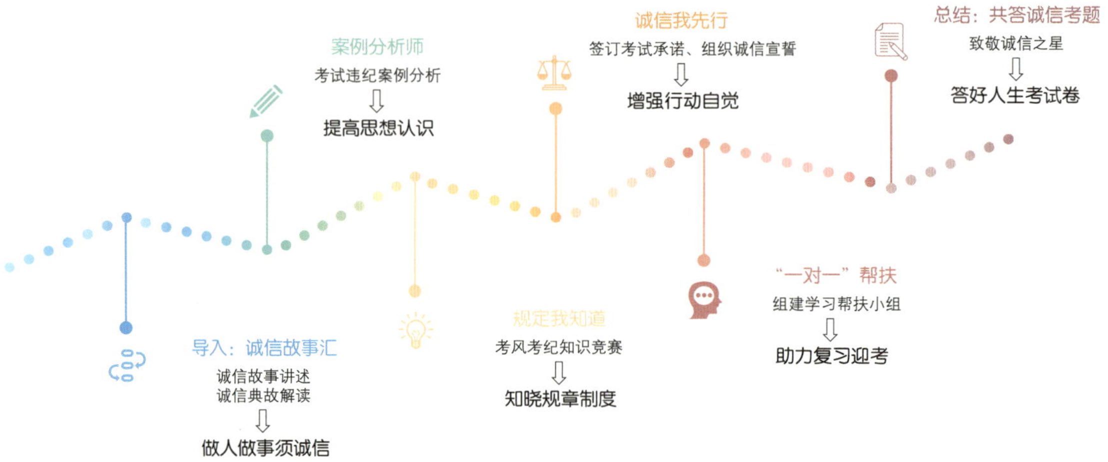

六、班会实施

1. 班会导入：诚信故事汇

通过诚信故事讲述、诚信典故视频解读，引入"诚信"主题，引导学生理解诚信应该体现在方方面面，诚信待人、诚信做事、诚信考试。

（1）诚信故事讲述：讲述《钱学森：档案里的诚信故事》，引发学生共鸣，培养学生对待学习科研的严谨精神，树立正确的考试观。

（2）诚信典故解读：播放视频《一言为重百金轻》，从“人而无信，不知其可也”“君子义以为质”“国无常强，无常弱。奉法者强则国强，奉法者弱则国弱”三个层面解读诚信，引发学生思考诚信的内涵。

“人而无信，不知其可也。”诚信是中华民族的传统美德，对人以诚信，人不欺我；对事以诚信，事无不成。诚信考试是每位学生应该坚守的基本原则，它体现了同学们对自己学业的尊重，对他人努力的尊重，更是对公平公正的坚守。

2. 案例分析师

从违规动机、违规过程、处罚结果等方面详细解读大学生身边发生的典型案例，使学生切实了解考试作弊的严重危害。

案例一：多次违纪，从严处理

某某同学，在全国英语四级考试中，以不正当手段获取与考试内容相关的信息，被学校处以留校察看处分。两年后再次参加全国英语四级考试，该生利用手机接收与考试有关的答案。根据学校相关纪律处分规定，给予某某开除学籍处分。

解析：该生为了通过全国英语四级考试，先后通过携带考试内容相关材料参加考试、利用手机接收考试信息的方式作弊，最终被学校开除学籍。

案例二：替人考试，毁人毁己

A同学代替B同学参加期末考试，根据学校相关纪律处分规定，给予上述两位学生开除学籍处分。

解析：B同学因担心无法通过考试而请求好友A同学代为考试，A同学碍于情面代替B同学参加考试，最终两人被学校开除学籍。

考试是检验教学效果、保证教学质量的重要手段，旨在指导和督促学生系统地复习和巩固所学知识和技能。考试也是一种考验，一种让我们敢于正确评价自己所学，勇于承认学习上的失误和不足的考验。考试更是对我们诚信的考验。国家倡导诚信，社会呼唤诚信，人们需要诚信。作为学生，要做到拒绝考试作弊，反对考试作弊，这们有利于优良学风的建设，有利于自身正确价值观的树立。

3. 规定我知道

通过组织学生参加考风考纪知识竞赛，促进学生在互动式、沉浸式体验中学习相关规章制度，知晓考试违纪相关处分条款。

（1）知识竞赛。组织班级同学现场开展考风考纪知识竞赛，并且按照得分高低排名，考查学生对学校相关文件制度的掌握程度。

（2）知识讲解。教师系统性讲解《国家教育考试违规处理办法》《学校学生违纪处分办法》《学校考试管理细则》等有关文件，帮助学生对考试纪律及相关规章制度有更加深刻的了解。

考风考纪问题从根本上说是诚信问题，诚信不仅是一个人的立身之本，而且是立业之本。无规矩不成方圆。为给同学们营造良好的、公平的学习环境和考试氛围，国家、学校先后出台相关规章制度，对于考试作弊事件严惩不贷，打消学生侥幸心理。

4. 诚信我先行

通过签订考试承诺书、进行考试诚信宣誓，引导学生充分认识到考试违纪的危害性及其严重后果，增强诚信考试的自觉性。

（1）签订承诺书。发放考试诚信承诺书，组织班级全体成员在考试诚信承诺书上签名，引导学生严格遵守考场规则，做文明考生、诚信考生。

（2）诚信宣誓人。为增强学生遵规守纪的意识，选树身边的先进典型，从班级同学中选取一名在诚信方面表现突出的学生作为宣誓人，带领班级全体成员进行诚信考试宣誓。

希望同学们认真复习，有备而战，以自信的态度走进考场，用勤奋与汗水书写考卷，用诚信与坚守完成答卷。

5. “一对一”帮扶

通过“一对一”互助小组签约活动，充分发挥学生党员、班级骨干的模范引领、帮扶带动作用，助力班级同学复习迎考。（“春风助航”学业辅导开班仪式如图4-24所示）

以寝室、学习小组等为单位，组建“一对一”学习帮扶小组，各小组派代表参加互助签约仪式。

“一枝独放不是春，百花齐放春满园。”希望班级同学能够互助互学、互帮互鉴，共同营造比学赶帮超的良好学习氛围，共同答好期末考试卷。（“弘扬科学家精神，涵养优良学风”主题教育如图4-25所示）

6. 共答诚信考题

海阔凭鱼跃，天高任鸟飞。诚信者的前景是壮阔的，时空是绚丽的；失信者的道路则是短暂的，前景是渺茫的。诚信缺失，不论是做人、做事，结局都将是失败。只有诚实守信，才会立于不败之地。古今有大德、成大器、建大功、立大业者，无一不是德高才厚、诚信立身。诚信，是实事求是的表现，是表里如一的表现，是尊重生活的表现。诚信者光

图4-24 “春风助航”学业辅导开班仪式

图4-25 “弘扬科学家精神，涵养优良学风”主题教育

明正大，是非分明，无私无畏。诚信者信守诺言，一诺千金。让我们共同观看视频《诚信，是矢志不渝的初心》。希望同学们要懂诚信、守诚信，诚以待人、信以做事。在考试来临之际，更要考之以诚，答之以信，奋力答好每一份人生考卷。

七、班会感悟

学生A

学习委员在本次班会召开之前收集了班级同学的意见建议，让我们更加深刻地理解了本次主题班会的目的。通过班会，我充分理解了“诚信”的含义，懂得了“诚信”的重要性，今后也会将“诚信”融入日常生活中的每一件小事，真正做到诚实守信。

学生B

班会通过故事引入与案例分析，为我们敲响了警钟，使我们加深了对考试作弊严重性的认识，端正了考试态度，起到了督促我们认真复习备考的作用。

学生C

本次班会的“一对一”帮扶，让我有了更多与优秀同学交流的机会，帮助我掌握了更多更好的课程复习方法。此外，本次班会也强化了同学们的诚信考试意识，我们会努力为“爱学、乐学、勤学”的优良班风学风做出自己的贡献。

室友，是友

——寝室生活教育主题班会

班会素材

一、班会主题

室友，是友

二、班会背景

宿舍关系是大学阶段最基本的人际关系，宿舍也是大学生日常最基本的活动场所。宿舍关系融洽，既利于学生学习也利于学生身心健康；宿舍关系紧张，则会给学生的学习、生活带来一系列负面影响。调查发现，学生宿舍矛盾在“00后”大学生中较为常见，其主要是由室友间的生活习惯差异、家庭背景差异、性格差异、学习成绩差异、情感差异、兴趣爱好差异等造成的。在辅导员日常工作中，常需要处理因与室友关系不和申请校外住宿、因被室友孤立导致学习成绩下滑、因与室友作息习惯不同而失眠焦虑等各类学生宿舍关系纠纷和矛盾。宿舍既是同学们大学四年最熟悉、最依赖的领地，又是同窗共同成长的家园；既是同学们交流思想、分享观点最集中的场所，又是纠纷矛盾最多、最突出的地方。因此，宿舍功能的充分利用与发挥，将会对大学生的学习生活起到有效的助推作用。

三、班会目标

情感层面

1. 学会尊重他人、包容他人、理解他人。
2. 学会换位思考，己所不欲，勿施于人。

认知层面

1. 树立正确的人际交往价值观，懂得真正的交往是责任、担当和包容。
2. 明白寝室同学相处之道，能够处理好利己与利他之间的关系。

行为层面

1. 减少宿舍矛盾隔阂，建设良好的寝室文化。
2. 掌握沟通的技巧和方法，学会调节情绪的方法，培养适应集体的能力。

四、班会准备

1. 榜样示范：邀请学院先进寝室的寝室长分享交流。
2. 素材准备：准备大学生寝室关系相关案例、视频资料。
3. 调研走访：对学院本科生优秀寝室建设进行调研。
4. 课前思考：课前思考“如何营造和谐的宿舍氛围”。
5. 班级分组：将班级同学根据实际情况分为6～8组。
6. 材料制作：制作班会所需PPT和讲稿。

五、班会导引

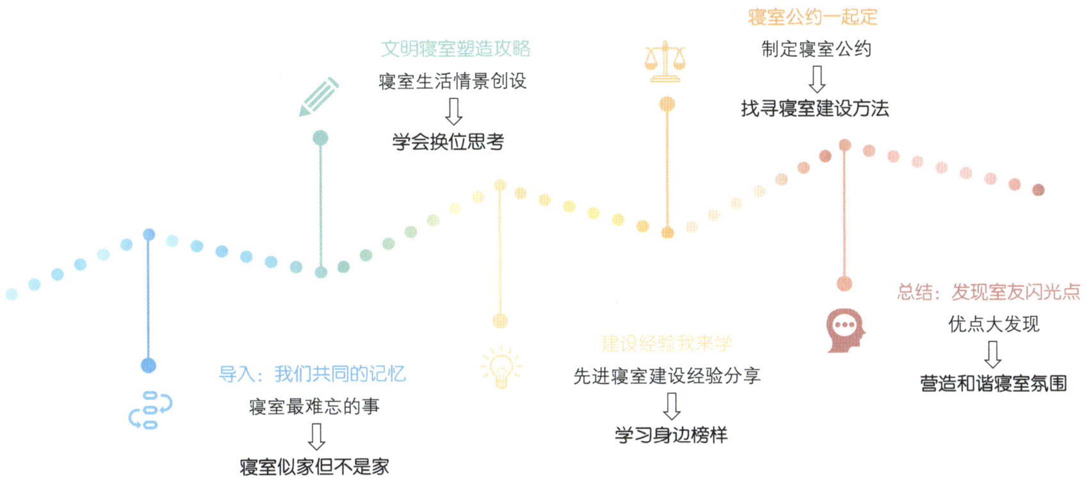

六、班会实施

1. 班会导入：我们共同的记忆

通过小组分享，带学生一同回顾大一一年寝室生活中最难忘的瞬间，引出班会主题。

（1）小组讨论。各小组围绕“回想一年中，谁是自己大学里最信任和相处时间最长的人？寝室里发生的最难忘的事是什么？”进行讨论，引导学生回想与室友之间相处的点滴，其中有快乐，可能也有争执。

（2）分享交流。每组遴选一名代表进行班级分享，为自己的寝室代言，并定义自己与大学室友之间的关系。

寝室，是大学生活的最小单元。这里每天都发生着温暖的瞬间、励志的故事、生活的摩擦，既有室友的朝夕相处、相互鼓励，也有朋友的志同道合、携手奋进，或许偶尔也会发生些意外的、不和谐的小插曲。（全员升学学霸宿舍如图4-26所示）

图4-26 全员升学学霸宿舍

2. 文明寝室塑造攻略

通过情境创设，引导学生关注生活中微不足道的习惯，引发学生换位思考，己所不欲，勿施于人。

（1）情景体验。创设以下几种情境，向学生提问："如果你遇到这些情况会有怎样的反应?"

① 中午要午休，室友却在洗衣服。

② 晚上想早睡，室友却开着语音打游戏。

③ 室友经常让自己带饭却不给钱。

④ 室友从不主动做寝室卫生值日。

以上都是生活中经常发生的小事，很多学生的行为习惯和他们的成长环境有关系，不同的人在面对这些情况时会有不同的反应。带领学生思考，不同的反应会有什么样的结果，会对室友之间的关系产生什么样的影响。

（2）小组分享。每组遴选一名代表进行班级分享，分析上述行为会对室友造成什么影响。

寝室这个特殊的场所像家但又不是家，大家生活在一起，要处理好寝室关系，需要意识到寝室里的每位成员都是平等独立的个体，有相同的权利和义务；要靠制度规范行为，对于卫生值日、作息时间等公共问题要达成一致意见并且互相监督严格执行；对于室友个人不影响他人或影响不大的行为，要求同存异、理解包容。（"千寝百天共创文明"寝室卫生专项提升计划如图4-27所示）

图4-27 “千寝百天共创文明”寝室卫生专项提升计划

3. 建设经验我来学

通过先进寝室建设经验分享，引导学生学习身边榜样，从先进寝室建设经验中找寻适合自己寝室的建设方法。

（1）经验分享。邀请2~3名高年级先进寝室代表进行寝室建设经验分享，让学生感受到良好的寝室氛围对自己的大学生活具有积极影响，懂得舒心惬意的寝室环境对自己的学习成长具有积极作用。

（2）你问我答。班级同学围绕寝室建设中的困惑和问题与优秀学长学姐进行交流互动。

“钥匙定律”“通知定律”“带饭定律”……同学们在与室友的相处磨合中要学会相互体谅、相互帮助，制定合理的寝室规则，维持好寝室秩序。希望每位同学都能在寝室中留下美好的回忆，让“家”染上青春的色彩。

4. 寝室公约一起定

通过视频播放、寝室公约制定，引导学生了解和谐寝室建设、寝室关系处理的方法，共同营造和谐寝室氛围。

（1）室友你好。师生共同观看视频《室友，你好》，以小组为单位分享观影感受。

（2）公约制定。以寝室为单位讨论制定宿舍公约，每组选一名代表进行班级分享，班级同学共同讨论形成有效可行的寝室建设公约。

室友是大学四年在一起生活学习的“家人”，或许我们来自五湖四海，有着不同的经历、爱好、生活习惯，但相聚便是缘分。生活中难免会有磕磕碰碰，和室友相处中或多或少都会出现一些矛盾，但请记住真诚是必杀技，公约是约束招。愿寝室这一片小小的屋檐下，有更多时光凝结起来的温暖记忆，愿同学们的情谊地久天长。

5. 发现室友闪光点

通过“优点大发现”活动让学生学会发现并欣赏别人的优点，促进相互肯定和接纳，增强寝室凝聚力。

各寝室成员围圈坐，请一位成员坐在团体中心位置，其他人轮流说出该成员的优点及令人欣赏之处（如性格、相貌、处事能力、学习等）。被称赞的成员说出哪些优点是自己以前知道的，哪些是自己未曾察觉的。每个成员依次到中央位置接受一次优点发现。

在这个活动中，同学们发自内心地赞美他人，学会了接纳别人的欣赏，同时也发现了很多平时没有注意到的自己的、他人的优点；体会到了被人关注、被人赞美的快乐。当我们用心去发现他人的优点时，也会体会到欣赏和被欣赏的快乐。

室友是同学们在大学期间相处时间最长的人，也是最容易出现矛盾的人。要处理好宿舍关系，将室友变成朋友。首先，要意识到宿舍里的每个人都是平等独立的个体，有相同的权利和义务；其次，要靠制度规范行为，宿舍内部要建章立制，对于卫生值日、作息时间等公共问题达成一致意见并互相监督严格遵守；再次,对于室友个人不影响他人或影响不大的行为，要求同存异，理解包容；最后，学会发现室友身上的闪光点，学会欣赏他人，努力将室友变成朋友，共同努力、携手前行。

七、班会感悟

学生A

入学以来，我从来没有认真想过如何处理与室友的关系，有时候生活中的小摩擦会让平静的生活起点“波澜”。此次班会让我明白要学会换位思考，正确处理好与室友之间的小摩擦。

学生B

我们从小生活在不同的环境里，导致我们的生活习惯和认知方式有差异，优秀学长分享让我懂得一个文明、健康、温馨、和谐的宿舍是我们学习生活的“避风港”。

学生C

让我印象比较深刻的是视频《室友，你好》，生活中的琐事让我们沉浸在对小摩擦的“斤斤计较”中，却忽视了室友就像我们的亲人一样，我们应该多从情感上理解、从行动上支持、从生活上关心每一位室友。

传情及他，爱班如家

——新生班集体融入主题班会

班会素材

一、班会主题

传情及他，爱班如家

二、班会背景

班集体教育是一个班级、一个集体做好建设工作的首要任务。良好和谐的班级氛围不仅有益于新生迅速融入大学生活，更能提升学生学习动力和效率，使他们收获健康成长。当前，大学中普遍存在班集体概念淡化现象，具体表现为学生集体活动参与度低，更倾向于以个人或兴趣团体的形式参与活动；学生较为关注个体成就和发展，集体荣誉感减弱；学生多与少数亲密朋友或室友交往，班级成员间互动交流减少，导致班级凝聚力下降。通过举办大学新生班集体教育主题班会，讲清楚集体团结的重要意义，加深学生对集体概念的认知与理解，促进学生之间的交流与沟通，进一步增强学生的班集体意识，培养新生入校后的集体归属感，进而起到提升班级凝聚力的效果。

三、班会目标

情感层面

1. 增强新生的班集体归属感，培养学生的集体意识和责任感。

2. 促进学生之间的情感交流和互动，增强班集体成员团结友爱意识，激发他们为班级荣誉和发展贡献力量的意愿。

认知层面

1. 帮助学生了解班级文化、班级精神、班级制度等，使他们尽快适应并融入班级生活。

2. 提升学生的自我认知和自我管理能力，培养学生的沟通、协调、解决问题的能力，提升学生的团队协作技巧和水平。

行为层面

1. 鼓励学生主动参与班级组织的各类活动，引导学生在活动中发挥自己的特长和优势。

2. 使学生自觉遵守班级规章制度，维护班级形象和秩序，鼓励学生积极为班级发展提出建设性意见建议，为班级的长远发展贡献力量。

四、班会准备

1. 故事文本：准备反映集体团结重要性的哲理故事，作为班会主题引入素材。

2. 视频制作：发动班级同学提供班级初建的照片、视频素材，确保内容丰富多样，撰写温馨感人的解说词，剪辑完成班级成长视频。

3. 学生准备：指导班委成员围绕班级文化元素准备讲解材料，指导具有才艺的学生以个人或小组形式准备契合主题的表演节目。

4. 游戏筹备：设计班会过程中的活动环节，做好所需物资、场地等的准备工作。

5. 征集建议：向班级成员征集有关班集体建设的建议，整理后在班会上进行解读。

6. PPT制作：根据策划书和讲稿内容制作PPT。

五、班会导引

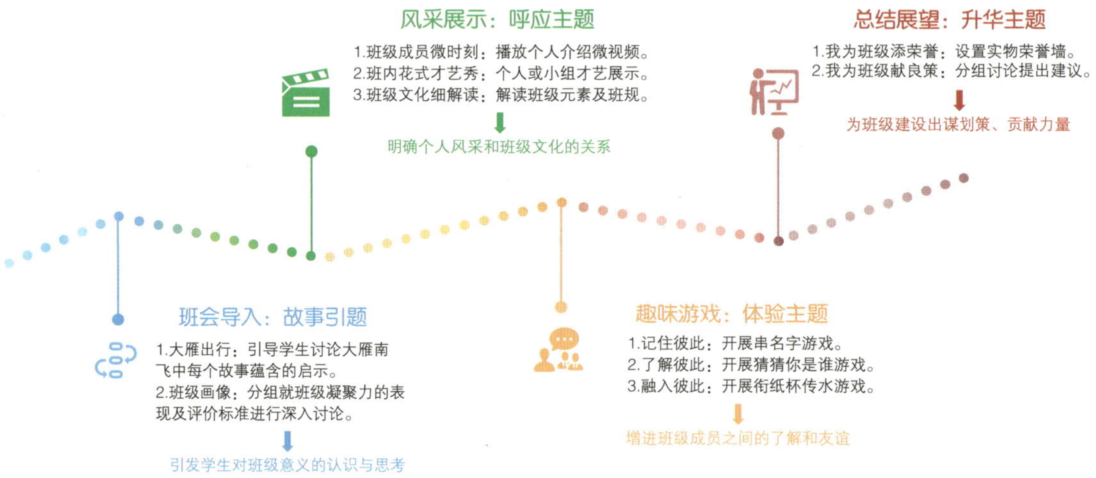

六、班会实施

1. 班会导入：故事引题

结合大雁南飞短视频中的故事讲述，引导学生讨论大雁南飞中每个故事蕴含的启示，帮助学生理解目标一致的重要意义、互相协助的团队力量和轮流付出的责任担当，进而引发学生对班级意义的认识与思考。

（1）“大雁出行”故事分享：大雁是一种候鸟，随着季节的变化而迁徙。每年秋天，大雁从北方飞往南方，来年春天再飞回北方。航程虽长，但每年它们都能成功往返。雁群一字排开成“V”字型时，比孤雁单飞提升了71%的飞行能量。每只雁振翅高飞，会为后面的队友提供“向上之风”。前导雁疲倦时，会退到队伍后方，另一只雁则飞到它的位置替补。某只雁生病或受伤时，会有其他两只雁飞出队伍跟在它后面协助保护，直到它康复归队。每只雁会发出“呱呱”的叫声，鼓励领头雁勇往直前。

（2）班级凝聚力画像：将班级成员分成若干小组，每组围绕“大雁出行”的故事，结合班会主题进行全班范围内的深入讨论。每个小组选派代表分享讨论成果，包括观点、见解和疑问。班会老师把控讨论方向，指导学生表达对班级凝聚力的理解，引导学生反思所在班级的凝聚力如何，并让学生阐述具有凝聚力的班集体应是什么样子，帮助学生明确班级凝聚力的表现和评价标准。

大雁南飞展现了一种团结协作的精神，也体现了目标一致的重要性。它们在迁徙过程中彼此依靠，共同应对旅途中的困难和挑战。这正如我们新生班集体，只有大家团结一心，相互支持，坚定不移地朝着共同的目标前进，才能共同克服学习和生活中的种种困难，走向成功。让我们以大雁为榜样，共同为我们的班集体注入更多的活力和凝聚力，让我们的班级成为一个温暖、和谐、积极向上的大家庭。

2. 风采展示：呼应主题

通过播放班级成员个人介绍微视频、解读班级文化元素、选派小组或个人进行“班内才艺秀”，展示班集体和成员的风采。帮助同学们加深彼此了解，引导同学们更加深入地理解班级文化的内涵和价值，增强对班级的认同感和归属感。（我的大学班级如图4-28所示）

（1）班级成员微时刻：播放事先准备的班级成员个人介绍微视频，展示入校至今班级成员共度的美好时光，如班级初建的难忘一刻、成员学习上的点滴进步、展现班级风采的文体活动、学习生活中团结互助的瞬间，以及班级获得重要奖项的荣耀时刻等。视频播放过程中，设置互动环节，邀请同学分享观后感，增强情感共鸣。

（2）班内花式才艺秀：同学们可以根据自己的才艺特点选择个人展示或组建小组进行展示。邀请相关老师担任评委或设置现场投票环节，对同学们的才艺展示进行评价，对表现优秀者进行表彰和奖励。展现同学们的多元才华和风采，营造积极向上的班级氛围。

（3）班级文化细解读：以此次班会召开为契机，要求班级同学在班会前积极参与完成班级文化元素和规章制度的设计与建立。班会现场，班委成员上台展示班级文化元素，如班旗、班服、班徽、班歌、班级口号等，并详细介绍班级文化建设的理念和成果，解读班级规章制度，充分展现班级的精神风貌。班会老师提出修改意见和建议。

个人有风采，班级有文化。个人风采和班级文化是相互促进、相互融合的。每个人的成长和进步都离不开班级文化的熏陶和影响，而班级文化的丰富和发展也离不开每个人的积极参与和贡献。在未来的日子里，希望同学们不断发掘和展现自己的潜力和才华，为班级的发展和进步贡献自己的力量。同时，我们也应该注重传承班级文化，让它在我们的共同努力下不断发扬光大。

图4-28　我的大学班级

3. 趣味游戏：体验主题

设计与班会主题相关的团队协作互动游戏，阐明游戏规则和活动目标。各组从提供的游戏种类中自愿选择其一开展，确保班级成员能够积极参与。在游戏后组织学生进行心得分享，交流体会和收获，增进同学间的默契与友谊，加深班级成员对班会主题的理解和体验。

（1）记住彼此：开展串名字游戏，小组成员站成一排，从第一名同学开始自我介绍（生源地、姓名：“我是来自×的×”），第二名同学接着介绍（我是来自×的×，前面是来自×的×），依次介绍下去。最后介绍的一名同学要将前面所有同学的生源地、姓名复述一遍。

（2）了解彼此：开展猜猜你是谁游戏。小组内每一位同学用一张纸匿名写上自己的外貌、性格等特征。收集所有的纸张，放在一起。每次请一位同学抽取一张，读出纸上的内容，并有一次机会猜测该纸张的主人。若正确，则该同学继续抽纸张猜人名；若不正确，则纸张主人主动站出来承认后，由其继续抽纸张猜人名。

（3）融入彼此：开展衔纸杯传水游戏。需至少2个小组同时选择该游戏。将水倒入第一名同学所衔的纸杯内，第一名同学衔着杯子将水倒入第二名同学所衔的杯子，以此类推直至传递至最后一人，最后一人将纸杯内的水倒入讲台上的小杯中，哪一队杯内的水最多则获胜。

在班集体中，每个人都是不可或缺的一部分，每个人的名字和特征都值得我们去了解和尊重。一系列有趣的游戏互动环节，不仅增进了彼此之间的了解和友谊，更让我们在欢声笑语中感受到了班集体的温暖和力量。希望同学们在今后的集体生活中继续保持这种积极向上的态度与合作精神，让班级持续充满活力和凝聚力。

4. 总结展望：升华主题

开展“我为班级添荣誉”和“我为班级献良策”互动活动，鼓励同学们用实际行动为班级发展出谋划策、贡献力量。

（1）我为班级添荣誉：按照“学业、竞赛、实践、文体、技能”等版块设置实物荣誉墙，为班级同学发放代表荣誉奖励的星星贴纸，引导他们逐一上台在对应模块粘贴代表自己开学至今所取得荣誉或成绩的星星贴纸，展现班级的实力与成就，并鼓励学生们为班级荣誉奋斗。

（2）我为班级献良策：分组讨论班级未来的发展方向和目标，提出具体可行的建议。各组代表汇报讨论成果，全班共同讨论并确定班级发展规划。班会老师总结强调班集体教育的重要性及本次班会的收获，并对未来的班级工作提出期望。最后，播放班歌或班级合影留念，为本次班会画上圆满的句号。

人心齐，泰山移。大学是一个新的开始，但每一名同学都不是在孤军奋战。同学们要学会带着“清零”的心态重新认识自我，找到自己的定位；带着“融入”的意愿发现集体价值，释放团队强大能量。让我们共同努力、携手前行，从融入班级、经营班级入手，培养出色的团队精神，感受大学阶段集体带来的无穷魅力，共同书写属于新生班集体的精彩篇章！（携手四年最美时光如图4–29所示）

图4-29 携手四年最美时光

七、班会感悟

学生A

这次班会让我感受到了班级的温暖和凝聚力。才艺展示环节让我看到了同学们的多样才华，也让我更加自信。在分享环节，我听到了很多关于友情、合作和成长的故事，深受启发，也让我对“班集体”这个概念有了更加深入的理解与认识。

学生B

本次班会作为一个契机，为我们提供了一个和谐的沟通交流平台。互动游戏环节，让我们感受到了团结的力量和意义。大家的沟通与交流，解决了实际学习生活中同学之间存在的一些问题，也帮助很多同学解开了心结，促进了班集体凝聚力的发展。

学生C

在小组讨论和分享中，当我听到同学们讲述自己的成长故事和感悟时，才发现我们都有着相似的经历和情感，都在为了梦想而努力，这种共鸣让我感到非常温暖。同时，我也从中学到了很多关于友情、合作和成长的道理。这次班会不仅增强了我对班级的归属感，也让我更加珍惜与同学之间的情感。

小家大爱，聚魂励行

——班级凝聚力建设主题班会

班会素材

一、班会主题

小家大爱，聚魂励行

二、班会背景

班级文化是班级成员共同创造的精神财富，是校园文化的重要组成部分，也是形成班集体凝聚力和良好班风的必备条件。经过低年级的积累和沉淀，每个班级都凝聚了独有的文化，形成了班级统一价值观，有效地促进了班级成员的共同进步。步入高年级，由于个人目标导向的不同、集体活动的减少等原因，班级成员的集体归属感和认同感逐渐淡化，出现了一些集体内部矛盾，也引发了集体内个人成长的困境。此次班会从学生个体出发，通过重拾班级文化，共筑班集体核心灵魂，塑造积极向上的班级精神，促进学生在班级文化的熏陶感染下健康成长。

三、班会目标

情感层面

1. 正视学生对班集体的情感淡化，并以积极的态度找寻原因。
2. 学会在集体中发挥个人的主观能动作用。

认知层面

1. 深入理解个人和集体的关系。
2. 树立正确的集体观念，增进社会主义核心价值观认同。

行为层面

1. 明确个人在班级中的网格定位与职责。
2. 主动融入班集体，践行班级共同体意识。

四、班会准备

1. 材料搜集：指导班委整理班级整体和班级学生个体过往的经历和故事。

2. 问卷调查：调查高年级学生对于班级的认同感，了解学生集体归属感淡化的原因，并进行深度分析。

3. 文献查找：查找心理学、团体动力学等资料，立足专业角度学习总结、剖析原因、寻找办法。

4. 资料整理：将资料进行归纳整合，撰写形成班会讲稿。

5. PPT制作：根据策划书和讲稿内容制作PPT，并征求学生意见进行完善。

6. 道具准备：准备班会中所用到的游戏道具。

五、班会导引

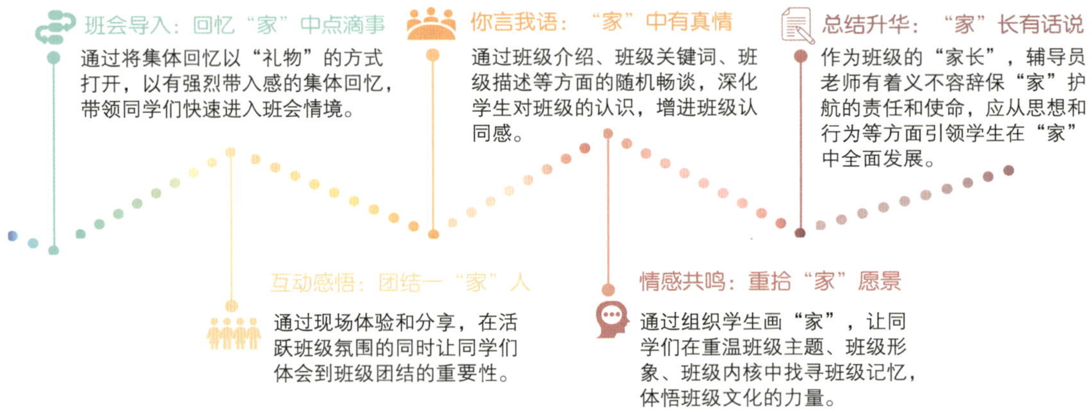

六、班会实施

1. 班会导入：回忆“家”中点滴事

班集体建设是加强和改进大学生思想政治教育的重要内容，通过循序渐进地引导，将集体回忆以“礼物”的方式打开，营造浓厚的班级氛围。以有强烈代入感的集体回忆，带领同学们快速进入班会情境。

（1）分享班级故事：班长分享班集体成员的经历、共同度过的美好时光，激发情感共鸣。

（2）体悟班级力量：引导同学们将班级记忆当作行囊，体悟其如何陪伴我们一路前行，传递“班级是每个人的家，我们都是家中不可或缺的一员”的理念。

（3）共创班级采访：你有多久没有参与过团体活动？你有多久没有关心过身边的同学？揭示目前班级同学日渐疏离的现实情况，引入班会主题“小家大爱，聚魂励行”，带领班级同学重回快乐的集体。

同学们从五湖四海相聚学校，在班级这个小家中，我们从相逢到初识、从初识到亲密，第一次班会上的懵懂介绍、第一次共同畅想未来、第一次同唱班歌、第一次班级小聚……这些令人难以忘却的班级回忆历历在目。

2. 互动感悟：团结一“家”人

在班级这个小家中，每位同学都是家里不可或缺的一员。通过现场体验和分享，在活跃班级氛围的同时让同学们体会到班级团结的重要性。

（1）共绘同心圆：确定一个中心点，组织同学们背对中心点蹲在地上围成一个圈，在班长的引导下，班级全体成员在齐唱班歌或共呼班级口号的过程中不用手撑地一起站起来，“绘”成一个站立的同心圆。

（2）感悟齐分享：请学生分享参与感悟，引导他们深入思考个人在班级中的角色定位，使其渐渐认识到，每位同学都是班级网格中的一员，同学们在班级格位中需充分发挥“主人翁”意识，以团队的协作、相互的信任、有效的沟通，共建和谐共进的班级“方格文化”。（班级主题团日活动如图4-30所示）

图4-30 班级主题团日活动

团结协作是班集体建设的灵魂，在班级这个社区中，班级成员的互助与支持、协作与竞争、信任与沟通都极其重要，我们要在共建共治共享中增进班级凝聚力、向心力和辐射力，让每一位同学在班级里都能润心赋能、暖心励行。

3. 你言我语：“家”中有真情

通过班级介绍、班级关键词、班级描述等方面的随机畅谈，深化学生对班级的认识，增进班级认同感。

（1）情境提问："请大家认真思考，当你需要向他人介绍你的班级时，你会怎么说？"在学生分享时提取学生说到的高频词，如氛围好、很团结、互帮互助、和谐共进、学风扎实、科创突出……在分享中促进同学们深挖潜意识里对于班级的价值认同。

（2）"他"视角：通过播放提前录制的采访视频，以其他班级同学对自己班级的描述，从旁观者的视角深化班级了解。同时，引导同学们继续分享，"你还听到他人怎么形容过你的班级吗？你认可这样的说法吗？"进一步增进个人与班级的内在链接和专属情感。

班风和学风犹如阳光和空气，同世家家风对于家庭成员的影响一样，助人立德立言、成人成才。对于班级的形容，在一点一滴的浸润中也变成了对于你我他的代言词，我们每个人都在诉说着，我们是这样的一"家"人。

4. 情感共鸣：重拾"家"愿景

通过分组组织学生画"家"，让同学们在重温班级主题、班级形象、班级内核中找寻班级记忆，体悟班级文化的力量。

（1）我画我家：作为班级之"家"的创造者，通过组织学生以绘画的方式，打造自己期望的"家"的样子，并装饰共同的小"家"，让它饱含"家"的味道。

（2）"家"中闲谈：与学生互动讨论"为什么要打造这样班级小家？"，并通过绘画与分享，引导同学们在重拾班级文化的同时，凝结对班级美好的愿景和期待。

和而不同，尚善致和。我们在绘就班级小家的过程中，让班徽、班旗、班歌等班级文化跃然纸上，让社团化班级组织方格文化清晰可见，让班级主题文化彰显特色。班级小家的构建，跟我们初识班级一样，离不开我们每个人的力量，凝结着我们共同的信念、价值与期许。

5. 总结升华："家"长有话说

火车跑得快，全靠车头带。作为班级的"家长"，辅导员老师有着义不容辞保"家"护航的责任和使命，构筑家的温暖，引领学生在"家"中全面发展。

（1）各司其职，履行共建职责，发挥班级主人翁意识。

（2）严守纪律，约束个人行为，同心传递班级正能量。

（3）关心他人，分享班级情感，营造和谐集体暖氛围。

班级是基础的集体单元，让我们共同呵护它，积极组织参与班级活动，主动关心班级成员，构筑特有班级文化。在漫漫人生路上，除班级外，我们还会组织或参与不同的集体形式，家庭、社会、民族、国家……将小我融入大我，以小家构筑大家，我们始终初心如磐、和合为美。（班级毕业季留影如图 4-31 所示）

图 4-31 班级毕业季留影

七、班会感悟

学生A

本来有些淡忘的事儿，在班级的“礼物”中渐渐回忆起来。还记得大一时和班级同学一起多次讨论班徽的场景，那是班级第一次争取集体荣誉，通过大家的努力，我们最终设计出了班级同学一致认可的班徽。

学生B

“有多久没参加班级活动了？”“有多久没和室友一起吃饭了？”老师的引导让我醍醐灌顶。确实，步入高年级的我们，都忙于自己的事情，渐渐地忽视了彼此，接下来不长的时光，我一定要珍惜遇见，感受你我，感恩彼此。

学生C

与其抱怨我们成了熟悉的“陌生人”，还不如想想自己应该做些什么。步入高年级之后，我们时常说些青春不再的话，但事实是我们只关注了自己，忘却了曾经给我们带来欢乐、陪伴我们成长的班级。

青春同行，乐享学海

——学风建设主题班会

一、班会主题

青春同行，乐享学海

二、班会背景

班会素材

近年来，随着高等教育的普及和大学扩招，学生群体日益庞大，学风建设问题逐渐凸显。部分同学较难做好高中与大学的学习衔接，在大学阶段缺乏学习动力和自律性。同时，随着信息化和网络化的发展，学生面临着越来越多的诱惑与干扰，学习的专注力缺乏。这些问题不仅影响了学生的个人发展，也制约着整个学校的学风建设。为了加强优良学风建设，端正学生学习态度，提升学生对所学专业的认同感和学习兴趣，帮助学生做好大学整体学业规划，树立明确的学业和职业发展目标，在大学不同阶段适时召开学风建设主题班会显得尤为重要。这类主题班会旨在引导学生认识到优良学风的重要性，树立正确的学习观念，激发学习热情，提高学习效率，共同营造积极向上、严谨求实的学习氛围。

三、班会目标

情感层面

1. 激发学生对专业学习的热情和动力，形成积极向上的学习心态。
2. 帮助学生领悟专业精神和专业使命，增强专业认同感，涵养专业自豪感。

认知层面

1. 提高学生对优良学风重要性的认识，帮助学生改正对于专业的认知偏差。
2. 了解学风建设的具体内容和实施路径，明确专业学习的目标和要求，掌握有效的学习方法和技巧。

行为层面

1. 鼓励同学们积极参与学风建设，养成良好的学习习惯和态度，争做优良学风的践行者和传播者。

2. 帮助学生树立使命意识，在日常生活学习中，相互学习、相互帮助、力求先进，共同维护良好的学习氛围。

四、班会准备

1. 实践准备：班级学生分组完成“走进一家企业、寻访一位校友”主题实践活动，制作实践成果分享材料。

2. 案例搜集：搜集著名企业的发展历程、知名专家的成才故事，以及本专业的师资力量、人才培养等资料。

3. 数据分析：收集学风建设相关的数据，并进行数据分析和解读，准备学风数据分析报告。

4. 学生邀请：提前与优秀典型学生沟通，了解他们的学习经历和心得，邀请他们参与班会分享，帮助他们准备经验分享稿。

5. 资料查找：查找所学专业的行业发展形势和国家相关政策。

6. PPT 制作：根据策划书和讲稿内容制作 PPT。

五、班会导引

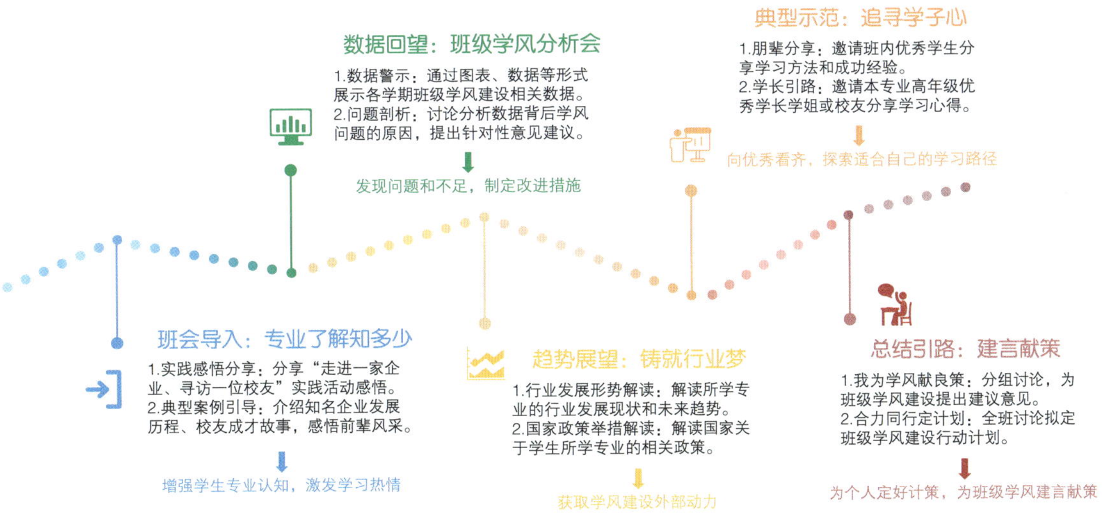

六、班会实施

1. 班会导入：专业了解知多少

以“走进一家企业、寻访一位校友”实践活动为切入点，引导学生在班会现场分享自己对实践活动的认识和感悟，通过现身说法和采访提问等形式，指出当前部分学生对于所学专业认识不够明确、学习动力不足等问题，引发同学们思考。

（1）实践感悟分享：班级同学课前分组完成“走进一家企业、寻访一位校友”主题实践活动。整理实践照片、视频、故事等材料，结合小组成员切身感受，围绕对专业的认识、未来的发展等，制作简要的实践分享课件，在班会现场进行分组展示，引发学生情感共鸣。

（2）典型案例引导：通过介绍著名企业的发展历程、知名专家的成才故事，感悟行业前辈的创业风采。结合学校本专业的情况解读，引导学生深刻理解所学专业的社会价值和现实意义，增强学生对所学专业的认知，进而激发学生的学习热情。讲解过程中，随机采访学生目前的学习动力和未来规划。

大学的学习是基于专业展开的，加强专业认知教育，是加强学风建设的关键一环。走进企业，亲眼见证专业知识的实际应用和行业的最新发展；寻访校友，聆听他们的成长故事和职场经验。这都有助于增强学生对专业的认知和理解。只有深刻理解并把握专业内涵，才能激发学生的学习兴趣与热情，引导他们形成良好的学术态度与学习习惯。

2. 数据回望：班级学风分析会

通过收集、整理和分析班级学风相关数据，以客观、科学的方式揭示班级学风的现状和问题，引导学生开展学风大讨论，从而为班级学风建设提供有力的依据和指导。

（1）数据警示：通过图表、数据等形式展示各学期班级学风建设相关数据，包括学生的学习成绩分布、出勤率变化、课程参与度统计、四六级通过率、科技竞赛获奖情况等。同时，重点展示挂科课程分布图，并对未来潜在的“危险”课程进行预估，提前给同学们打上学习“预防针”。

（2）问题剖析：将班级成员分成若干小组，分析数据背后的原因和趋势，针对学风问题展开讨论，揭示学风建设中存在的问题和不足，并分组提出针对性的改进意见和建议，全班共同学习借鉴。

学风是班级整体学习氛围和学习态度的体现，直接影响着每个同学的学习效果和成长。通过数据分析，我们能够深入了解班级在学习态度、学习方法、学习效果等方面的表现，从而发现存在的问题和不足。通过数据对比和分析，我们能够找出班级学风建设的薄弱环节和关键领域，为制定针对性的改进措施提供有力支持。

3. 趋势展望：铸就行业梦

就学生所学专业的行业发展形势和国家政策进行解读，引导学生认识到大学期间强化专业学习对未来职业发展的重要作用，以及对国家建设的重要意义。鼓励学生结合专业背景与未来规划，展开深入的讨论交流。

（1）行业发展形势解读：通过案例分析、视频播放等形式展示同学们所学专业的行业发展现状和未来趋势，包括市场需求、技术创新、竞争格局等，引导同学们深入了解行业的整体情况和发展方向，进而明确自身专业学习目标。

（2）国家政策举措解读：详细解读国家关于同学们所学专业的相关政策，包括扶持措施、发展规划、人才需求等方面，帮助同学们理解政策导向，把握国家的发展方向和重点，树立起专业自信心，激发学习的热情与动力。

行业发展趋势为我们指明了前进方向，而国家政策则为我们提供了前进的支持。行业发展趋势和国家政策支持，是我们学风建设的外部动力。了解未来行业的发展方向，洞悉国家的政策走向，可以促使我们不断探索新的学习领域，自觉培养适应未来社会需求的能力和素质。当然，学风建设不仅仅是一种外在的要求，更是一种内在的追求。我们应该将学风建设融入日常的学习和生活中，通过不断的学习和实践来提升自己的学术素养和实践能力。

4. 典型示范：追寻学子心

邀请班级优秀学生代表、专业优秀学长学姐围绕学习方法与技巧、时间管理与自律、心态调整与情绪调节、团队合作与互助等进行经验交流分享。分享结束后，设置互动提问环节，鼓励同学们向优秀学生提问或分享自己的感想，优秀学生针对问题进行解答或给出建议。（“学习悦享荟”学业指导讲座如图 4-32 所示）

图 4-32 “学习悦享荟”学业指导讲座

（1）朋辈分享：邀请几位在学习上表现突出的班级同学上台发言，分享自己的学习旅程，介绍学习方法和经验。班会老师对分享内容进行总结，提炼出值得学习的经验，强调向优秀看齐、向典型取经的重要性。

（2）学长引路：邀请本专业高年级优秀学长学姐或优秀校友，分享自己在专业学习方面的心得体会，为学弟学妹提出未来规划的建议和意见。班会老师对分享内容进行总结，号召全班同学向优秀看齐，鼓励学生将这些经验应用到自己的学习中，形成良好的学习氛围。（“斛兵青年说”学术经验分享会如图4-33所示）

图4-33 “斛兵青年说”学术经验分享会

优秀学生的学习经验并非遥不可及，无论是制定合理的学习计划、养成良好的学习习惯，还是善于总结和反思，都是我们在学习中可以借鉴和学习的。当然，每个人的学习方法和经验都是独特的，没有一种方法是万能的，我们要在借鉴他人经验的同时，结合自己的实际情况，探索适合自己的学习方法和路径。

5. 总结引路：建言献策

强调班级学风建设需要大家的共同努力和智慧，鼓励同学们积极讨论并发言，参与拟定个人及班级学风建设行动计划。引导学生在今后的学习和生活中积极践行学风建设的要求，共同营造积极向上的学习氛围。

（1）我为学风献良策：班级同学分组围绕学风建设的某个方面（如课堂纪律、学习氛围、资源共享、活动组织等）进行深入讨论，提出具体的建议和措施。每个小组选派一名代表上台发言，汇报本组的讨论成果和建议。其他小组可以补充或提出不同意见。

（2）合力同行定计划：针对各小组提出的建议，全班进行深入讨论交流，拟定一份详细的班级学风建设行动计划，明确各项任务的责任人和完成时间，在班会上进行公布，并邀请同学们提出修改意见。同时，要求学生根据班级学风建设计划，于班会后拟定个人的“正学风”计划。最后，班会老师对未来班级学风建设进行展望，激发同学们为班级学风建设持续努力的信心和决心。（学业规划大赛如图4-34所示）

图4-34 学业规划大赛

学风建设是班级建设的核心，它关乎每一位同学的学习态度、方法和效果。学风建设也是一个长期而艰巨的任务，需要我们共同努力和坚持。为个人学习定好计策，为班级学风建言献策，可以帮助我们创造更加良好的学习环境，共同推动班级的学风建设不断向前发展。

七、班会感悟

学生A

通过这次的班会学习，我增强了对专业的认知和认同感，也对所学专业对应的行业有了深入的认识，切实感受到所学专业在未来行业领域是大有可为、大有作为的。这次班会也让我对大学学习有了更清晰的认识和规划，我要以更加饱满的热情投入到学习中去，不断提升自己、追求卓越。

学生B

这次学风建设主题班会使我深感振奋和鼓舞。这次班会不仅让我深刻认识到学风建设的重要性，还激发了我对学习的热情和兴趣。学风数据分析环节让我深刻认识到自身在学习上的不足，也明确了今后的努力方向。班级同学建言献策环节更是让我感受到集体的智慧和力量，大家共同为班级学风建设出谋划策，让我对班级的未来充满了期待。

学生C

这次班会让我对学风建设有了更深入的了解。通过班会上的讨论和交流，我深刻感受到班级同学对于优良学风的渴望和追求。班会上的优秀学生经验分享让我受益匪浅，他们的学习方法和策略给了我很大的启发，让我看到了成功的可能性和努力的方向，也让我更加坚定了自己的学习目标。

人际彩虹桥：构筑多彩的人际关系

——人际关系教育主题班会

班会素材

一、班会主题

构筑多彩的人际关系

二、班会背景

人际，即人与人之间在心理上的联系与距离，是人与人之间长期交往的结晶，涵盖了亲属、朋友、同学、师生、同事和领导等多元关系。哈佛大学研究显示，事业成功的85%归因于优质人际关系，仅15%依赖于技术、能力和经验，可见和谐人际对个人的成长至关重要。初入大学的学生是未来社会的重要力量，与同学、师长建立良好人际将深刻影响他们的大学时光及未来发展。本次班会旨在助力同学们构建健康人际，克服交往障碍，如自我中心、消极封闭和疏离淡漠等倾向，同时引导他们在大学阶段树立正确的世界观、人生观、价值观。通过针对大学生交往特点的辅导，让同学们掌握高效的人际交往技巧，助力其在人生道路上稳步前行。

三、班会目标

情感层面

1. 增进情感共鸣。通过班会的活动设计，让学生深刻体会到人际关系的重要性，并激发对建立良好人际关系的渴望和兴趣。

2. 培养积极情感。帮助学生树立自信、开放、乐观的心态，以积极、主动的态度去对待人际交往，克服交往中的消极情感。

3. 增强团队归属感。通过班级小组合作活动，强化学生的团队意识和集体荣誉感，感受班级是一个温暖、和谐的大家庭。

认知层面

1. 提升人际认知。引导学生正确理解人际关系的本质和特点，认识到不同人际关系的价值和意义，学会用全面的、发展的眼光看待人际关系。

2. 学习交往技巧。通过案例分析、角色互换扮演等方式，让学生掌握有效的沟通、倾听、表达、解决冲突等人际交往技巧。

行为层面

1. 培养积极的交往态度。引导学生学会尊重他人、理解他人，树立积极的交往意识，从而在人际交往中展现出友善、真诚的态度。

2. 提升人际交往实践能力。鼓励学生通过学习和实践，掌握有效倾听、清晰表达和冲突解决等技巧，以优化日常人际交往。

四、班会准备

1. 案例搜集：收集整理大学生在人际交往中普遍面临的棘手问题。

2. 问卷调查：通过心理问卷，调查周围学生对人际交往的认识和心理，发现问题，并进行深度分析。

3. 文献查找：查找涉及大学生人际交往存在的问题以及相应人际交往技巧的文献资料，并针对班级情况有选择性地筛选适宜的文献资料。

4. 资料整合：将所有的资料进行归纳整合，根据策划书和讲稿内容制作PPT，并征求学生意见进行完善，撰写讲稿。

5. 道具准备：准备班会活动中所需的道具和材料。

五、班会导引

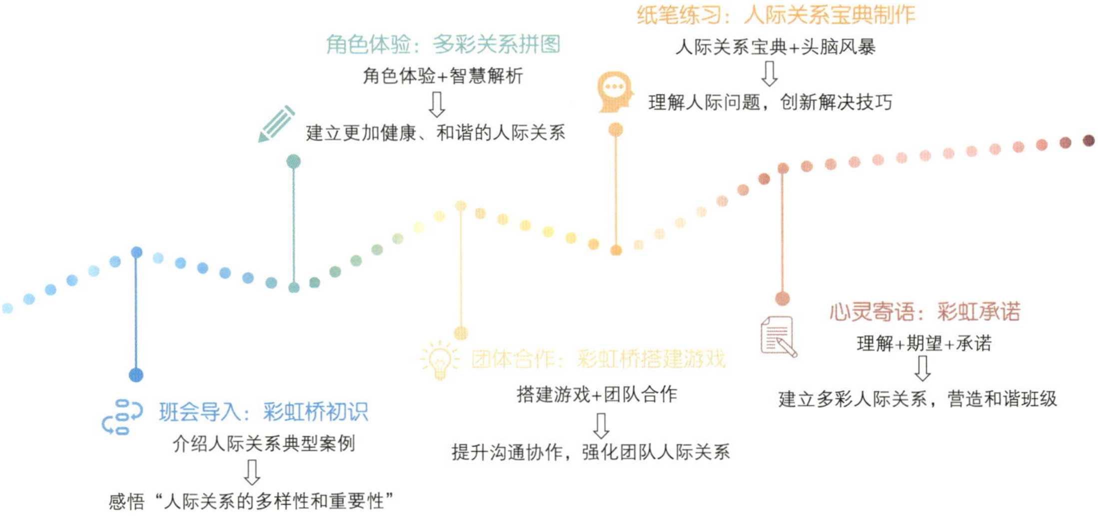

六、班会实施

1. 班会导入：彩虹桥初识

唐代诗人王勃曾以“海内存知己，天涯若比邻”这句诗表达朋友之间的情谊；孔子曰：“独学而无友，则孤陋而寡闻。”强调了朋友在学习过程中的重要性，这两句名言都深刻地揭示了朋友在我们的学习和成长中不可或缺的作用。著名的美国心理学家卡耐基说过，一个人的成功30%靠的是他的专业知识，70%靠的是良好的人际关系。可见人际交往在个人成长过程中有多么重要。通过介绍三个典型案例切入主题，用身边发生的事件使同学们了解人际交往已成为当代青年的必修课，引导学生理解“人际彩虹桥”的概念，认识到人际关系的多样性和重要性。

（1）案例引入

案例1：盛同学，女，20岁，某专业二年级学生。盛同学性格内向，人小体弱，说话低声细语，羞怯而不自然。其他室友都不愿与她交谈聊天。她自称经常无法入睡，睡眠质量很差，无法坚持学习，心情很糟糕。经仔细询问深谈才知道她与同学关系不和谐，在大学中感到非常孤单，致使自己情绪低落，心情苦闷。

案例2：李同学，男，19岁。李同学文笔非常好，钢琴十级。入校不久，他就因文笔出众，被校内新媒体中心破格录用。他自己平时也非常张扬，经常看不起班级里平凡普通的同学。在专业学习上，他更是从不与他人沟通交流，生怕教会别人，别人的成绩超过自己。最终在奖学金评定时，因为班级互评成绩较低，本可以拿国家奖学金的他，只拿了二等奖学金。李同学非常生气地找辅导员抱怨，认为奖学金的评定规则不公平。

案例3：小刚和小强是大学室友，起初他们因为生活习惯不同经常产生摩擦。然而，在一次班级集体活动中，他们被分配到了同一个小组，需要共同完成一项任务。在合作过程中，他们逐渐学会了彼此尊重、理解和包容，最终成功完成了任务。这次经历让他们意识到，只有团结合作才能取得更好的成绩，他们也更加珍惜彼此之间的友谊。

（2）小组讨论

通过案例引入和小组讨论，分享各自的人际关系经历，如与家人、朋友、同学等的关系，并讨论这些关系的共同点和差异。借助PPT简单介绍人际交往的概念、影响人际交往的因素等理论知识，清晰地指出人际交往的重要性，引导学生反思是不是在人际交往中常常对人以严，待己以宽？进而提及即将介绍的人际交往技巧。注意在正式介绍讲解前，给予学生思考的时间。

2. 角色体验：多彩关系拼图

人际关系就像一幅由多个几何图形组成的拼图，每一个图形都有其独特的形状和颜色，需要用心去拼凑，才能创造出完整而多彩的人际关系图景。班会将通过角色体验的方式，深入探索不同的关系模式，并学习如何在现实生活中应用相关知识和技巧，以建立更加健康、和谐的人际关系。

（1）视频引入

心理短片《Relationshapes》用极简几何图形表现了人与人之间的7种人际关系，有趣且十分耐人寻味。

（2）角色扮演

准备不同颜色、形状的卡片，每张卡片代表一种人际关系的特点或类型（如亲密、疏远、竞争、合作等），学生随机抽取卡片，根据卡片内容模拟相应的人际关系场景，并进行角色扮演。

（3）分享体验

学生分享扮演过程中的感受，讨论如何更好地处理这种类型的人际关系。通过这样的互动方式，学生能够更加直观地理解人际关系，并思考如何在现实生活中更好地处理各种关系。

通过视频引入与角色扮演，同学们深入体验了不同的人际关系模式。在分享体验的过程中，大家积极讨论如何更好地处理各种关系，增进了对人际关系复杂性的理解。此次角色体验不仅让同学们直观感受到人际关系的多样性，也激发了他们建立更加健康、和谐人际关系的思考与实践。

3. 团体合作：彩虹桥搭建游戏

通过彩虹桥搭建游戏，让学生体验团队合作的重要性，锻炼沟通能力、协作能力及创新思维，同时加深对人际关系中多元角色与互动的理解。

（1）分组与准备

将学生分成若干小组，每组人数可根据实际情况调整，建议每组4~6人。随后，每组领取一套彩虹桥模型图纸及所需材料，班会主持人简要介绍游戏规则和评分标准，确保学生了解游戏目的和要求，设定一定的时间限制（如30分钟），让学生在规定时间内完成搭建任务。

（2）评选与分享

根据彩虹桥的稳固性、美观度及创新程度进行评分，评选出最佳团队。（学生小组开展评选与分享如图4-35所示）评分过程可由教师及部分学生代表共同完成，确保公平公正。邀请获胜团队分享他们在搭建过程中的合作经验、沟通技巧及遇到的问题与解决方法。这有助于其他学生从中学习借鉴，提升自己的团队合作能力。

图4-35 学生小组开展评选与分享

（3）总结与反思

强调团队合作与人际关系的重要性，鼓励学生将游戏中学到的合作与沟通技巧应用到日常生活中。同时，根据学生的反馈和表现，对游戏方案进行调整优化，以便更好地服务于教学目的。

4．纸笔练习：人际关系宝典制作

引导学生正确看待人际关系中出现的问题，将游戏中学到的合作与沟通技巧整理汇总，提供一些解决问题的新思路、新方法。

（1）公布班会前征集活动中最集中的五个棘手的人际关系问题，老师对问题作简短的总结。

（2）每组"认领"一个问题，组长组织小组成员开展讨论，进行头脑风暴，商量解决办法，制作"人际关系宝典"，包括如何建立良好关系、解决冲突、保持沟通等实用内容。

（3）每组派一名代表分享结果，班会主持人分享总结，对好的解决方法予以肯定。

结合学生的讨论发言，由人际关系中的棘手问题，聚焦到班级内的人际关系问题，通过小组讨论和分享，整理出建立良好关系、解决冲突等实用方法，并制作宝典作为班级文化的一部分，提升学生的合作与沟通能力，积极推动建立和谐的班级人际关系。

5. 心灵寄语：彩虹承诺

学生在彩色便利贴上用心书写下自己对人际关系的理解和期望，以及对未来建立多彩人际关系的承诺。将这些寄语和承诺贴在班会教室墙壁的海报纸上，形成一道美丽的“彩虹墙”，提醒学生们时刻关注并努力改善自己的人际关系。

人际关系如同彩虹般绚烂多彩，既需要我们去理解、去珍惜，也需要我们去承诺、去努力。“彩虹承诺”不仅是同学们内心的写照，更是他们对未来的美好憧憬，时刻提醒他们努力改善人际关系，让友谊的彩虹更加绚烂。

七、班会感悟

学生A

这次人际交往主题班会，让我对自己以及班内的同学有了更加深入的认识，对我以后的人际交往具有重要的指导作用。

学生B

本次人际交往主题班会让我明白了自己在平时交往中的不足，也让我掌握了以后与身边同学、老师交往时的注意事项。另外，搭建彩虹桥这种新颖的活动形式，不仅有趣而且很有意义，让我印象深刻。

学生C

在这次班会活动中，我收获颇丰，深入学习了众多实用的人际交往技巧。通过老师对班级内人际交往问题的深刻剖析，我更加明晰了如何有针对性地运用各种人际交往技巧。与小组成员的交流讨论中，我发现了许多以往未曾察觉的细节，这些发现对于我今后规范自身行为、提升人际交往能力有极大的帮助。

你的成长，我来记录

——第二课堂成绩单主题班会

班会素材

一、班会主题

你的成长，我来记录

二、班会背景

为推进第一课堂与第二课堂的深度融合，促进学生德智体美劳全面发展，诸多高校正探索实施以学生成长成才需求为导向的“两张成绩单”制度，将“第二课堂成绩单”制度作为学校人才培养体系的重要组成部分，积极落实、统筹规划、同步推进，全员全过程全方位培养学生的综合素质。学生在坚持学业为主的同时，通过参与科学化、系统化、制度化、规范化的第二课堂活动，形成了丰富的实践经历和工作成果，并通过“第二课堂成绩单”予以客观记录、科学评价、星级认证，在毕业升学、求职就业等方面提供便利。如何让学生毕业要求的“硬指标”成为学生自主发展的“助推器”，使学生在第二课堂中更新认识、自主参与、综合发展，便是此次主题班会的现实关切。

三、班会目标

情感层面

加强学生对于第二课堂成绩单内涵的认同，引导学生在坚持学业为主的同时，把价值塑造、创新实践、技能拓展、素质养成与知识学习相结合。

认知层面

让学生理解第二课堂作为第一课堂的重要延伸，是提升能力、拓宽视野、丰富阅历、综合发展的有效平台。在校期间形成的第二课堂“足迹”记录，是学生综合素质评价、社会单位选人用人的重要依据。

行为层面

激发学生自主学习、自主实践的内生动力，增强学生对知识的体验和感悟，自觉提升知识的实践运用能力，实现五育融合发展。

四、班会准备

1. 组织自主学习：组织学生深入学习学校有关第二课堂成绩单的相关办法，提前了解制度要求与内容。

2. 收集主要疑惑：通过座谈交流、寝室走访、线上调研等方式了解情况，集中收集整理“什么是第二课堂、第二课堂有什么意义、第二课堂必修和选修模块如何划分、模块成绩如何获取”等方面的困惑。

3. 制作班会材料：将收集到的相关信息进行系统整合，坚持以问题为导向，针对性制作主题班会PPT等班会素材。

五、班会导引

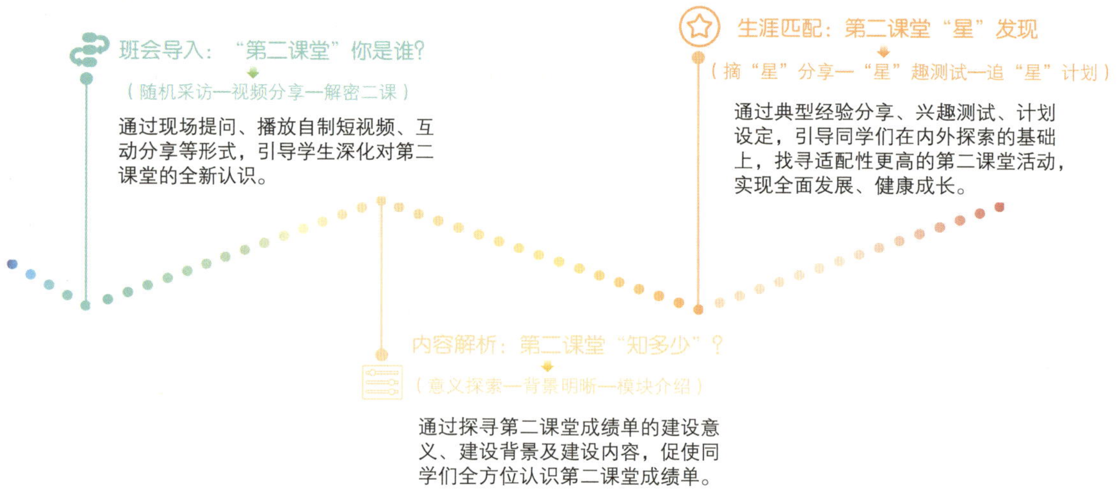

六、班会实施

1. 班会导入：第二课堂你是谁？

通过现场提问、播放自制短视频、互动分享等形式，引导学生深化对第二课堂的全新认识。

（1）随机采访：邀请部分同学现场畅谈对于第二课堂的认知与理解。

（2）视频分享：播放学生自制认识第二课堂短视频《咦？你是谁?》，通过拟人化的形式展现第一课堂与第二课堂的关系，帮助学生对第二课堂有初步的认知与了解。

短视频剧情梗概：长期以来，学校只有“第一课堂”这一个评价标准，同学们对他是又爱又敬。很多同学想利用课余时间参加志愿活动、文艺汇演等各类课外活动，但是迫于这些活动没有纳入“第一课堂”的评价体系，大家只得作罢。“第一课堂”对此也感到很苦恼，他希望每一位同学都能够很好地发展自己的特长和个性。一个偶然的机会，他结识了“第二课堂”这位新朋友，并邀请他进驻学校，让同学们的大学之旅更加丰富多彩……

（3）解密二课：第二课堂的出现有什么作用呢？让同学们谈一谈自己对于第二课堂评价的看法。

你的成长，我来记录。第二课堂是相对于“第一课堂”而言的，指学校在课堂教学任务以外有目的、有计划、有组织、有步骤地为学生开展的具有思想性、实践性、文艺性、创造性、自主性等丰富特点和内容的教育活动。第二课堂与第一课堂互融互进、互联互通、互补互促。它可以巩固和深化第一课堂所学所知，在目标上更注重综合素质提升，在方式上更注重实践、体验、应用、探索，在过程中更注重自主、兴趣、多维，在时空上更为开放，可以在教室、宿舍或其他场所开展。

2. 内容解析：第二课堂“知多少”？

通过探寻第二课堂成绩单的建设意义、建设背景及建设内容，促使同学们全方位认识第二课堂成绩单。

（1）思维漫步：分层式提问引导学生深化对第二课堂成绩单的认识。

① 课余时间不知道用来干什么？

② 想参加活动却不知道去哪里获取活动报名信息？

③ 参与很多活动却苦于没有证明和记录？

④ 对参加活动获得的学分和成绩模糊不清？

⑤ 对参与的活动有自己的想法和改进意见却苦于没有反馈渠道？

⑥ 回首大学四年，脑海里一片空白？

你的这些顾虑和担忧，“第二课堂成绩单”通通帮你解决！

（2）背景明晰：为什么要制定“第二课堂成绩单”这一制度呢？它是在什么样的背景下形成的呢？

① 国家层面：结合我国高等教育的现状，国家层面提出了“五育并举”相关制度和要求。共青团中央印发的《高校共青团“第二课堂成绩单”制度试点工作实施办法》和共青团中央、教育部印发的《关于在高校实施共青团“第二课堂成绩单”制度的意见》，都为第二课堂成绩单建设提供了制度保障。

② 用人单位层面：对大学生的要求不断提高和转变，在招聘时更加侧重于学生综合素质评价。

③ 学校层面：学校人才培养总目标与学校人才培养特色的内在要求。

④ 个人层面：提升受益终身的能力和素养，促进个体全面发展。

“第二课堂成绩单”的建立是对大学生由“单一的学业能力要求”到“综合素质全面发展”的直观体现，它的产生具有现实的必要性。

（3）模块介绍：在了解“第二课堂成绩单”建设的前提下，以某高校为例，立足于学校实际，介绍“第二课堂成绩单”的模块分布及评价内容。

A. 模块构成：学校“第二课堂成绩单”共包含十个模块，其中包括四个必修模块（“思政学习”“科技创新”“体育健身”“劳动实践”）和六个选修模块（“创业活动”“公益服务”“社会实践”“文艺活动”“社团活动”“技能项目”）。（团队暑期社会实践活动如图4-36所示）

图4-36 团队暑期社会实践活动

B. 评定标准：各模块成绩分别采用星级方式记录，1星为达标，最高为5星。学生参加第二课堂活动成绩认定参照《合肥工业大学“第二课堂成绩单”分模块实施细则》执行。

C.“我”的模样——学校第二课堂成绩单（如图4-37）。

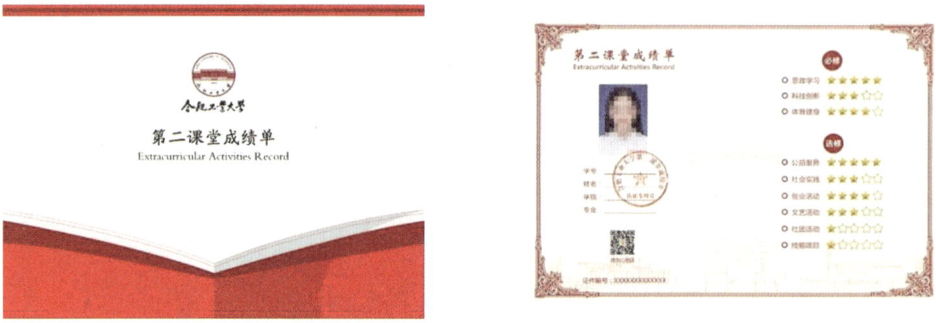

图4-37 “我”的模样——学校第二课堂成绩单

3. 生涯匹配：第二课堂“星”发现

通过典型经验分享、兴趣测试、计划设定，引导同学们在内外探索的基础上，找寻适配性更高的第二课堂活动，助力快乐健康成长。

（1）摘“星”分享：邀请2～3名在第二课堂中综合表现优秀的学长学姐进行典型经验分享，使同学们进一步了解丰富第二课堂成绩单的方法和路径。

（2）“星”趣测试：组织同学们实施霍兰德职业兴趣测试“岛屿计划”，给出六个不同风格的岛屿，让同学们选择其中三个，并分享个人选择情况，引导同学们在兴趣测试中深入探寻自己的兴趣、技能和价值观，为找寻适配性更高的第二课堂活动奠定基础。

（3）追“星”计划：组织同学们以第二课堂成绩单样版为主体，把个人大学期间参与活动和表现情况进行梳理、回忆、记录，并将不同类型的活动按照第二课堂成绩单分类标记不同颜色。同时，制定个人生涯发展流程图，将个人生涯发展与已有的第二课堂实践、想要参与的第二课堂活动结合起来，点亮自己的第二课堂成绩单，形成个人专属成长记录册，待毕业时对标达成情况。（社团文化节和体育文化节如图4-38、图4-39所示）

图4-38　社团文化节

图4-39　体育文化节

青春是用来奋斗的。在大学阶段，“第二课堂成绩单”作为我们奋斗的有力见证，是我们最珍贵的“朋友”。它全面展示了大学阶段的个体综合素质，是参加综合素质测评、评奖评优、推优入党、研究生推免等的参考要素，是进行自我展示、自我推介的有效凭证。追“星”的路上，让我们仰望星空、脚踏实地、奋斗不止。

七、班会感悟

学生A

初入大学，第一次全面认识“第二课堂”，了解“第二课堂成绩单”制度的巧妙。遵循着“第二课堂成绩单”的指引，按照我们制定的成长册去追“星”，一定会让我们的大学生活变得更加丰富多彩。

学生B

这次主题班会让我在了解毕业条件的同时，对五彩缤纷的大学生活更加憧憬。通过第二课堂“必修+选修”模块的设立，我将更加有组织有目标地去丰富和完善自己，点亮一颗又一颗小星星，让自己的大学生活更加充实有趣，让自己的能力素养逐步提升。

学生C

原来第二课堂的内容这么丰富、涵盖面这么广，涉及“德、智、体、美、劳”各个方面。我通过班会了解到在大学阶段不能只是埋头学习，也要注重各个方面素质的提升，挖掘自身潜能、拓宽视野格局、践行知行合一，这样才能更快更好地了解社会、融入社会。

资以勤学，助力成才

——资助育人教育主题班会

班会素材

一、班会主题

资以勤学，助力成才

二、班会背景

国家为帮助家庭经济困难的学生成长成才，提出了“不让一个学生因家庭经济困难而失学”，不断建立健全国家学生资助政策体系，保障所有家庭经济困难学生都有平等接受教育的机会。国家实施资助政策体系以来，不断加大投入，资助人数、资助金额都有大幅度提高，实现了“三个全覆盖”，即从学前教育到研究生教育所有学段全覆盖、公办民办学校全覆盖、家庭经济困难学生全覆盖，特别是在高等教育阶段，实现了家庭经济困难学生入学前、入学时和入学后“三不愁”，进一步优化了教育结构，促进了教育公平。在国家资助政策帮扶下，一批批学子学有所成，踏入社会成为了国家建设的栋梁之材。为更好地学习宣传贯彻党的教育方针，鼓励学生在校期间树立远大理想，积极奋发向上，勤奋刻苦学习，德智体美劳全面发展，特组织开展此次资助育人主题班会。

三、班会目标

情感层面

1. 让青年学生深刻感受到党和国家对青年一代的温暖和关爱。
2. 引导学生常怀感恩之心，努力挥洒青春汗水。

认知层面

1. 帮助学生更加系统地了解国家资助政策体系，更加全面地学习国家资助政策。
2. 引导学生牢记历史使命、勇担时代重托，树立远大理想，做新时代的奋斗者。

行为层面

1. 鼓励学生将个人理想融入中国梦的实践中，脚踏实地，躬行践履。
2. 受助学生知恩感恩、成才回馈。

四、班会准备

1. 资料准备：国家、学校与资助相关的政策内容、宣传视频等。

2. 走访了解：走访学生寝室，了解学生家庭情况、生活情况和学习状态，通过线上家访了解家庭经济困难学生家庭经济状况、反馈在校表现。

3. 情景表演：学生提前排练关于资助政策典型案例的情景剧。

4. 班级分组：将班级同学根据实际情况分为6～8组。

5. 课前思考：学生提前思考“青年学生应该如何牢记历史使命、勇担时代重任”。

6. 材料制作：制作班会所需PPT和讲稿。

五、班会导引

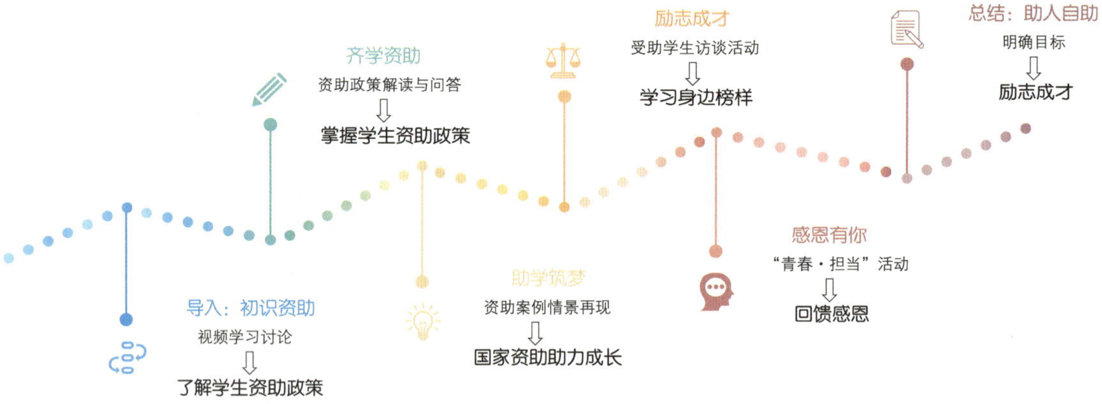

六、班会实施

1. 班会导入：初识资助

通过播放视频引出班会主题，帮助学生了解国家资助政策助力青年学生完成学业，实现梦想。

（1）视频学习。播放《国家资助　成就梦想——国家新的学生资助政策体系建立十周年》视频资料，让学生深入了解国家各项资助政策，消除家庭经济困难学生的后顾之忧，激励学生拼搏向上、奋发图强。

（2）小组讨论。以小组为单位围绕“资助政策知多少”进行讨论，并将资助政策进行分类归纳，形成资助政策体系图。

为减轻家庭经济困难学生的家庭负担，做到不让任何一位同学因为家庭经济困难而失学，让每一位学生都享有平等接受高等教育的机会，国家资助政策体系不断健全，投入不断加大。近年来，资助人数、资助金额都有大幅度提升，越来越多的家庭经济困难学生从中受益。(新生入学绿色通道如图4-40所示)

图4-40 新生入学绿色通道

2. 齐学资助

通过资助政策介绍、资助知识问答，引导学生全面了解和掌握国家资助政策内容，知晓当家庭经济遇到突发困难时寻求帮助的渠道和方式。

(1) 共学资助政策。教师通过PPT系统性介绍高等教育本科阶段国家奖学金、国家励志奖学金、国家助学金、国家助学贷款等多种形式有机结合的高校学生资助政策体系。

(2) 共话资助知识。组织学生开展“资助知识我知道”知识问答环节，学生可以自由回答相关问题，并且按照得分高低排名，考查学生对资助政策的知晓程度。

国家资助政策帮助家庭经济困难学生解决了很多现实困难，让家庭经济困难学生有了勤于追梦、勇于圆梦的机会。

3. 助学筑梦

通过情景重现，让学生体会不一样的经历与情感，并让学生明白求学路上不用担忧经济问题，国家学生资助政策会助你顺利入学、完成学业、逐梦前行。

情景再现案例1：刚入大学，家庭经济困难的小宋被纷繁美好的大学生活冲昏了头脑，国家助学金评定后他幡然醒悟，决心努力学习，不辜负国家的培养，最终收获了充实、精彩的大学生活。

情景再现案例2：刚进入大学的小李家庭经济困难，国家资助雪中送炭。受助后，小李决定不忘初心，继续砥砺前行。

时光不负奋斗者，岁月眷顾追梦人。学校向每一位学生郑重承诺：“绝不会让任何一名学生因家庭经济困难而失学，确保为每位家庭经济困难学生提供全面发展的平台。”

4. 励志成才

采访受助学生，用他们的励志事迹影响学生，让学生找到身边可学可敬的先进典型，引导他们向榜样看齐。（“榜样的力量”优秀学生事迹分享报告会如图4-41所示）

图4-41　“榜样的力量”优秀学生事迹分享报告会

（1）采访国家奖学金获得者。邀请国家奖学金获奖者作为采访嘉宾参与班会，对其进行现场采访，引导学生刻苦学习、锤炼本领。

（2）采访应征入伍服兵役学生。邀请退役复学学生代表作为采访嘉宾参与班会，对其进行现场采访，引导学生锻炼身体、强健体魄，积极投身国防建设事业。

（3）采访基层就业毕业生。邀请基层就业毕业生作为采访嘉宾线上参会，对其进行采访，引导学生将青春之树种到祖国最需要的地方。

“学校的经历赐予我成长的力量，让我往上攀登，取下美好的果实。我希望未来能成为对社会有用的人才。”像受助者说的那样，近年来，国家和学校不断完善覆盖全学段学生资助政策体系，把“不让一个学生因家庭经济困难而失学”的保障型资助拓展至促进学生综合素质全面提升、成长成才的发展型资助，助力更多同学奋进青春赛道，在全面推进强国建设、民族复兴伟业中奋勇担当。

5. 感恩有你

通过小组分享培养学生的感恩意识，使其自觉将感恩之心转化为奋斗的动力，用实际行动回报关爱，努力实现自己的人生价值。

国家资助是灯，能在茫茫大海中为家庭经济困难学生指明前进的方向；国家资助是船，帮助家庭经济困难学生驶向希望的彼岸。国家为家庭经济困难学生提供了一个实现梦想和指引航向的机会，作为受助学生我们可以做些什么呢？以小组为单位，围绕“获得国家资助后，我们可以做些什么？”进行讨论，并总结出2～3条做法。讨论结束后，每组派一名同学分享。

滴水之恩，涌泉相报。感恩是一粒种子，心怀感恩，必然会绽放美丽之花。希望大家能学会感恩。虽然父母可能无法给我们提供富足的生活条件，但是他们给了我们最为宝贵的生命，这就是一切可能的源泉。希望大家能感恩所有帮助过自己的人，记得他们在自己困难时给予的支持，把这份帮助转化为对生活的热爱和对梦想的奋斗。

6. 助人自助

人生之路漫漫，生命点滴当珍惜，珍惜党和国家为大家提供的良好学习环境，用感恩的心去做好每件事。作为国家资助政策的受益人，同学们应该做到：（1）如实申请、诚信做人。在申请国家助学金、奖学金等各类资助时，首先要诚信，在申请时要如实地反映家庭情况、学习情况、获奖情况等，不能为了获取助学金、奖学金等而虚假填写相关申请材料。（2）明晰政策、心怀感恩。在获得国家资助后，要怀感恩心，知道“滴水之恩，涌泉相报”。（3）刻苦学习、回馈社会。作为受助学生，要勤奋努力，奋勇拼搏，大学期间不但要为自己的未来书写一份满意的答卷，还要多用自己的所学所知回馈社会、多做贡献。让我们一起筑梦新时代，砥砺共奋进！

七、班会感悟

学生A

通过本次班会，我认真学习了国家和学校的各项资助政策，更加真切地感受到党和国家对我们青年学子的关爱和重视，作为受助学生，今后我会更加努力地学习、拼搏、奋斗，不负时代！

学生B

我是国家资助政策的受益者，本次班会的召开让我更加感激党和国家为教育公平做出的努力，正是因为国家资助政策，才让我们这些寒门学子可以安心上学，谢谢。

学生C

本次班会让我更加了解了应征入伍服兵役的各项教育资助政策，以及毕业生基层就业学费补偿代偿的相关政策，为我今后的就业规划提供了有价值的参考信息。

志在，愿在，我们同在

——志愿服务教育主题班会

一、班会主题

班会素材

志在，愿在，我们同在

二、班会背景

志愿服务是一种社会成员以自愿为出发点谋求社会福利的团体性公益行为。志愿精神是一个民族精神风貌的重要体现，是一个国家文明程度的衡量指标，亦是社会主义核心价值观的重要内容，是推进社会主义建设的重要精神力量。近年来，大学生志愿服务呈星火燎原之势蓬勃发展，从大学校园到偏远山区，从北京世园会、太原二青会、合肥世界制造业大会到杭州亚运会，大学生志愿者作为一个特殊的群体在推动中国志愿服务事业的发展中发挥着关键作用。培育大学生志愿服务精神，弘扬“奉献、友爱、互助、进步”的志愿精神，对推动社会和谐发展有重要意义。

三、班会目标

情感层面

1. 通过志愿服务案例了解志愿服务，从情感上理解志愿服务、认同志愿服务。
2. 以践行社会主义核心价值观为抓手，从志愿服务出发培养学生利他情怀、责任意识和奉献精神。

认知层面

1. 了解志愿服务的含义及内容，加强对志愿精神的认同。
2. 树立正确的三观和志愿服务意识。

行为层面

1. 积极主动参与志愿服务。
2. 在日常生活中秉持一颗利他之心，真诚待人，团结同学。

四、班会准备

1. 知识储备：掌握志愿服务的内涵与外延，了解大学生志愿服务工作的发展情况。

2. 问卷调查：通过问卷了解同学们对志愿服务的认识和理解，掌握同学们参与志愿服务的实际情况、初衷目的、观点看法等，并对数据进行分析。

3. 资料整合：在网上搜集大学生参与志愿服务的真实案例，并根据案例与学生共同探讨志愿服务对大学生世界观、人生观、价值观的影响。

4. PPT制作：根据讲稿主要内容，结合图片、视频等多种形式，制作PPT。

5. 课后实践：组织学生参加一次志愿服务活动。

五、班会导引

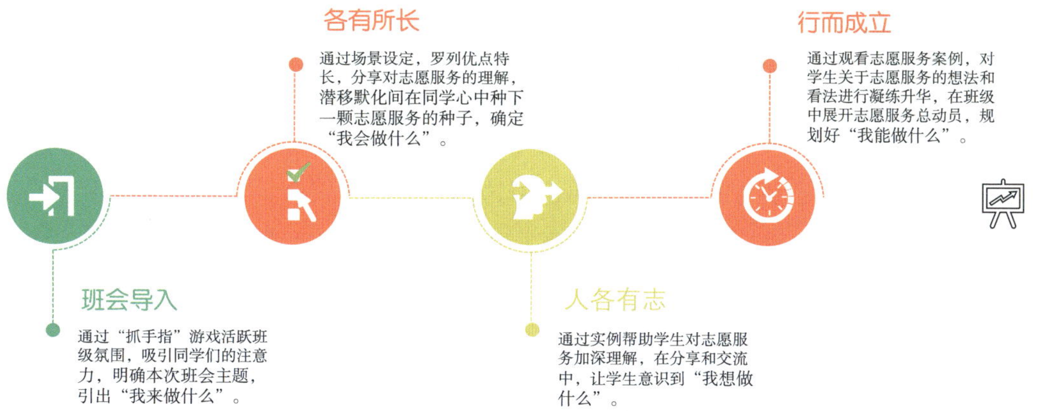

六、班会实施

本次主题班会旨在以志愿服务活动为抓手，启发学生通过力所能及的小事，培养个人责任意识、担当意识、奉献意识，从而引导学生自觉践行社会主义核心价值观，在丰富的社会实践中淬炼自我，明确人生方向。

1. 班会导入：我来做什么

目的：通过“抓手指”游戏活跃班级氛围，吸引同学们的注意力，明确本次班会主题。

规则：主持人在介绍规则的同时引导同学们围成一圈。伸出双手，右手成掌，左手握拳并伸出大拇指；相邻的同学以左手拇指顶另一位同学的右手掌；主持人说出数字，每当说出“6”时，右手应设法抓住右侧人的拇指，左手应设法逃掉，以抓住次数多者为胜。

主持人念一段文字，每当说出“6”时，参与游戏的学生开始抓手指。

引导语：今天是2024年4月26日（可适当停顿，查看学生活动情况），星期六（抓手指），欢迎同学们来参加本次班会，我是班会主持人×××，今天班会共有36名同学参加（抓手指），今天我们班会的主题是“志在，愿在，我们同在”，班会活动期间，希望每位同学积极参加、积极讨论，不要六神无主（抓手指）。祝同学们学习愉快，六六大顺（抓手指）。

“不积跬步无以至千里，不积小流无以成江河。”对于个人来说，志愿服务是一场修行，同学们通过志愿服务寻找自我、发现价值、勇于担当、奉献社会，这是一场小我融入大我的双向奔赴，也是将青春献给祖国的坚定实践。

2. 各有所长：我会做什么

通过设置志愿服务招新面试情境，引导学生思考自己有哪些优势和特长，自己能够从哪些方面开展志愿服务。

（1）老师给出一个场景设定（如学院志愿服务组织招新面试现场），让学生在纸上写出自己的优点以及喜欢、擅长的事情。

（2）同学们畅所欲言，讲一讲自己认为志愿服务包括哪些形式及对于相应的志愿者有哪些要求，聊一聊自己参与的或发生在自己身边的志愿服务故事。

在讨论中我们可以看到，志愿服务离我们并不遥远，其实我们身边也有许多正在为志愿事业默默奉献的同学，他们在志愿服务的过程中更加了解自我，主动思考个人的价值，在帮助他人的过程中变得更加坚定有力量。希望同学们都能在自己心中种下一颗志愿服务的种子，倾心呵护，用心培育，期待这颗种子的成长与蜕变。

3. 人各有志：我想做什么

通过视频、图片、文字描述等多种方式，帮助学生了解大学生志愿服务的服务类型、典型案例等，通过真实的案例启发学生，让学生意识到“我也可以做些什么”“我一定能为他人做些什么”。（2024春季行业双选会志愿服务如图4-42所示）

在此环节可以邀请学生结合志愿服务典型案例谈一谈自己对于志愿服务的认识和理解。每一次的交流与讨论，都是不断叩问学生初心的过程，引导学生挖掘本心的真、善、美。

4. 行而成立：我做了什么

通过个人演讲、PPT展示等方式多维度展现他人的志愿服务经历，启发学生沉浸式思考与感受志愿服务本身给个人带来的存在感、意义感、价值感，并号召学生积极参与到志愿活动中去，在实践中持续挖掘自我的能量。（敬老志愿服务如图4-43所示）

图 4-42　2024 春季行业双选会志愿服务

图 4-43　敬老志愿服务

5. 志愿倡议：志愿服务之我行

在此环节可邀请两到三名同学，通过PPT展示的方式，讲一讲自己与志愿服务的故事，增强对同学的感召力与影响力。同时，根据前期问卷调查的结果，对学生关于志愿服务的选择和看法进行凝练升华，肯定已经主动参与志愿服务的同学，并以此次班会为契机，在班级中展开志愿服务总动员，给尚未参与志愿服务或不知如何参与志愿服务的同学一次体验志愿服务的机会，在班级中形成向上向善、互帮互助的良好风气。可以发动班级同学为同学自己制定一份“个人志愿服务计划”，并写上完成日期。

在主题班会的最后，面向所有同学发起志愿倡议，邀请同学们加入志愿服务，并在参与完志愿服务后结合自身的感受撰写一篇志愿日记。

“送人玫瑰，手留余香。”志愿服务是大学生道德品质教育、社会主义核心价值观教育的关键一课，也是大学生不断探寻自我，融入集体，回馈社会的重要一环，希望同学们相信自己，主动尝试在志愿服务中开阔视野，提升眼界，思考定位，规划未来，不断以实践促进认知提升，不断锤炼自己的意志品质，发掘人生的意义与价值。

七、班会感悟

学生A

本次班会让我更加深入地了解了志愿服务的含义和志愿精神。通过班会上的讨论，我了解了志愿服务类型的多样性和多种志愿活动途径。同时，我也知道了作为一名大学生，我们也可以尽自己微薄的力量对社会和国家做出贡献。

学生B

习近平总书记给志愿者服务队回信勉励青年志愿者这件事对我影响深远，我们青年应该努力投身到国家最需要我们的地方，用自己的实际行动来回馈社会。从自己身边的志愿服务做起，从一点一滴的小事做起，发扬能吃苦、敢吃苦的精神，实现自己的价值。

学生C

本次班会上观看的志愿服务典型案例让我意识到，我们的青春可以很平凡，也可以很伟大。我也想成为一名默默奉献的青年志愿者。

第三节 生涯规划篇

走好人生关键一步

——生涯规划主题班会

班会素材

一、班会主题

走好人生关键一步

二、班会背景

习近平总书记在全国教育大会上强调，我们党必须清楚培养什么人，怎样培养人，为谁培养人这一根本问题。当代大学生则应清楚要成为什么样的人，怎样成为这样的人，为谁成为这样的人。因此，大学生做好个人生涯规划便显得尤为重要且有意义，只有充分做好个人生涯规划，才能担当起新时代青年的责任与重担，才能实现个人的成长与抱负，才能走好人生的关键一步。根据大学生成长规律，大三是学生个人生涯选择关键期，学生往往面临着升学、就业、考公考编等个人选择问题，而这一阶段的学生大多会因为对自身了解不充分、未来规划不清晰、行业知识背景欠缺等原因，出现目标模糊、选择困难、动力欠缺等情况。本次班会旨在引导学生理性全面思考个人生涯，锚定人生前进方向，选准个人竞争赛道，提高个人竞争能力。

三、班会目标

情感层面

1. 引导学生认识到大三是学生个人生涯选择的关键期，同学们应正确、全面认识自我，发展自我，革新自我，订立人生目标。

2. 引导学生认识到大三阶段应持续加强个人生涯规划能力，有针对性地做好生涯准备工作。

认知层面

1. 认清形势：加强就业形势与政策教育，帮助学生了解最新的行业现状、专业前景、往届数据，充实学生信息数据库，解决信息差导致的选择困难。

2. 科学选择：引导学生结合自身实际，制定合理规划，提升个人竞争力，树立生涯选择的信心。

行为层面

1. 引导学生主动开展个人生涯规划探索，通过网上查阅信息、参加企业宣讲会、利用假期参观实习等多种方式，积累经验，加深认识。

2. 引导学生加强个人规划能力和执行能力，既要有长期的生涯规划，又要有短期的任务清单，保证目标的推进与完成。

3. 引导学生充分做好思想准备，以持之以恒、行远不辍的心性，备战未来。

四、班会准备

1. 问卷调研：设置问卷，细分未来选择类别，了解同学们选择考研、就业、出国、考公考编的意愿占比以及原因，通过选项比重了解学生选择的主流趋势，从意向原因了解学生关于未来选择的顾虑与困惑，从学生需求出发找准问题，为学生答疑解惑。

2. 材料准备：纸、笔若干。

3. 人员邀请：加强学生分层分类指导，针对学生的不同选择邀请朋辈讲师开展专题，分享贴合学生实际的保研、考研、就业、考公考编等经验。

五、班会导引

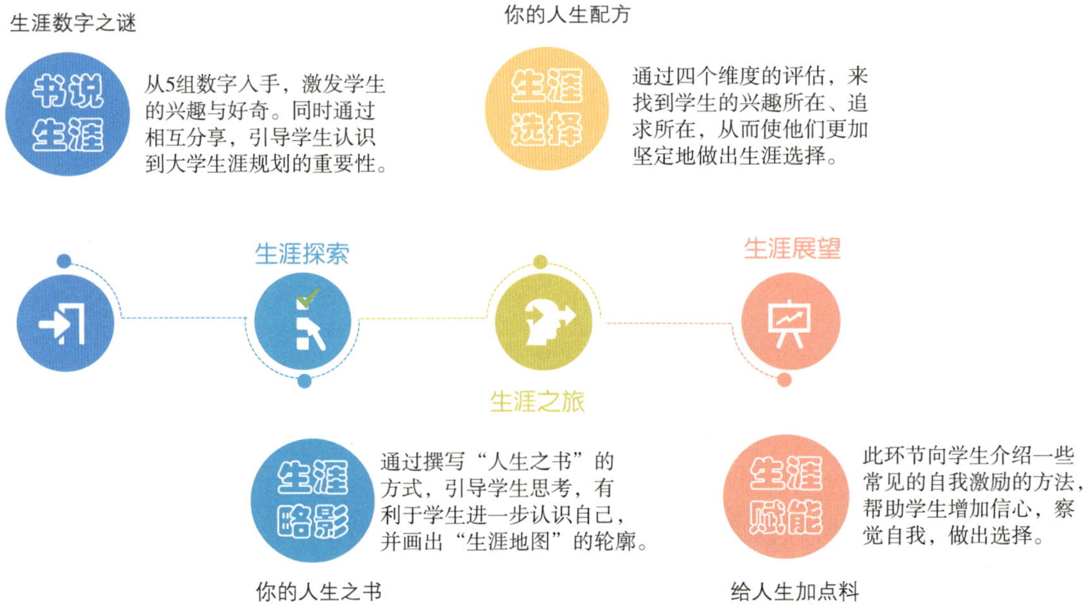

六、班会实施

1. 班会导入：书说生涯——生涯数字之谜

通过5组数字引导学生从宏观角度认识个人生涯以及开展生涯规划的意义，并从学生现实情况出发，引导学生尽快完成生涯选择，并持续为生涯赋能。

写下“62、10000小时、40岁、很多、几个”5组数字，并在此基础上进行计算。

（1）请用62减掉你现在的年龄，计算你的职业生涯还有多少年。62岁为国外平均退休年龄，与我国女性60岁、男性65岁的平均退休年龄相差不大，可以适用于学生的生涯规划。

（2）请写下你愿意在哪件事、哪种技能上花费10000小时。研究表明，10000小时是一个人精通某项技能，成为某领域专家所需要的时间。

（3）以40岁为分界线，假设你人生的财富积累是100的话，请分别写下你40岁之前的财富积累和40岁以后的财富积累。

（4）请翻阅你的主要社交媒体，如微信、QQ等，看看你的联系人有多少，并写下具体数字。

（5）请写下你认为对自己职业生涯有帮助的联系人的人数。

这5个数字是《远见》这本书中带领读者树立正确职场思维的数字，放在今天的主题班会中，也是启发同学们进行生涯思考的数字。现在请3位同学分享一下自己的数字，并谈一谈自己对生涯的感受。

生涯规划贯穿着我们的整个人生，对于大三的学生来说，真正的生涯才刚刚开始，只要同学们重视生涯规划，找到生涯规划的动力所在，并积极将规划付诸行动，那么光明的未来就在眼前。

2. 生涯探索：生涯略影——你的人生之书

通过写自传的方式，引导学生思考希望如何度过自己的一生，在书写人生之书的过程中，引导学生无限接近个人的核心价值，让学生在不知不觉中找到个人的意义所在、追求所在。

请同学们准备好纸笔，根据老师的引导语，进行以下探索。

（1）为自己的自传取一个名字，并为自己取一个笔名；

（2）请为你的自传写一段自序；

（3）请你确定自传的章节，并为每一章节取一个名字；

（4）请你在自传的末尾写下你人生的信条；

（5）写好自传后，请以小组为单位进行分享，让他人更懂你，也让自己更懂自己。

以发展的眼光看待生涯规划，你会发现生涯规划对于人生的意义。它不仅是带领你走向成功的工具书，更是引领你不断觉察自我、认知自我、提升自我的指引书，它是你性格特质、成长经历、职业选择、未来展望以及价值追求的具体体现。每一次的生涯规划，都是在为我们拓展属于自己的“生涯地图”，引领我们用平和的、积极的心态迎接生命的惊喜与挑战。（生涯规划主题班会如图4-44所示）

图4-44 生涯规划主题班会

3. 生涯之旅：生涯选择——你的人生配方

以配比人生的方式，通过四个维度的评估，引导学生找到自己的兴趣所在、追求所在，从而更加坚定地做出生涯选择。

（1）请在纸上分别写下“学习”“影响力”“乐趣”“奖励”四个词语；

（2）请结合个人职业规划，如考研、就业、考公考编，写下当下这四个词语在个人生涯选择中的权重；

（3）请你以10分为满分，给每一项赋分，并将各项分数与权重相乘后再相加，得出总分，如：考研=学习（9分）×权重（50）+影响力（6分）×权重（30）+乐趣（8分）×权重（10）+奖励（9分）×权重（10）=800。据研究，如果总分在700分，则这个选择就是一个还不错的选择。

“好风凭借力，送我上青云。”生涯规划无所谓“好”也无所谓“坏”，只要适合自己，就是当下的不二之选。请牢记，成功的定义不在他人口中，而在自己手里，在自己脚下。坚定选我所爱，坚定爱我所选，以不破楼兰的决心，以奋斗不止的态度，以坚持到底的行动，赴这场青春盛会，创未来无限可能。（行业双选会助力生涯选择如图 4-45 所示）

图 4-45 行业双选会助力生涯选择

4. 生涯展望：生涯赋能——给人生加点料

通过认识生涯、觉察自我、生涯选择三个步骤，启发学生全面认识生涯，了解生涯规划的重要性和必要性，并向学生介绍一些常见的自我激励的方法，帮助学生增加信心。

（1）添加燃料，引爆奇迹

明确选择后，请你真正全情投入，持续发力，以持之以恒的毅力，将奋斗的汗水化为成功的喜悦。

（2）给点甜头，聚焦长板

遇到挫折时、懈怠疲惫时，多看看自己的长处与优势，给自己一点甜头，用自我激励的方式，挺过黑夜。

（3）找点苦吃，优化短板

因成果或喜悦飘飘然时，不妨“虐一虐”自己，给自己找点苦吃，在自己的短处上下功夫，争取优化短板，化身六边形战士。

生涯规划不仅是对过去人生经历的回顾总结和对未来人生的超前谋划，更是对当下人生的反思校准。生命有长有短，每个人都应努力成为自己人生的主宰，赋予人生不同的意义。学会选择，做好选择，无悔选择，希望同学们都能在行动中成长，在坚持中收获。希望同学们在迷茫时、低落时、浮躁时想想这场主题班会带给大家的体验，坚定地走好人生关键一步。

七、班会感悟

学生A

通过参加这次班会，可以看出老师对这次主题班会高度重视，也做了精心的筹划。整个班会主题鲜明，思路清晰，重点突出，引人深思。

学生B

我觉得这次班会非常好，非常符合我们现在的需求，之前一段时间我对未来要走哪条路真的很迷茫，在今天这场班会中，我受益匪浅，我之后将好好想想自己真的喜欢什么又真的适合什么，找好自己的下一步落脚点。

学生C

老师的总结有深度，也非常到位，因为他熟悉学生的现状，能根据主题内容，结合同学们出现的问题，深入浅出地剖析问题，帮助同学们解决问题。他言简意赅，却能深化教育内容，使班会内容充满鼓舞性和互动性，有效引起了我们的共鸣，这更增强了教育效果。

大学之学，何以为学

——学业规划主题班会

班会素材

一、班会主题

大学之学，何以为学

二、班会背景

走过高考的艰难岁月，满怀憧憬的大一新生也已开启了自己的校园生活。大学是学生曾经奋斗的硕果，更是他们人生道路上新的起点。陌生的环境、不同于高中的学习与生活，常使学生感到手足无措、焦虑暗生，因此调整学习方法、寻找人生目标是每个大学新生适应大学的第一步。开展学业规划教育能够帮助学生树立规划意识，强化目标观念，引导学生运用科学的方法，培养自主学习能力，合理规划大学学习，通过确立合理的阶段性和长期目标，更集中地投入适合自己的领域，更高效地实现职业目标。此外，引导学生在做好学业规划的同时做好未来职业规划，将个人目标与国家发展需求相结合，将青春之树种在祖国最需要的地方，让青春力量助力时代进步。

三、班会目标

情感层面

1. 帮助学生更好地适应不同的学习环境，适应大学生活。
2. 引导学生合理使用学习资源，切实提高学习能力。

认知层面

1. 帮助学生了解专业教学计划，挖掘学习兴趣，提升专业素养。
2. 引导学生了解专业在国家发展方面的需要，主动将个人目标与国家战略相结合。

行为层面

1. 认真对待大学学习，勤奋学习，珍惜时间，练就过硬本领，矢志担当作为。
2. 引导学生持续学习和自我提升，树立终身学习思想。

四、班会准备

1. 案例搜集：收集整理学院优秀学生成长故事和近期网络媒体宣传的优秀学生事迹。
2. 材料准备：事先准备好一份《个人学业规划表》模板，作为学生学业规划的索引。
3. PPT制作：制作班会PPT。
4. 班级分组：根据实际情况将班级同学进行分组，每组5~6人。

五、班会导引

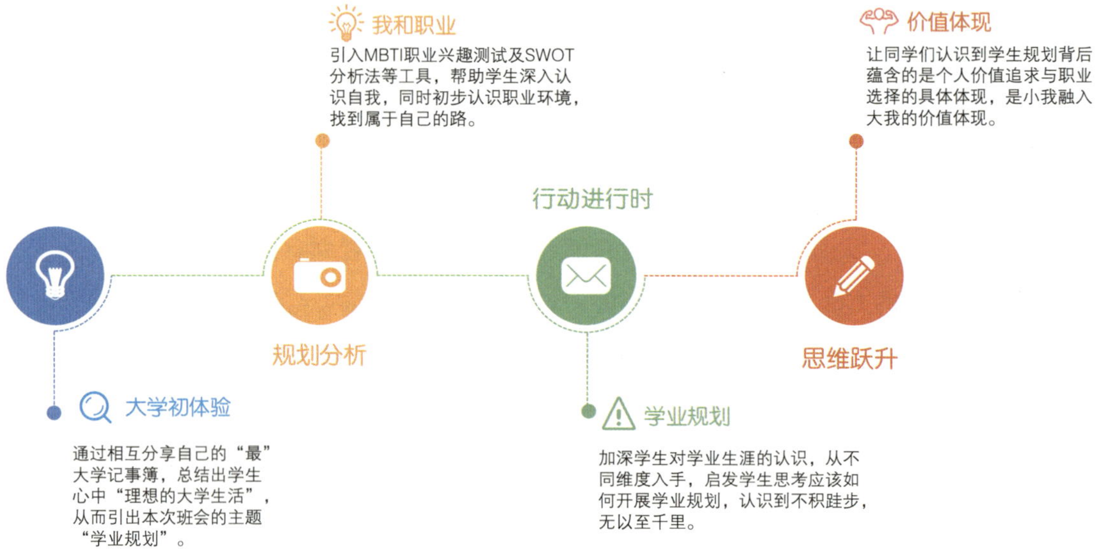

六、班会实施

1. 班会导入：大学初体验——“最”大学记事簿

通过小组成员依次分享的方式，将话语权交给学生，打开学生的思路，促进学生之间的交流与沟通；随后引导学生开展组内讨论，总结出学生心中“理想的大学生活”；其后对“理想的大学生活”的共同点进行分析，从而引出本次班会的主题“学业规划”。制定学业规划有两大前提：一个是规划者对自己的认识，另一个是规划者对未来职业发展的认识。只有充分认识自我、认识职业，才能深入挖掘学习动机，赋能学业规划。具体方法如下。

（1）请同学们在便签纸上写下进入大学以来你做过的“最”大学的事情，可以是一次“最”成功的体验，一个“最”正确的决定，一件“最”后悔的事情……

（2）以小组为单位，组内同学依次分享自己的“最”大学记事簿，并讨论同学们理想中的大学生活是什么样的；

（3）分析同学们“理想的大学生活”的共同特点，即学业。

学业是“理想的大学生活”中最为关键的一环，也是学生的首要任务。对于大学生来说，没有扎实的学业基础，一切皆是空谈。由此可见，学业规划至关重要。（优秀学生笔记展示如图4-46所示）

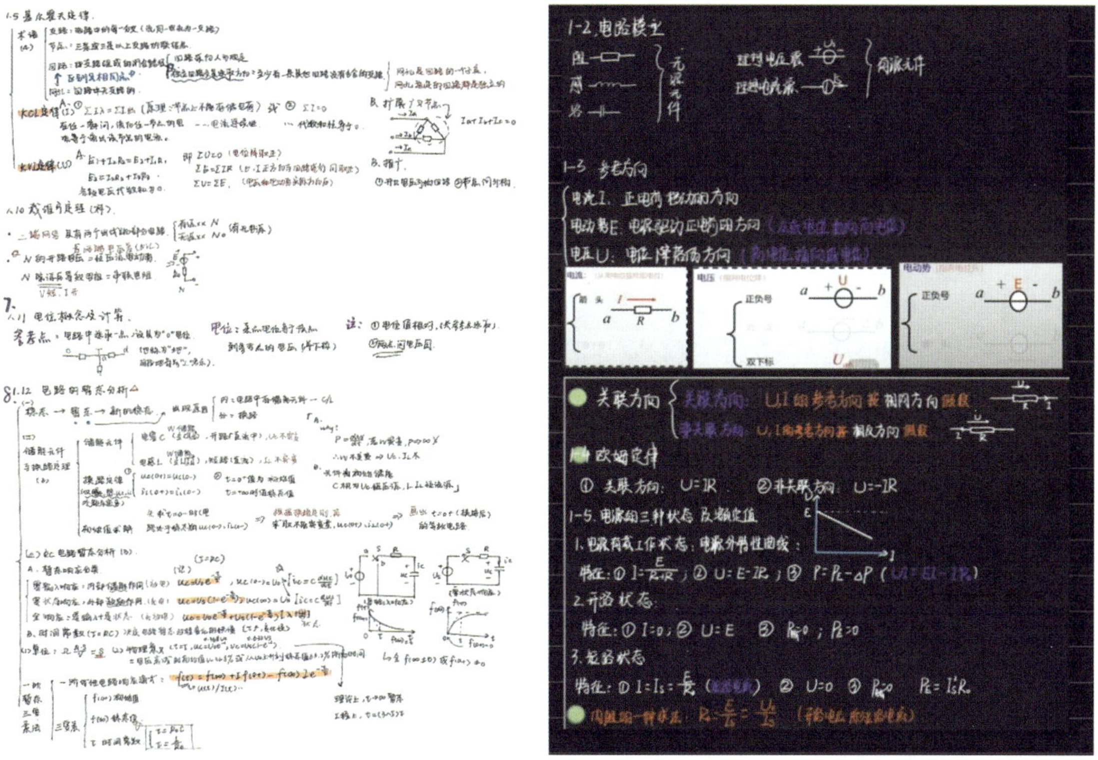

图4-46　优秀学生笔记展示

2. 规划分析：我和职业——找到属于自己的路

通过引入MBTI职业兴趣测试及SWOT分析法等工具，从兴趣、特长、性格、价值观、能力等方面帮助学生深入认识自我，同时初步认识职业环境，引导学生明确个人的奋斗目标，并厘清开展学业规划与个人未来发展的内在逻辑。

第一步：兴趣爱好大盘点。请同学写下自己在学习、运动、艺术、生活等方面的兴趣。

第二步：优势劣势大盘点。先由本人列举自己的优势和劣势，然后其他同学进行补充，使得对自我的认识更加全面而客观。

第三步：生活中成功经验和失败教训的盘点。在小组内大家交流自己最成功的是什么，为什么成功？最失败的是什么，为什么失败？

第四步：请小组成员依次分享MBTI职业兴趣测试结果，并谈一谈你认为MBTI职业兴趣测试的结果是否与你的实际情况相符。

第五步：以个人兴趣爱好、优势劣势、人生经验的了解以及MBTI职业兴趣测试结果为参考，谈一谈你打算从事什么行业，学习哪些知识。

认识自我，认识世界。在通往这条未知旅程的人生路上，让我们用发展的眼光看待成长与变化，不断校准自己的人生航向；让我们常怀终身学习的心态，用知识的力量应对时代的不确定性；让我们与自己为友，与职业为友，开辟出属于自己的人生之路。

3. 行动进行时：学业规划——不积跬步，无以至千里

通过分析个人兴趣特长、优势劣势，加深了学生对学业规划的认识，接下来将从不同维度入手，启发学生思考应该如何开展学业规划。

（1）洞察，识别你的职业赛道

知己知彼，才能百战不殆，只有充分了解你的专业以及相应的行业发展前景，才能够找准你的赛道，打造你的专业领域。在此环节，可以引入“360度访谈”工具，帮助大家在“360度访谈”中进一步认识自己，认识行业赛道。

（2）探索，打造“T字形”知识结构

在大学学习的过程中，我们的知识结构应该是一个“T字形”。其中，“一横”指的是专业知识的广度与宽度，“一竖”指的是专业知识的深度与精度。如果只有覆盖面，相当于没有一技之长；如果你在某一特定领域持续深入学习，完成“T字形”的结构塑造，你就有了一技之长，同时也就有了同一专业领域的不可替代性。因此，作为一名大学生，我们可以通过制定学业规划目标的方式，充分利用大学四年的学习时光，完成“T字形”知识结构的积累。在此环节可引入《个人学业规划表》，请同学们根据《个人学业规划表》的内容逐步深入对个人学业规划的思考并不断完善其中的细节。

（3）锁定，选好你的学业导师

许多同学在制定学业规划的过程中，都会有同样的苦恼——我知道我的性格特点，我知道我的职业赛道，我还知道我应该好好学习专业知识，但是我却不知道到底什么样的学业规划才是正确的、有效的、可行的。在此，我们可以通过“选好你的学业导师”的方法，帮助学生打通学业规划的最后一公里。寻找一位导师，一个愿意与你分享自己的成长经历，愿意理解你的目标并帮你实现目标的人。他可以是你的班主任、辅导员、学长学姐、亲属长辈。在他们身上，你可以看到前进的方向，看到成功的路径，这样能够不断帮

助你校准目标，让你自己的成长轨迹变得更加清晰。因此，在这次主题班会后，请同学们寻找一位“学业导师”，并与导师进行一次深度访谈。

（4）坚持，到最重要的地方去

习近平总书记在清华大学考察时说道：广大青年要肩负历史使命，坚定前进信心，立大志、明大德、成大才、担大任，努力成为堪当民族复兴重任的时代新人。大学生在进行学业规划时，应始终思考“我为什么学？我为谁而学？”只有将个人成长与时代使命相结合，才能真正实现个人价值。因此，学生在学业规划的过程中，在人生道路的选择上，既要坚持到底，成为想成为的自己；又要勇担使命，到祖国最需要的地方去。

4. 思维跃升：价值体现——小我融入大我

学业规划看似明确大学期间该如何学，实际上其背后蕴含的却是学生对国家、社会、集体的认识，是个人价值追求与职业选择的具体体现。因此，希望同学们在进行学业规划时多问自己几个问题：我为什么学？我为谁而学？我想成为谁？我要怎么做？希望大家都能珍惜大学时光，创造精彩人生！

七、班会感悟

学生A

班会让我更好地了解自己，准确进行自我定位，也使我对学业生涯有了充分的认知。通过评估个人目标与现实之间的差距，我确定了与自己主客观条件最匹配的目标。

学生B

通过本次班会，我知道了自己应该做什么，以及怎样实现自己的目标。在实现目标的过程中我会有意识地加强健康的体魄、积极的心态、敏锐的思维、坚定的信念等方面的锻炼。

学生C

班会让我知道，学业规划可以提升我们应对竞争的能力。了解学业规划和认识自己之后，再运用科学的方法采取可行的步骤与措施，有针对性地学习，参加各种相关培训、学习和实践，能够发挥个人的长处，增强个人发展竞争力。

发现自己，编码青春

——职业价值观主题班会

班会素材

一、班会主题

发现自己，编码青春

二、班会背景

职业价值观是职业行为背后的深层动机，对个体的职业选择和发展起到重要的激励、影响作用。当代大学生是国家未来人才战略中的重要一环，帮助他们在大学期间准确了解自身优势和不足，明确职业选择方向和未来发展目标，有意识地进行职业探索，并聚焦国家战略需求和社会发展趋势做出明智且合适的职业决策，不仅关乎学生个人成长和发展，也与国家的未来息息相关。组织开展职业价值观教育主题班会，通过讲授职业规划的技巧方法，为学生分析解读职业类别，激发学生职业生涯规划意识，增强职业生涯规划能力，帮助学生在就业前做好充分的自我认识与探索，找到自己在职业选择中坚持的生活态度与人生目标，才能引导学生充分认清自我，树立职业理想，更明确、更明晰地进行下一步的求职准备，最终目标明确地奔向职场，实现成功就业。

三、班会目标

情感层面

1. 引导学生认识到职业价值观对个人职业选择和发展所起到的激励、影响作用，树立正确的职业观念。

2. 帮助学生了解自己的兴趣、优势和求职倾向，提升自我认知。

认知层面

1. 掌握职业价值观的定义，明确其形成过程及特点。

2. 了解不同职业的特点和发展前景，掌握职业生涯规划的基本方法和技巧，培养职业规划能力。

行为层面

1. 根据自我认知和职业探索结果，使用职业规划工具等，制定符合个人特点和发展需求的职业生涯规划。

2. 明确短期和长期的职业发展目标，制定相应的行动计划，并将其落实到参加实习、社会实践、解锁技能等实际行动中。

四、班会准备

1. 问卷调查：准备个人职业选择调查问卷。

2. 数据分析：收集行业内的成功案例和就业市场分析资料，分析近年来对应专业学生的职业发展情况。

3. 材料准备：准备职业规划工具，如职业兴趣量表、能力评估表等。

4. 案例准备：准备优秀职业规划专家的主题分享视频，收集优秀校友职业规划成功案例及他们对现阶段从事职业的理解认识。

5. 嘉宾邀请：提前联系并邀请有就业、考研、考公经历的学长学姐，确保他们能够按时出席班会并准备相应的分享交流内容。

6. PPT 制作：根据策划书和讲稿内容制作 PPT。

五、班会导引

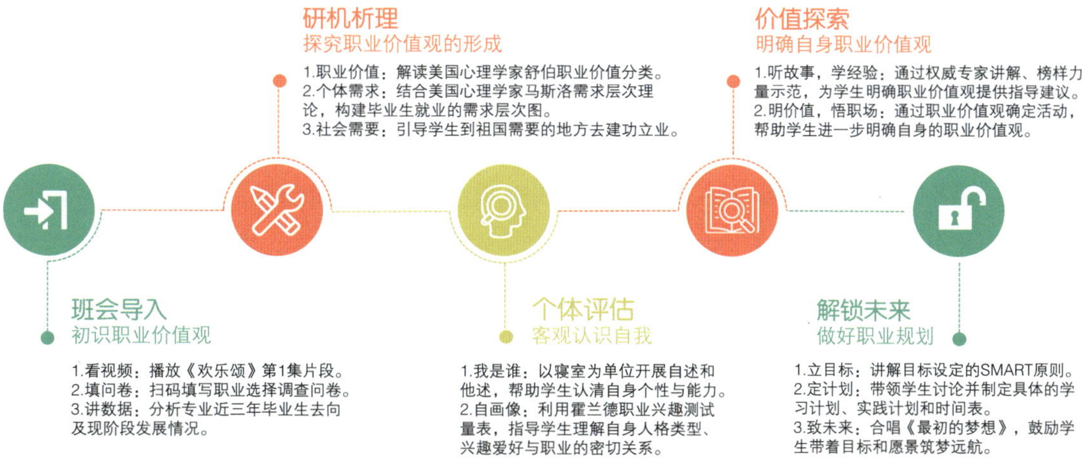

六、班会实施

1. 班会导入：初识职业价值观

通过视频案例和简单的职业问卷调研，让学生直面未来求职话题，并结合近三年毕业生去向数据分析和发展现状反馈，在提问、讨论、交流中让学生自主理解大学阶段明确职业价值观、做好职业规划的重要意义。

（1）看视频：播放《欢乐颂》第1集片段。视频中邱莹莹认为自己一年不吃不喝拼命工作所赚的钱，只相当于上海偏僻地段2平方米的房价，回家考公就不用活得那么计较，但父母不同意。关雎尔在五百强企业实习，为了通过年底考核留在公司，不是名校毕业的她要更努力。引导学生思考视频中主人公讨论的是什么话题，并讨论是什么影响了她们的职业选择。

（2）填问卷：现场扫码填写简单的个人职业选择调查问卷，收集学生的求职意愿，并通过问卷系统在班会现场做简要数据分析。引导学生思考“我的求职目标是什么？”“我真的了解自己未来想从事的职业吗？”等问题。

（3）讲数据：分析班级学生所在专业近三年毕业生的去向及现阶段发展情况等内容，让学生从学长学姐身上对求职就业有直观了解。引导学生思考职业发展趋势和个体在职业选择中的价值取向，激发学生的职业热情和追求。

大学生的就业准备包括很多方面，如搜集处理就业信息、识别防范就业“陷阱”、做一份漂亮的简历、掌握面试或自荐的技巧、学会捍卫自身就业权益等。影响职业选择的个体因素有很多，如兴趣爱好、个人能力、性格品质、个体需求等。但有一项需要最先准备好，那就是明确职业选择时所坚守的生活态度和人生目标，这是影响我们职业选择的重要因素，我们把它称之为职业价值观。

2. 研机析理：探究职业价值观的形成

职业价值观决定了人们的职业期望，影响着人们对职业方向、职业目标的设定。围绕“人为什么要工作？”这一问题，就职业价值观的形成展开课堂探究。

（1）职业价值：人之所以要工作，首先因为职业本身是有价值的。美国心理学家舒伯将职业价值分为了三大部分（内在的职业价值、外在的职业价值、外在报酬）共计15个因子。班会老师以“教师”职业为例，选择性分析以上价值的体现，并选择1～2名同学就自己想从事的职业进行职业价值分析。

（2）个体需求：班级学生分组讨论职业所具有的价值因子能够满足个体的哪些需求，并进行分享。班会老师结合美国心理学家马斯洛提出的“需求层次理论”，构建出毕业生就业的五大需求层次图。（基于马斯洛需求理论的毕业生就业需求层次如图4-47所示）

（3）社会需要：利用时代楷模黄文秀、感动中国人物秦玥飞等人的案例，引导学生思考他们的职业价值观中的共同成分：服务、奉献、利他。教育学生明确就业不是纯粹的个人行为，职业是一个社会性概念，工作是一种社会性活动，职业选择时还要处理好个人需求与社会需求的关系。

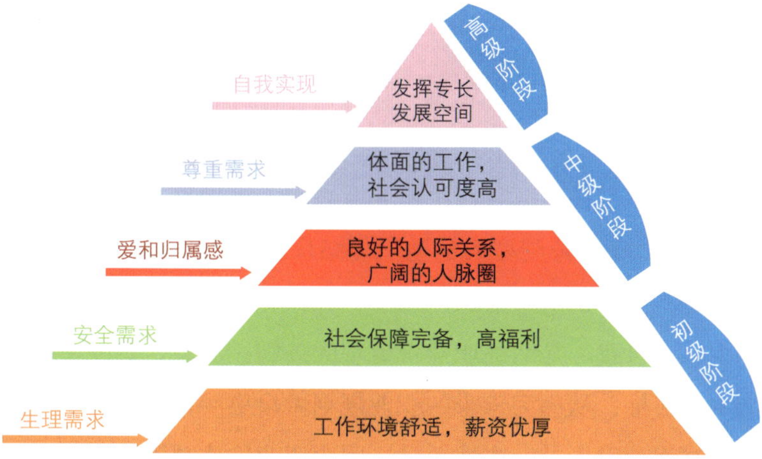

图4-47 基于马斯洛需求理论的毕业生就业需求层次

职业提供的价值与个体需求之间碰撞平衡，影响了我们的职业价值观，指导着我们的就业行为。成功就业需要在个体价值与职业价值之间找到平衡点，处理好职业价值与主体需求满足程度之间的关系。同时，还要处理好个人需求与社会需求之间的关系，教育尊重大学生个性发展，也注重引导学生到祖国最需要的地方去建功立业。

3. 个体评估：客观认识自我

利用职业兴趣量表、能力评估表等工具，引导学生进行自我评估和自我画像。围绕评估结果，组织学生就个人兴趣、优势和职业价值观等进行分享交流，引导学生从职业规划角度强化自我认知，为选择适合自己的发展方向奠定基础。（生涯实践指导培训如图4-48所示）

图4-48 生涯实践指导培训

（1）我是谁：将班级同学以寝室为单位分组，室友间开展自述和他述，自述内容包括“我的经历、我的性格、我的特长、我的梦想”等，他述内容包括“你的气质、你的优点、你的缺点、你的人缘”等。引导学生思考“我是什么样的人?”，帮助学生认清自身个性与能力。

（2）自画像：组织学生在线填写霍兰德职业兴趣测试量表，并在小组内围绕测评结果进行交流。选择6名可代表6种类型的学生测评结果进行现场分析，指导学生理解自身人格类型、兴趣爱好与职业的密切关系。

引导学生客观认识自我，是明确职业价值观的关键一环。这有助于学生更准确地把握自己的兴趣、能力和目标，从而为未来的职业规划做出更明智的选择。同时应强调，个体评估是一个持续的过程，而不是一次性活动。因为职业价值观不是一成不变的，它具有过程性和可发展性，会不断发展和改变。同学们要理性看待评估结果，建立持续反馈和调整机制，不断完善自己的职业价值观和发展路径。

4. 价值探索：明确自身职业价值观

通过权威专家讲解、榜样力量示范、职业价值观确定等方式，让同学们更直观地了解不同职业的特点、发展前景、就业要求等，并组织学生围绕“我的目标职业”与“我最珍视的核心职业价值观”是否匹配等话题展开讨论，帮助学生进一步明确自身的职业价值观，做好充分的职业规划。

（1）听故事，学经验。播放职业规划专家的主题讲解视频，分享优秀校友规划职业的成功案例，让学生近距离了解不同职业道路的选择与发展，从中获得实质性指导。组织“学长学姐说”主题交流，邀请三位学长学姐分别分享就业、考研、考公经历，并设置互动提问环节，为学生明确职业目标提供有效的指导建议。

（2）明价值，悟职场。职业专家从人们的理想、信念和世界观角度把职业大致分为9类：自由型、经济型、支配型、小康型、自我实现型、志愿型、技术型、合作型、享受型。请学生从中选择最向往的1类，写在纸的左边。我国学者阚雅玲将职业价值观大致分为12类：收入与财富、兴趣特长、权力地位、自由独立、自我成长、自我实现、人际关系、身心健康、环境舒适、工作稳定、社会需要、追求新意。请学生从中选择6项最看重的，写在纸的右边。然后，从6项中划掉自认为不那么重要的3项，在剩余3项中再依次划掉2项，最终剩余1项核心职业价值观。纸的左边是理想的职业类型，右边是最珍视的职业价值观。请学生思考两者是否匹配，并进行交流分享。

如果你理想的职业类型与核心职业价值观匹配，证明你已经具备了较为合理的职业价值观，离成功就业更近了一步。如果不匹配，请在大学期间充分地了解自己，了解自己的兴趣爱好、为人处世的态度等，不断调整、澄清，最终建立起自己的职业价值观，不要等快毕业了才去思考“我想做什么”的问题。

5. 解锁未来：做好职业规划

强调个体职业规划对个人职业发展的重要性，指导学生通过本次班会，在明确个人职业价值观的基础上，掌握个体职业规划的方法和步骤，制定切实可行的职业目标和行动计划，并在今后的学习生活中不断完善自己的职业规划，为未来的职业发展奠定坚实基础。

（1）立目标：向学生介绍目标设定的SMART原则，引导学生思考长期职业目标，包括想要从事的职业领域、职位等，并帮助学生将长期目标分解为短期、中期目标，确保目标具体、时限明确、可衡量、可达成。

（2）定计划：带领学生分析达成目标所需的技能、知识和经验，制定具体的学习计划、实践计划和时间表，包括参加相关课程、实习、志愿者活动等。小组分享讨论各自的行动计划，互相提供建议和改进意见。明确职业规划是一个动态过程，需要定期回顾和调整。（大学生职业规划大赛如图4–49所示）

图4–49　大学生职业规划大赛

（3）致未来：全班一起合唱《最初的梦想》，鼓励同学们带着自己的目标和愿景、彼此的祝福与期盼筑梦远航。班会在歌声中结束。

职业价值观具有目的性和导向性，一旦确立，就会形成一种目的和归宿的自觉，指导着学生在大学期间为成功就业做充分的准备。班会中，我们共同探讨了职业价值观的形成、个体评估的重要性以及如何将职业价值观与未来规划相结合等多个层面，这将有助于同学们在未来的职业选择中更加明确自己的方向和目标，确立正确的职业价值观，勇往直前地追求自己的梦想。

七、班会感悟

学生A

通过班会学习，我对“职业”有了更体系的认识，对“自我”有了更深入的了解，对自己未来的职业发展有了更明确的方向和目标。在制定个体职业规划的过程中，我也学会了如何设定目标并制定切实可行的行动计划，这必将为我毕业后的顺利求职奠定基础。

学生B

班会围绕“发现自我”展开，让我们深刻体会到大学阶段明确职业价值观的重要意义。通过完成霍兰德职业兴趣测试量表，我更加清楚地认识到自己的兴趣、优势和价值观。通过聆听老师讲解SMART原则，我明白了目标设定原来大有学问。我将认真吸收班会所学，不断澄清自己的职业价值，并为自己量身定做一份职业规划书。

学生C

通过班会学习，我意识到职业价值观不是一成不变的，而是需要不断地根据实际情况进行调整和优化。我更意识到要时刻保持对职业发展的敏感性和主动性，要不断学习和提升自己，以应对未来的挑战和机遇。

规划精彩人生，放飞青春梦想

——职业生涯规划主题班会

班会素材

一、班会主题

规划精彩人生，放飞青春梦想

二、班会背景

对于大学生来说，能否选择恰当的职业是决定他们跨入社会成功与否的重要因素。高中阶段，学生们往往将注意力集中在学业成绩上，而忽视职业发展方面的训练，进入大学后，对生涯规划感到迷茫和困惑，学生往往会面临“未来选择什么道路?”“什么是最适合自己的职业?”“如何找到最适合自己的工作?”等问题的困扰，并因此产生情绪问题和适应问题，如果不加以引导，随着毕业时间的临近，学生会因为毕业选择而焦虑，“慢就业”的现象越发突出。

生涯规划的目的绝不仅仅是帮助学生按照自身资历找到一份合适的工作，而是要帮助学生真正地了解自己，筹划未来事业，拟定毕生的发展方向。规划职业生涯可以帮助学生将自己的理想转化为现实的人生，把对未来事业发展的预期转变为明确的行动步骤。将职业生涯规划教育前置，对学生进行科学的指导和训练，对于帮助学生拟定符合自身的职业目标、选择职业发展道路具有重要意义。

三、班会目标

情感层面

1. 帮助学生树立积极的职业态度和情感态度，激发他们对未来职业生涯的兴趣和热情。

2. 鼓励学生勇敢面对职业挑战和困难，培养他们的抗压能力和适应能力。

3. 培养学生的自信心和自尊心，让他们更加坚信自己的能力，勇敢追求自己的职业梦想。

认知层面

1. 帮助学生认识自己的兴趣、特长和价值观，引导他们进行自我评估和职业定位。

2. 提供职业生涯规划的基础知识和技能，帮助学生了解职业市场的现状和趋势，明确自己的职业目标和发展路径。

3. 培养学生的决策能力和问题解决能力，让他们能够做出理性、明智的职业选择，并制定合理的职业发展计划。

行为层面

1. 提供职业咨询和指导服务，帮助学生解决职业规划中的疑惑和困惑，促进他们积极行动。

2. 组织职业生涯规划相关实践活动，如模拟面试、职业体验等，让学生在实践中提升自己的职业能力和素质。

3. 建立职业发展的长期跟踪机制，持续关注学生的职业发展情况，提供必要的支持和帮助，促进他们实现职业生涯目标。

四、班会准备

1. 案例搜索：查找职业规划成功案例，收集案例的照片、视频、新闻报道等，收集职业生涯规划大赛获奖选手的优秀事迹，感悟榜样的力量；搜索前辈榜样、优秀学长学姐的典型案例故事。

2. 问卷调查：分析学院各专业学年成绩数据，对比找差距，反思自我职业规划发展现状；通过问卷调查，了解班级同学对于学业问题的认识和想法，以及学生的学业规划情况，发现问题，并进行深度分析。

3. 文献查找：查找有关激励机制、学习效能等主题的论文资料，进行专业的学习总结，剖析原因，寻找解决办法。

4. 材料制作：根据策划书和讲稿内容制作PPT，并征求学生意见进行完善。

5. 邀请前辈：提前联系好优秀且有经验的学长学姐，邀请他们介绍职业生涯规划和自我管理方面的经验。

6. 自学汇报：安排学生课前自学，并要求每组派一名代表在班会上通过PPT汇报的形式，为同学们讲解职业生涯规划的重要性。

7. 物资准备：为班级同学每人准备一张彩色卡纸和配套彩笔，用于规划十年后自己的职业发展，立足学业放飞青春梦想。

五、班会导引

六、班会实施

1. 班会导入：塑造明晰未来，奠定职业基石

通过播放职业生涯规划的案例，引导学生深入思考自己的职业目标，使学生更好地了解自己，并发展出更有意义和满足感的职业道路，引出主题。

（1）分享一个关于职业生涯规划的案例（视频）。

（2）主持人提问1～2名同学：说说你对上述视频的看法，以及自己内心的感受。

（3）进行总结，引出主题：作为学生，进行职业生涯规划是我们的重要任务，也是我们未来发展的关键，这有助于我们在大学期间更加有目标地学习和参与各种活动，为未来的职业发展打下坚实的基础。一个清晰的职业生涯规划可以使我们在求职过程中更加有竞争力，还可以帮助我们更好地了解自己的兴趣、价值观和天赋。

职业生涯规划是大学生必须面对的重要任务。它不仅指引着我们的未来方向，更塑造着我们的成长轨迹。通过深入思考和明确目标，我们能够更有目标地学习和成长，为未来的职业发展奠定坚实基础。清晰的规划不仅有助于我们提升竞争力，也有助于我们更好地认识自己，找到真正适合自己的职业道路。

2. 感悟思考：明确职业规划重要性与必要性

让同学们通过自学认识到职业生涯的重要性与必要性。

（1）班会前将全体同学分成若干小组，每组派一名代表通过PPT汇报的形式，为同学们讲解职业生涯规划的重要性。

（2）请1～2名同学谈一谈对职业生涯规划的看法。

（3）总结升华：进行职业生涯规划对于大学生的学业发展具有深远的影响。清晰的职业生涯规划可以使大学生在求职过程中更加有竞争力。做好自我认知，知道自己各方面的特长和特质，分析自己的优势和劣势，认清自己的爱好兴趣，同时结合时代发展需要，不断完善自我、修炼自我，以高度自我认知来更好适应社会发展需要，避免出现盲目发展，最大化地实现自我价值和人生价值。

职业生涯规划是大学生必修的课程，它不仅是求职竞争的利器，更是人生航程的指南。通过清晰的规划，我们能够更好地认识自己，发掘潜能，提升竞争力。因此，做好自我认知，不断完善自我，才能最大程度地实现自我与社会的契合，获得充实而有意义的人生。（职业发展分享会如图4-50所示）

图4-50 职业发展分享会

3. 情境创设：感悟先辈、榜样的职业发展道路

通过讲述前辈的故事，引导学生感悟前辈的职业发展道路，从而引发对自己职业生涯规划的思考。

（1）1964年，中国第一颗原子弹在新疆罗布泊爆炸成功。为了这一天，大批科技工作者隐姓埋名，艰苦钻研。请同学们观看“新青年 耀青春”纪念五四运动100周年文艺晚会上致敬两弹元勋邓稼先的节目《等待》。

（2）2018年，港珠澳大桥正式开通，一桥连三地，天堑变通途，被誉为“世界奇迹”的它用中国标准惊艳了全世界。合肥工业大学汪劲丰校友参与了港珠澳大桥的建设，为建设项目提供了重要技术支持。

（3）总结升华：古往今来，有很多优秀的榜样和前辈在自己的人生中取得了巨大的成功，回顾他们的职业生涯，我们会发现，他们往往在早期就做好了职业生涯规划，并为之不懈奋斗。

在前辈的职业发展道路上，我们看到的不仅是辉煌的成就，更是坚定的职业生涯规划。他们早早确立目标，不懈追求，最终实现辉煌。因此，让我们从前辈的故事中汲取力量，明确自己的职业规划，为梦想奋斗，书写属于自己的辉煌。

4. 指点迷津：职业生涯规划大赛获奖选手传授经验

通过邀请学长学姐分享他们在大学阶段的经验和教训，讲述他们曾经遇到的困难和挑战，为同学们提供一些实用的建议和帮助。

（1）学长学姐介绍自己的大学生活经验，分享自己的学习方法、时间管理技巧以及如何克服职业规划困难等经验；向同学们介绍一些学习资源；鼓励同学们积极参加各种学术和文化活动；鼓励同学们积极参与实践活动等。

（2）学长学姐鼓励同学们要勇于面对挑战和失败，学会从失败中吸取经验和教训，调整自己的职业规划，走向更加光明的未来。

（3）总结升华：学长学姐们用他们的经验，为我们未来几年的学习生活指引了方向，我们应以这些优秀的学长学姐为榜样，做好职业生涯规划，让自己的人生更加精彩。

学长学姐们的分享不仅是经验，更是指引我们职业生涯规划的明灯。他们的故事告诉我们，勇于面对挑战，从失败中汲取教训，调整规划，才能走向更加辉煌的未来。让我们以他们为榜样，踏上职业生涯规划的旅程，让自己的人生更加精彩。

5. 规划行动：科学职业规划

通过介绍几种科学职业规划的技巧，主要包括360度评估法、SWOT分析法、霍兰德测试法等，帮助同学们科学做好职业规划。

（1）360度评估法也叫多元反馈法、多渠道反馈法。这种评价方法包括四个方面：自我评价、家庭评价、企业评价和社会评价。

（2）SWOT分析法又称强弱危机分析、优劣分析法。其通过评价自身的优势、劣势、外部竞争上的机会和威胁，对研究对象所处的情景进行全面、系统、准确的研究，从而根据研究结果制定相应的发展战略、计划及对策等。

（3）霍兰德性格测试根据兴趣的不同，将人格分为研究型（I）、艺术型（A）、社会型（S）、企业型（E）、传统型（C）、现实型（R）六个维度，每个人的性格都是这六个维度的不同程度的组合。

科学的职业规划是人生航程中至关重要的一环。通过360度评估法、SWOT分析法和霍兰德性格测试等科学方法，我们可以全面、系统地了解自己的优势、劣势以及外部环境中的机遇和威胁，从而更好地规划自己的职业发展方向。让我们运用这些方法科学制定自己的职业规划，引领自己走向更加光明的未来。

6. 班会总结："十年后的我是什么样？"

通过对班会的回顾总结，升华主题，让学生学有所得。

请同学们小组讨论，规划十年后自己的职业发展情况，使用彩笔、彩色卡纸描绘职业规划内容，思考为了达到长远目标，立足当下应该怎么做，写下个人初期、中期、长期、终期目标，并提出备选方案及评估调整，请同学代表分享其职业规划内容。

在职业生涯规划主题班会中，我们聆听了前辈的故事，学习了科学的规划方法，分享了经验和教训。我们深刻认识到，规划精彩人生，放飞青春梦想，不仅需要明确目标和计划，更需要勇敢面对挑战和失败，不断调整和完善自己的规划。让我们以积极的态度和坚定的信念，踏上职业生涯规划的征程，为实现自己的梦想而努力奋斗，书写属于我们的精彩人生。

七、班会感悟

学生A

所有的规划和行动都应具有一定的灵活机动空间，在原有判断和规划的基础上，我会根据环境的变化和目标执行的结果，不断地调整和修正我的规划，使其真正对我的职业生涯起到促进作用。我们的生活就像旅行，人生规划、职业生涯规划是我们的导游者，没有导游者我们的生活会陷入混乱，目标会丧失，力量也会化为乌有。规划精彩人生，放飞青春梦想。

学生B

忆起一年前背着书包第一次进入大学校园的那个稚嫩少年，对于大学生活充满了规划与向往，渐渐地，少年因各种诱惑而偏离了正轨。这次的主题班会让我重新意识到设立目标与规划的必要，也让我体会到了时间的紧迫。

学生C

一个好的自我定位决定着个人职业生涯的方向，因此在规划过程中我需要不断审视自己、认识自己、了解自己，做好自我评估，要对我想干什么、能干什么、怎么干等问题有清楚的认识。我将立足于现实，结合每个阶段的实际情况与需求，适当调整计划，脚踏实地、仰望星空。

就业加油站，逐梦未来路

——职业技能探索主题班会

一、班会主题

就业加油站，逐梦未来路

班会素材

二、班会背景

科学的职业规划有利于大学生确定自己未来的奋斗方向，找准自身的发展目标。尤其在当前竞争激烈的就业市场中，拥有扎实的职业技能对于大学生来说至关重要。为了帮助同学们深入了解职业技能的重要性，提升自我技能水平，本次班会将围绕“职业技能探索”这一话题展开，在轻松愉快的氛围中探索职业技能，为未来就业做好准备。

三、班会目标

情感层面

1. 兴趣激发：激发同学们对职业技能学习的兴趣和热情。
2. 合作共进：增进同学之间的交流与合作，共同提升职业技能。

认知层面

1. 行业洞察：了解不同行业的职业技能要求和发展趋势。
2. 方法掌握：掌握提升职业技能的方法和途径。

行为层面

1. 计划制定：制定个人职业技能提升计划，明确学习目标。
2. 实践参与：积极参与职业技能实践活动，提升自身技能水平。

四、班会准备

1. 行业调研：收集不同行业的职业技能要求、成功案例及发展趋势，整理成资料包供同学们学习。

2. 资料收集：调研当前就业市场，了解企业对职业技能的实际需求，为班会内容提供现实依据。

3. 材料准备：设计“职业技能猜猜看”“职业技能体验站”“职业技能大比拼”等互动环节，并准备好相应的道具、材料。

4. 嘉宾邀请：邀请相关行业的从业者或校友作为嘉宾，分享他们的职业技能探索经验，并邀请其担任职业技能大比拼的评委。

5. 物资准备：准备互动环节所需的道具、奖品等物资，采购具有纪念意义的奖品，用于表彰在互动环节中表现突出的同学。

6. PPT 制作：根据策划书和讲稿内容制作 PPT 等多媒体辅助材料，并征求学生意见进行完善。

五、班会导引

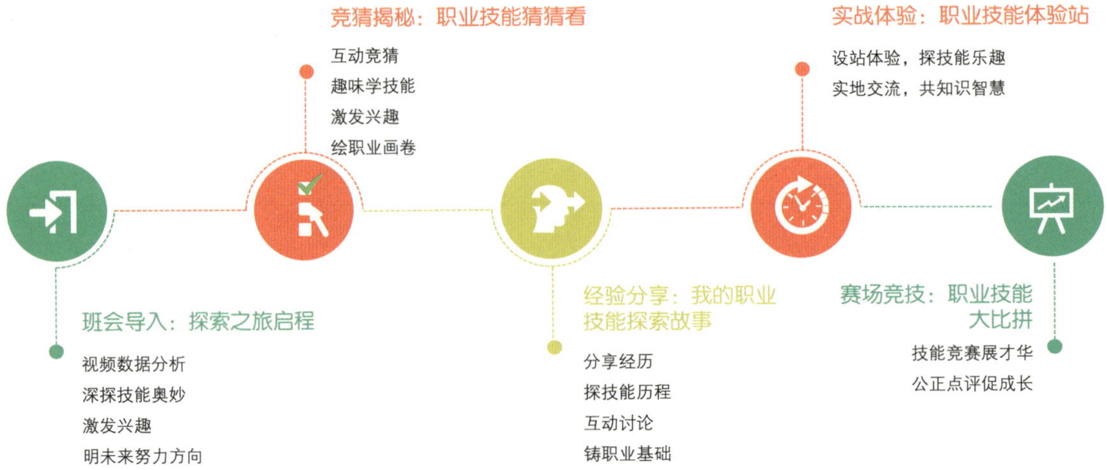

六、班会实施

1. 班会导入：探索之旅启程

通过播放职业技能探索视频与就业数据分析，展示技能风采与挑战，辅以校友就业去向，视觉情感双重冲击，点燃学生对职业技能的热情与好奇心。（安徽省大学生职业生涯规划大赛决赛现场如图 4-51 所示）

（1）视频播放：选取的视频内容应具有代表性，能够充分展现职业技能的魅力。视频要涵盖不同职业领域的技能展示、技能提升的过程、遇到的困难与克服困难的方法，以及最终取得技能成就的精彩瞬间。

（2）数据分析：讲解近五年本专业应届毕业生的就业形势分析资料，通过毕业生就业

图4-51　安徽省大学生职业生涯规划大赛决赛现场

去向数据分析，让学生直观感受就业行业情况，让学生了解当年的就业形势和大学生就业难的相关资讯，引起学生的兴趣、注意和重视。

视频和数据分析相结合，呈现了一个全面而深入的职业技能探索之旅，充分展现出职业技能的魅力和挑战，让大家对职业技能有了更加深入的了解，激发了兴趣和好奇心，也更加清晰地认识到自己未来的职业道路和需要付出的努力。

2. 竞猜揭秘：职业技能猜猜看

通过互动竞猜，在轻松愉快的氛围中深化对职业技能的了解，激发探索职业领域的兴趣。

（1）素材准备。准备一系列与职业技能相关的图片或文字描述，通过PPT或实物展示给同学们。

（2）分组竞猜。学生分组猜测图片或文字描述对应的职业技能，加深对职业技能的了解。

（3）互动问答。鼓励积极提问，就猜测结果进行深入的交流和讨论。同时做好引导和解答，帮助学生加深对职业技能的了解。

在趣味竞猜中领略职业技能的魅力，不仅让课堂变得生动有趣，更在同学们的脑海中勾勒出了职业世界的多彩画卷，激发他们探索职业领域的浓厚兴趣。

3. 经验分享：我的职业技能探索故事

通过嘉宾分享亲身经历的实习、兼职等活动，生动展现职业技能探索的点滴历程、遇到的挑战以及克服困难的方法，激发学生对职业技能深入学习和探索的兴趣与热情。

（1）故事讲述。嘉宾分享自己在实习、兼职或相关活动中接触到的职业技能和具体探索经历。

（2）挑战与经验。嘉宾分享在技能学习过程中遇到的挑战、困难以及是如何克服这些难题的，同时提炼出宝贵的学习经验。

（3）互动讨论。其他同学就分享的内容进行提问或分享自己的观点，促进对职业技能的深入理解和交流。

通过真实的经历和感受，展现了职业技能学习的魅力和挑战。互动讨论环节帮助同学们更好地汲取经验，为未来的职业生涯奠定坚实基础。

4. 实战体验：职业技能体验站

本环节通过设立多样体验站，使学生亲身实践职业技能，深入体验其乐趣与实用性，并在交流分享中碰撞思维，共享知识。

（1）站点设置。以小组形式设立多个职业技能体验站，涵盖编程、设计、手工艺、市场营销等不同领域，学生可以根据自己的兴趣选择站点进行实践体验。

（2）亲身体验。学生在站点中亲自动手操作，通过实践体验职业技能的乐趣和实用性，深入了解职业技能的内涵和应用场景。

（3）交流分享。体验结束后，学生聚集在一起，互相交流体验感受，分享所学所得，促进思维碰撞和知识共享。

学生通过分组体验不同领域的职业技能，深入了解了这些技能的实用性和重要性，不仅提升了自身技能，还锻炼了团队协作和问题解决能力。这样的体验对学生未来的职业规划和发展具有重要意义。

5. 赛场竞技：职业技能大比拼

（1）报名与组队。鼓励同学们根据兴趣和专业特长选择合适的队伍。

（2）项目设置与准备。设定多个职业技能竞赛项目，例如，编程技能大挑战、市场营销策划赛和客户服务模拟等，涵盖不同领域和难度，确保项目的多样性和挑战性。学生需提前准备并熟悉所选项目的技能要求。

（3）技能展示与竞技。学生在竞赛现场进行技能展示和竞技，通过实际操作、演示或陈述等方式展现自己的职业技能水平。

（4）评分与点评。评委根据参赛者的技能水平、创意、创新性以及现场表现进行公正评分和点评，确保比赛结果的公正性和公平性。

学生不仅参与了多个领域的技能竞技，也扮演了多个职业角色，在活动中展示了编程、市场策划等出色的职业技能，更在团队协作中展现了默契与实力。评分与点评环节为同学们提供了宝贵的反馈。这次大比拼不仅锻炼专业技能，更促进交流与成长，为学生未来职业发展奠定了坚实基础。

6. 总结展望：技能之旅的收获与前行

机会总是留给有准备的人。班会回顾总结，升华主题，让学生有所收获。

(1) 回顾总结。教师对本次班会进行总结，强调职业技能探索的重要性以及同学们在活动中的表现和收获。

(2) 技能深化与规划。鼓励同学们继续深入探索职业技能，结合自身特点和兴趣，制定个性化的提升计划，为未来的职业生涯做好充分准备。

(3) 资源与建议。教师可以提供一些宝贵的建议和相关资源，帮助同学们更好地提升职业技能。

求职是学生人生路途中的重要一步，如何走好这一步，是青年学子无法回避的问题。职业技能探索主题班会充分展现了职业技能的魅力和重要性。同学们在互动与实践中，深化了对职业技能的了解，激发了学习兴趣和热情。此次班会不仅提升了同学们的专业技能，更促进了他们的团队协作和职业规划，为其未来的职业发展奠定了坚实基础。

七、班会感悟

学生A

这次班会让我深刻认识到职业技能的重要性。通过视频和数据分析，我了解了不同职业领域的就业前景。竞猜和实战体验环节增加了学习的趣味性，也加深了我对职业技能的理解。大比拼更是锻炼了我的团队协作能力，为我未来的职业生涯指明了方向。

学生B

班会内容丰富多彩，让我对职业技能有了全新的认识。竞猜游戏激发了我的兴趣，经验分享让我受益良多。特别是实战体验环节，我亲自尝试了多种技能，感受到了它们的魅力。这次班会不仅让我增长了知识，也为我未来的职业规划提供了参考。

学生C

班会让我领略了职业技能的魅力，体验了团队协作的快乐。我深感职业技能的重要性，并珍惜每一次学习机会。这次经历让我更加坚定未来职业发展的方向，期待在努力中实现梦想。

探索你的工作世界之旅

——职业环境探索主题班会

一、班会主题

探索你的工作世界之旅

班会素材

二、班会背景

随着社会的快速发展和科技的日新月异，职业环境也在不断变化和更新。新兴行业的崛起、传统行业的转型、职业角色的多样化，都为学生未来的职业选择和发展带来了无限可能。然而，面对如此丰富的职业选择，学生们往往感到迷茫和不知所措。因此，本次班会旨在帮助学生全面了解不同职业的特点、行业趋势、职业发展和市场需求，通过互动式学习和体验，激发他们的职业环境探索兴趣，明确职业方向，为未来的职业生涯做好充分准备。

三、班会目标

情感层面

1. 激发好奇心与兴趣：通过多样化的活动和互动，激发学生对职业世界的好奇心，培养他们对不同职业的兴趣和热情。

2. 增强职业认同感：帮助学生认识到每种职业都有其独特的价值和意义，增强他们对未来职业的认同感和归属感。

认知层面

1. 全面了解职业环境：通过案例分析、数据展示等方式，让学生全面了解不同职业的特点、行业趋势、职业发展和市场需求。

2. 提升自我认知：引导学生深入思考自己的兴趣、能力、价值观等，帮助他们更好地认识自己，明确自己的职业定位。

行为层面

1. 制定职业探索计划：引导学生根据自己的兴趣和市场需求，制定具体的职业探索计划，为未来的职业规划打下坚实基础。

2. 提升实践能力：通过角色扮演、模拟场景等活动，让学生亲身体验不同职位的工作内容和挑战，提升他们的实践能力和职业素养。

3. 增强合作与沟通能力：在小组讨论和分享交流中，培养学生的团队合作和沟通能力，为他们未来的职业生涯奠定良好的基础。

四、班会准备

1. 案例搜集：搜集不同行业、不同职位的真实案例，确保案例具有代表性和启发性。对案例进行筛选和整理，形成一系列具有层次和逻辑性的案例集，用于班会中的分析和讨论。

2. 问卷调查：设计一份关于学生职业兴趣、认知和期望的问卷，对学生相关情况进行广泛的调查。对问卷数据进行收集、整理和分析，了解学生对职业的整体认知水平和兴趣点，为班会提供有针对性的内容和方向。

3. 文献收集：查找最新的行业报告、市场分析报告、就业趋势预测等文献资料，了解当前的职业环境和市场需求。

4. 志愿者培训：对志愿者进行简单的培训，确保他们了解班会的流程、内容和目标，了解各自的任务和职责。

5. 材料准备：制作PPT或海报，用于展示不同职业领域的“森林地图”、行业趋势图、市场需求分析等内容。准备角色卡片、模拟场景道具等，用于角色扮演和模拟场景活动。准备问卷调查结果报告、案例集等纸质材料，供学生阅读和参考。

五、班会导引

六、班会实施

1. 班会导入：打开工作世界的大门

通过一段引人入胜的视频或故事，展示不同职业的魅力与挑战，激发学生的好奇心和探索欲。

（1）视频/故事展示。视频将以一部快节奏的剪辑开始，展示不同行业、不同职位的工作场景，凸显职业的多样性和魅力。通过旁白或访谈的形式，讲述不同职业人士的故事。这些故事可以是成功的案例，也可以是面对挑战和困难时的坚持与努力。故事将展示职业人士的热情、智慧和勇气，以及他们对工作的热爱和执着。

（2）交流分享。在视频/故事展示结束后，教师引导学生进行讨论。讨论的问题可以包括“你最喜欢视频中的哪个职业？为什么？”“你从故事中学到了什么？”等。通过这些问题，让学生分享自己的感受和想法，进一步加深对职业世界的认识。

每一份工作都有其独特的魅力和挑战，让我们带着好奇和热情，一起踏上探索工作世界的旅程吧！

2. 职业环境分析：漫步职业森林

通过“森林”隐喻，带领学生深入了解不同职业领域的环境特点。

（1）展示“森林地图”。使用PPT或手绘海报生动呈现不同职业领域的“森林地图”。地图上详细标注行业概况、工作环境照片、典型职位介绍等，让学生一目了然。

（2）分组探险。学生按兴趣分组，每组选择一片“森林”进行探险。利用网络资源、行业报告或实地调研，深入了解所选职业领域的特点、发展趋势及所需技能。

（3）分享成果。每组选派代表，通过PPT、海报或短视频等形式，展示探险成果。内容涵盖职业领域概览、发现的机会、面临的挑战以及未来规划等，让同学们了解各职业领域的魅力。

在职业森林里，每个角落都藏着不同的机会和挑战。通过“森林探险”，我们领略了不同职业领域的独特魅力。同学的分享充满了热情和洞见，希望你们能保持这份好奇心和探索精神，通过深入了解，找到属于自己的那片天空。

3. 行业趋势分析：测测压力君的“体重”

以“体重”隐喻行业趋势，轻松解读行业的未来发展方向。

（1）互动游戏。针对行业趋势分析的互动游戏，我们可以进一步丰富游戏规则，使其更具趣味性和教育性。以下是一个具体的游戏规则设计。

① 游戏准备：准备一张大型的“行业趋势体重秤”海报或展板，上面标注不同行业

的名称和初始“体重”（代表当前市场规模或发展趋势）。同时，准备一些与行业趋势相关的关键词卡片，如“增长”“衰退”“创新”“竞争”等。

② 分组与选择：学生分成若干小组，每组选择一个感兴趣的行业进行研究。每组需选出一名代表作为“行业分析师”。

③ 行业研究：在游戏开始前，各小组利用课余时间对行业进行深入研究，收集相关数据、案例和趋势分析。

④ 游戏开始：主持人宣布游戏开始，各小组代表轮流上台，站在“行业趋势体重秤”前。主持人抽取一张关键词卡片，展示给全体同学。

⑤ 分析与调整：根据抽取的关键词，各小组代表需要在限定时间内对所选行业的趋势进行简要分析，并决定增加或减少该行业的“体重”。调整“体重”时，需要说明调整的原因和依据。

⑥ 评委打分：在小组代表分析和调整完毕后，邀请老师或行业专家作为评委进行打分。评委根据分析的准确性、合理性和创新性等方面进行评分。

⑦ 分数统计与排名：将所有小组的得分进行统计，并公布排名。得分最高的小组将获得“行业趋势分析大师”的称号，并获得相应奖励。

（2）总结点评。学生在互动中深入了解当前行业的热点、挑战和机遇，提高他们的分析能力和预测能力。同时，通过小组合作和竞争，还能培养学生的团队协作和沟通能力。

行业趋势就像人的体重，经常发生变化。只有敏锐地捕捉这些变化，我们才能在职场中立于不败之地。通过“行业趋势大挑战”，同学们不仅展示了出色的分析能力和团队协作精神，还深入了解了不同行业的未来发展方向。希望你们能将这些宝贵的经验和洞察应用到自己的职业规划中，积极思考未来职业发展的路径，为实现个人目标奠定坚实基础。

4. 职位发展分析：职业舞台秀

通过模拟职场场景，让学生亲身体验不同职位的工作内容和挑战。

（1）角色扮演。准备详细的角色卡片和模拟场景，确保角色职责和场景设置贴近真实职场。学生分组抽取角色卡片，在模拟环境中进行角色扮演，如扮演经理、项目经理、市场营销专员等。其他学生可以扮演同事或客户，提问或提出建议，使角色扮演更加真实生动。

（2）提问与建议。角色扮演过程中，鼓励其他学生作为“观众”或“同事”积极参与，针对角色表现提出专业性的问题和建议，有助于角色扮演者更深入地理解职位要求和挑战，并找到改进的方法。

（3）总结经验。角色扮演结束后，每个小组进行分享和总结。讨论角色扮演过程中的收获和体会，分析职位特点和挑战，以及未来可能的发展方向，加深对相应职位发展路径的理解，为自己的职业规划提供参考。

在职业舞台秀中，我们沉浸在精心模拟的职场场景中，亲身体验了不同职位的独特魅力和挑战。这不仅让我们对职场有了更加真切的感知，还让我们对未来职业道路有了更清晰的思考。每一次角色的扮演都仿佛是一次探索，让我们在欢笑与思考中，收获了宝贵的职业规划参考，为未来的成功之路奠定了坚实的基础。

5. 市场需求分析：市场风向标

以“风向标”为隐喻，引导学生关注市场需求和就业趋势。

（1）数据展示。通过图表、表格等形式，直观展示近年来不同行业的就业数据和市场需求变化，引导学生分析市场需求对职业选择的直接影响，如哪些行业正在崛起、哪些岗位需求量大增等。

（2）讨论交流。学生小组根据展示的数据进行深入讨论，分析当前市场趋势背后的原因，探讨可能的未来走向，并分享自己的见解和职业规划策略。

通过“市场风向标”这一活动，我们深刻认识到市场需求和就业趋势对职业规划的重要性。数据展示让我们看到了市场的真实脉动，讨论交流则启发了我们的思考和策略。市场风向标时刻在变化，我们需要时刻关注市场需求和就业趋势，以便做出更明智的职业选择，实现自己的职业梦想。

6. 制定探索计划：绘制职业地图

通过绘制职业地图，引导学生整合前期探索成果，明确职业目标，制定行动计划，为未来职业发展奠定坚实基础。

（1）介绍职业地图模板。仔细阅读职业地图模板的说明，了解模板的各个部分及其作用。模板通常包括顶部信息、核心目标、技能与兴趣、职业路径、教育与培训、工作经验、行业与市场分析以及人际关系与网络资源等部分。职业地图提供了一个全面的框架，帮助学生系统地规划和管理自己的职业发展。

（2）学生制定计划。引导学生根据自己的兴趣和市场需求，制定自己的职业探索计划。可以根据个人的具体情况和需求定制模板，包括添加或删除某些部分，以及调整结构和顺序。随着个人职业发展的进展，职业地图应定期更新，以反映新的目标、技能和经验。

（3）分享与讨论。需要明确目标、时间表和行动步骤，并准备分享。明确的职业目标和详细的行动计划可以激励学生持续努力，实现自己的职业梦想。

通过绘制职业地图，我们不仅明确了自己的职业目标和方向，还学会了如何制定和执行行动计划，并在职业发展过程中持续跟踪和调整。在未来的职业探索中，我们将更加有信心和动力去实现自己的梦想！

在班会中，同学们共同踏上了工作世界探索的旅程。这不仅是职业生涯规划的重要一环，更是了解职业环境的关键步骤。通过深入分析和亲身体验，我们更全面地了解了不同职业的特点和要求，也更准确地评估了自己的职业竞争力和市场价值。这些宝贵的经验和认知，将为我们未来的职业选择和发展决策提供有力支持，帮助我们做出更明智、更自信的决策。

七、班会感悟

学生A

通过这次班会，我深刻认识到不同职业的特点和要求，也更加明确了自己的职业兴趣和方向。我会根据制定的职业探索计划去努力实践，争取早日实现自己的职业梦想。

学生B

角色扮演环节很有意思，让我真切地体验了不同职位的挑战。这加深了我对职场的了解，也帮我明确了职业方向。接下来，我会更关注市场需求和行业趋势，适时调整职业规划，为未来职场之路打好基础。

学生C

绘制职业地图的过程让我更加清晰地看到了自己的职业道路和未来发展方向。我会珍惜这次班会带来的启示和收获，为未来的职业生涯做好充分准备。

就业，你准备好了吗?

——求职简历制作主题班会

班会素材

一、班会主题

就业，你准备好了吗?

二、班会背景

简历是应聘者向潜在雇主展示自身资格、技能和经验的首要载体，是企业进行初步筛选和评价求职者的基本依据。高质量的简历能够有效地突出学生的专业技能、实习经历、项目成果等亮点，增加其在众多求职者中脱颖而出的机会。(学生求职现场如图 4-52 所示）通过主题班会的形式，助力学生深入理解简历在求职过程中的“敲门砖”作用，意识到精心制作简历对于开启职业生涯的重要性，系统提升简历制作水平，从而提高其在就业市场的竞争力。开展简历制作班会对于提升学生的求职技能、增强其就业竞争力、促进其职业发展具有重要意义，是高校进行就业指导服务不可或缺的一环。

图 4-52　学生求职现场

三、班会目标

情感层面

引导学生通过简历展现自己的专业素养、项目经验、成果业绩以及与目标岗位的匹配度，从而提升个人品牌，锻炼职业沟通能力、自我反思与定位能力，以及对行业、企业和岗位需求的理解能力，顺利迈出职场生涯的第一步。

认知层面

帮助学生认识到简历是求职过程中的关键工具，激发他们主动学习和优化简历的积极性。引导学生清晰地认识自我，明确职业定位，为未来的职业发展做出更科学合理的规划。

行为层面

助力学生掌握一套系统化的简历制作原则和实用技巧，包括但不限于信息选择与组织、格式设计、语言表达、针对性撰写等，确保简历内容准确、精炼且有针对性，能够清晰、有力地传达个人的核心竞争力。

四、班会准备

1. 查找资料：搜寻、学习、总结制作优秀简历的必备要素以及相关技能。

2. 制作课件：制作主题班会相关PPT，便于班会顺利进行。

3. 人员邀请：提前预约一位校就业指导中心老师以及三位成功求职的学长学姐，请他们在班会上进行经验交流分享。

4. 学生准备：课前根据自身情况制作简历初稿。

五、班会导引

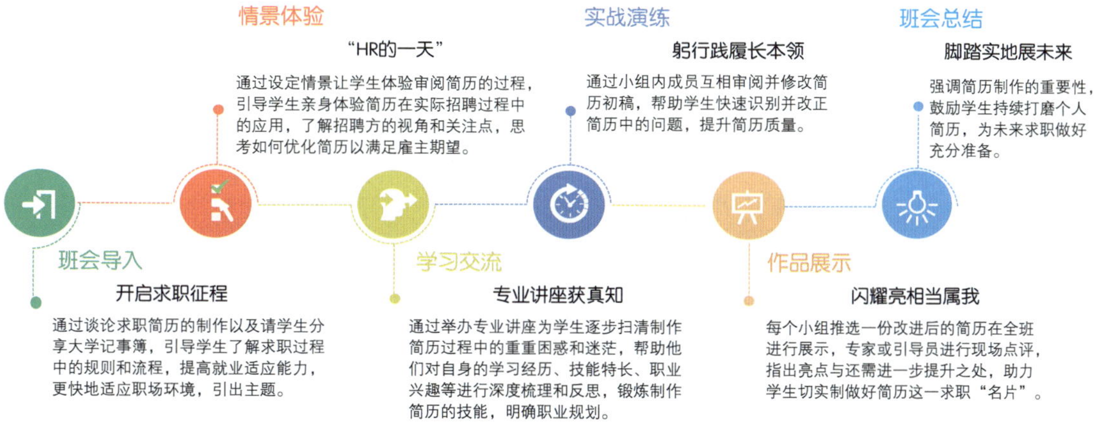

六、班会实施

1. 班会导入：开启求职征程

通过谈论求职简历的制作以及请学生分享大学记事簿，引导学生了解求职过程中的规则和流程，提高就业适应能力，更快地适应职场环境，引出主题。

（1）谈论的话题是求职简历制作，这是学生在职场中留给别人的第一印象，也是他们展示自己的重要途径。为了更好地了解大家的求职经历和心得，要求每位同学在一张便签纸上写下在大学期间做过的“最”令自己感动、收获、成长的事情，可以是一次成功的实习经历、一次意义深远的社团活动，或是一次挑战自我的学术竞赛。

（2）以小组为单位进行分享。请各小组依次分享自己的“最”大学记事簿，并讨论大家心中理想的大学生活是什么样的。这个环节将为学生打开思路，促进学生之间的交流，也能让他们更深入地了解彼此。

（3）在小组讨论之后，分析各位同学心中“理想的大学生活”的共同特点。这将帮助学生更好地理解大家对大学生活的期待和追求，并为接下来的话题奠定基础。

在求职征程中，我们的简历是第一道门槛，也是展示自我的镜子。而大学记事簿，则是我们成长与收获的见证。在分享中，我们不仅是分享者，更是倾听者，彼此之间交流着经历与感悟。理想的大学生活或许各有不同，但在追求成长与挑战自我的道路上，我们彼此相似。这份共通之处，将为我们走向未来的路程指引方向，让我们在求职的旅途中，坚定前行。

2. 情景体验：“HR的一天”

通过设定情景让学生体验审阅简历的过程，引导学生亲身体验简历在实际招聘过程中的应用，了解招聘方的视角和关注点，思考如何优化简历以满足雇主期望。

（1）设定公司求职的情景，假定班级学生现在的身份是某公司HR，正在进行招聘高校应届毕业生的简历筛选环节。

（2）将学生课前制作的个人简历交叉发放，并思考问题：面对手中的简历，你会给它打几分？你在简历中看到了“面试者”的哪些亮点？是否通知“面试者”进入下一轮面试？

（3）请HR代表分享“招聘”过程中审阅简历的感想。

在HR的角色中，我们不仅是筛选者，更是发现者和引导者。每份简历都是一本精彩的书，而我们则是挖掘其中价值的读者。审阅简历不仅是一种技能，更是洞察力和关怀的体现。通过这一过程，我们不仅了解到招聘的严谨性，更感知到每个求职者的独特之处。

3. 学习交流：专业讲座获真知

通过举办专业讲座为学生逐步扫清制作简历过程中的重重困惑和迷茫，帮助他们对自身的学习经历、技能特长、职业兴趣等进行深度梳理和反思，锻炼简历制作技能，明确职业规划。

（1）邀请就业指导中心老师、人力资源专业人士或已成功求职的学长学姐进行专题讲座，分享简历制作的实用技巧、行业趋势、常见误区等。

（2）分享的内容可涵盖简历的基本结构与格式规范、如何突出个人优势与经历、如何针对不同岗位定制简历、如何撰写吸引人的求职信、优秀简历与问题简历对比解析等。

（3）学生可就讲座内容进行提问，专家现场解答，在增强互动性的基础上，解决学生实际的、个性化问题。

在求职路上，每一次学习都是一次收获，每一次交流都是一次成长。专业讲座如同一面明镜，为我们揭示了简历制作的奥秘，为我们的求职之路指引方向。在知识的交流中，我们不仅掌握了技巧，更拓展了视野，让我们的简历成了展示自我的舞台，让我们的职业规划更加清晰。

4. 实战演练：躬行践履长本领

通过实战演练，将学生分为若干小组，每组配一名引导员（可以是辅导员、班主任或高年级学生志愿者），小组内成员互相审阅并修改各自的简历初稿，结合讲座知识进行优化。引导员提供实时指导，帮助同学们解决实际操作中遇到的问题。这种即时、针对性地反馈，有助于学生快速识别并改正简历中的问题，提升简历质量。

在实战演练中，我们不仅是学习者，更是实践者。每一次修改，都是一次提升；每一次指导，都是一次成长。在集体的智慧和引导员的指导下，我们的简历不断完善，我们的能力不断增强。正是这种不断的实践与反馈，让我们的本领得到锻炼，让我们的求职之路更加坚实。

5. 作品展示：闪耀亮相当属我

每个小组推选一份改进后的简历在全班进行展示，专家或引导员进行现场点评，指出亮点与还需进一步提升之处，助力学生切实制做好简历这一求职“名片”。

我们的简历不是一张普通的纸，而是我们的精彩展示。在专家的点评中，我们不仅听到了赞美，更听到了成长的呼唤。优点是我们的光芒，提升是我们的方向。让我们的简历在展示中闪耀，让我们的名片在求职路上引领我们闪亮登场。

6. 班会总结：脚踏实地展未来

通过强调简历制作的重要性，鼓励学生持续打磨个人简历，为未来求职之路做好充分准备。

同时，对学生提出三点希望。

（1）扎实专业素养，提高操作技能。现在社会更加需要的是知识型人才和创新型人才，拥有广博而扎实的知识和较高的专业水平，才能在求职中脱颖而出。

（2）自我定位明确，把握自身优势。在择业时一定要充分认识自身的特点，清楚自己的长处和短处，在求职过程中扬长避短，发挥自身优势。

（3）切实转变观念，切忌好高骛远。通过本次班会，大家应当及时更新就业观念，明确适合自己的岗位，避免结构性失业等问题。

简历制作是我们迈向成功的第一步，持续的打磨是我们通往目标的必经之路。在求职的征程中，扎实的专业素养是我们的基石，清晰的自我定位是我们的指南针，而适度的观念转变则是我们的智慧之举。让我们以踏实的态度，迈出每一步，为未来的辉煌奠定坚实基础。（就业能力指导提升活动如图4-53所示）

图4-53　就业能力指导提升活动

七、班会感悟

学生A

本次班会通过朋辈经验分享、模拟实战等环节让我们更加深入地认识了自我，了解了本专业的就业前景，激发了学习的动力。班会活动形式丰富，内容充实，带给了我一次意义非凡的制作简历学习课，帮助我找到自身闪光点，规划自己的职业生涯，更加坚定地为了自己的目标而奋斗。

学生B

本次班会让我收获了很多，其中校友经验分享部分带给我的感触最深。聆听着我院优秀校友所讲的简历制作技巧，我感受到了校友身上追求创新、脚踏实地的优秀品质，充分展现了我们的校风院风，这也激励我要用实际行动学习校友的优秀品质，努力做学院的优秀接班人。

学生C

对我来说简历制作一直都是一个很棘手的问题，我不知道如何在简历中突出自己的亮点，所写的内容往往没有逻辑。本次主题班会让我受益匪浅，实战环节中各位老师、同学给我提供了很多宝贵的意见，十分实用，我感觉自己的简历在润色之后距离理想岗位又近了一步。

你真的会自我介绍吗?

——求职面试技巧主题班会

班会素材

一、班会主题

你真的会自我介绍吗?

二、班会背景

2022年全国高校毕业生人数首次突破1000万人，2023年全国高校毕业生人数达到1158万人；根据招生情况预计，2024年全国大学毕业生人数将达到1179万人，就业人数将再创历史新高。根据智联招聘的调研，高校学生毕业后选择就业的比例为71.2%，加上全球经济增速减缓，又恰逢国内经济转型期，就业难似乎成了常态，每届毕业生都感觉遇到了“史上最难就业季”。对于学生来说，“就业难”并不单指就业形势严峻与就业人数攀升，更多的是对个人求职能力和求职技巧的担忧。为什么我网申题也做了，在线测试、笔试也过了，面试后却没有下文了？企业到底需要什么样的人才？什么时候企业才能看到我？为了更好地帮助同学调整心态、掌握求职面试技巧，本次主题班会将以自我介绍为切入点，和同学们聊一聊求职面试那些事儿。

三、班会目标

情感层面

1. 求职是一个过程，需要信心、耐心、恒心。
2. 求职面试能力是可以通过练习不断提升的。

认知层面

1. 求职面试的过程是不断认识自己、理解自己、挖掘自己的过程，需要用心感受。
2. 求职面试是有规律可循的，只要找对方法就能提高面试成功率。

行为层面

1. 将每一场面试视为一次实战提升的平台，面试后要及时复盘。
2. 勇于尝试，善于积累，在实践中总结经验，找到属于自己的面试风格。

四、班会准备

1. 任务要求：班会前，要求每位同学准备一份自我介绍。
2. 素材查找：班会前，查找与求职面试主题相符的音视频资料、书籍资料等。
3. 材料制作：准备纸、笔、速写板、马克笔若干。

五、班会导引

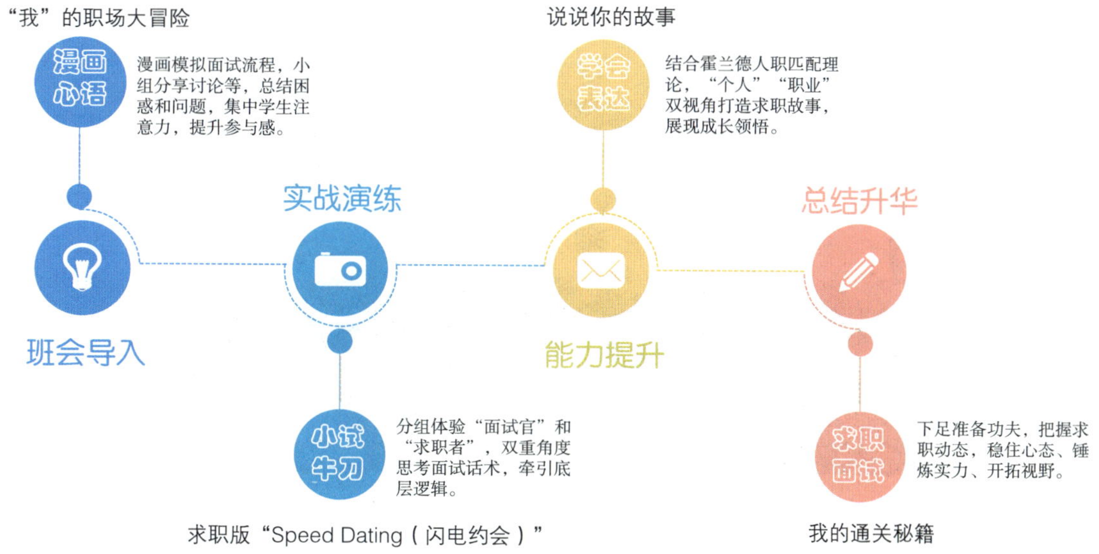

六、班会实施

1. 班会导入：漫画心语——“我”的职场大冒险

通过分享学生在面试过程中与HR“斗智斗勇”的过程，总结归纳学生在求职面试过程中遇到的困惑和问题，从而集中学生注意力，提升学生参与感。

实操步骤如下。

（1）请学生以漫画的形式生动呈现与HR“过招”的场景，可以是一个微妙的表情、一次尴尬的对视、一场成功的谈判、一组精彩的对答等。

（2）请学生以小组为单位，在组内分享展示自己的画作，并与组内同学分享自己面试时的感受，以及遇到的困惑、困难，获得的经验、思考等。

（3）请同学们共同思考一个问题：面试时，你和HR到底在聊什么？

经过讨论分享，我们可以看到，每个同学的面试经历都是不同的，有的同学精心准备，与HR相谈甚欢；有的同学不知所措，和HR相对无言；有的同学百发百中，迅速进入下一轮面试；有的同学喜忧参半，抓不住其中的奥妙……其实求职面试就是学生与HR的一场博弈，学生借由自我介绍不断地告诉HR“我是你的不二人选”；而HR通过学生的自我介绍，从不同角度、不同问题切入，反复确认“你是不是我的最佳人选”。因此，自我介绍是每一位同学的面试敲门砖。那么，你真的用对这块“砖”了吗？（求职面试技巧分享会如图4-54所示）

图4-54 求职面试技巧分享会

2. 实战演练：小试牛刀——求职版“Speed Dating（闪电约会）”

通过“Speed Dating（闪电约会）”的方式将同学们分为“面试官”和“求职者”两组，并通过模拟演练的方式引出求职面试的底层逻辑，即“人职匹配”理论。

实操步骤如下。

（1）将学生分为两组，一组扮演“面试官”，一组扮演“求职者”。“面试官”需在速写板上完善企业背景信息，并给出3个明确的招聘岗位信息，如销售、技术专员、产品经理；“求职者”需准备一份“自我介绍”。

（2）“求职者”轮流与“面试官”进行交流沟通，每次交流沟通的时间为1分钟，1分钟时间到后需立即停止交流，并与下一位“面试官”进行交流；此轮环节结束后，由“面试官”给出3个进入下一轮面试的“求职者”名单，并说明原因；同时，“求职者”要根据与“面试官”的交流情况，预估哪3位“面试官”会选择自己，并说明原因。

（3）最后，一起看一看“面试官”与“求职者”的“人职匹配”情况，从而进一步思考“自我介绍”里应包含哪些要素。

每个人都有自己独特的能力模式和人格特征，每种人格特征的人都可以找到适合自己的职业。换位思考，职业体验是不错的认识自己、认识职业世界的方式。请同学们聚焦个人优缺点，结合岗位需要总结归纳出自我介绍的必备要素。

3. 能力提升：学会表达——说说你的故事

通过引入STAR原则、金字塔原理和SCQA法则引导学生思考一份抓人眼球的“自我介绍”是什么样的，并找到优化“自我介绍”的逻辑与思路。

《故事力》一书中有这样一句话：“故事，就像一根杠杆，能够放大你的实力，撬动你的世界，帮你获取更多的资源。”现在请同学以“自我介绍”为蓝本，打造自己的求职故事。

此环节需充分引导学生结合霍兰德人职匹配理论，从“个人”和“职业”两个视角的需求与匹配出发选取故事，从而达到HR与面试者“双赢”的目的。

“自我介绍”并不仅仅是个体面试时的两三分钟，而是学生成长发展的缩影。它是印刻在学生记忆里的脚本，是学生实力与潜力、个性与选择、情怀与价值的集中体现。我们要讲好“我很牛”的故事，展现个人实力；讲好“我为什么”的故事，明晰价值取向；讲好“我的改变”的故事，展现自己的成长与领悟。（个体面试指导如图4-55所示）

图4-55 个体面试指导

4. 总结升华：求职面试——我的通关秘籍

通过介绍求职通关“秘籍”，从心态、准备、视野三个角度入手，引导学生思考还可以从哪些方面加大求职面试成功率。

（1）心态：稳扎稳打是制胜的前提。对于找工作的同学来说，求职面试是一场拉锯战，若抱着“速战速决”、追求“短平快”的想法对待求职面试，往往会因小失大或一蹶不振，因此，同学们既要看到“就业形势”之难，又要抱以“世无难事”之毅，将每一次求职面试当成与别样风景相遇的机会。胜败乃兵家常事，只有出发才能离梦想更近。

（2）准备：投资自己是制胜的关键。求职是求职者智商、情商、知识、阅历的综合展现。作为一名应届毕业生，专业知识、综合素质、实践经历是你的“硬实力”，需要用心打造，不断锤炼；而心态观点、意志品质、沟通表达则是你的“软实力”。在求职面试的过程中，学生不但要注重“硬实力”的积累，更要注重“软实力”的培养。

（3）视野：抓取信息是制胜的秘诀。在求职期间，有的同学总能第一时间获得就业信息并与HR建立良好的关系。信息时代，可以说掌握了信息，就掌握了求职取胜的先机。因此，同学们在面试求职的过程中不仅要向内找答案，不断提升自己，更要向外找机遇，加快信息的交互。密切关注企业的招聘动态，了解企业的背景文化，熟悉企业的人事架构，弄懂岗位的主要职责，都有助于同学们在面试求职过程中更好地展现自己。

本次主题班会以自我介绍为线索，以人职匹配理论为基础，带领同学们逐步认识了求职面试的底层逻辑，为同学们展示了制作优秀的自我介绍的方案，并从心态、准备、视野三个维度探讨了大学生应如何看待、准备、应对求职面试。希望同学们能将本次主题班会所讲的理论与方法应用到实践中，不断总结凝练，找到最适合自己的面试风格和心仪的工作。

七、班会感悟

学生A

此次主题班会通过“漫画心语”“小试牛刀”“学会表达”三个环节，提高了同学们的班会参与度与体验感，同学们交流探讨沟通的过程也是释放求职面试压力，回归理性平和的过程。

学生B

此次主题班会的小试牛刀环节让我印象深刻，在之前的求职过程中，我很少去思考企业想要一个什么样的人，而这次班会拓宽了我的思路，也加深了我对人职匹配理论的认识和理解。

学生C

通过这次主题班会，我更加深刻地认识到“功在平时”的重要性，投资自己才是制胜的关键，作为一名即将毕业的大学生，我更应抓紧时间，拓展自己的知识，锻炼自己的能力。

你的“美商”在线吗?

——求职礼仪主题班会

班会素材

一、班会主题

你的“美商”在线吗?

二、班会背景

人生无处不成交。很多人都说，求职的过程就是自我推销的过程，有的人因能力强实现了自我推销，有的人因思虑全实现了自我推销，无论是以实力制胜还是以准备制胜，都少不了自我推销过程中的“美商”加持。什么是“美商”呢?“美商”是沟通过程中一种动静相宜的美，它可以是一个良好的形象、一次愉快的对谈、一个专业的细节，是个人求职礼仪的全面展现。因此，本次主题班会将以沟通中的礼仪之美为切入点，将理论与技巧相结合，让学生意识到沟通不是简单的说话，而是信息的传递、思想的交汇、尊重的表达，以及规则的遵守。一个会沟通的人善于用“美商”调动对方的“感性脑”，从而给对方留下深刻的印象；一个会沟通的人善于用“美商”展现个人的专业与素养。因此，学会沟通，学会在沟通中展现你的“美商”，一定能让求职之路更加顺畅。

三、班会目标

情感层面

1. 意识到对于“求职小白”来说，求职礼仪是职场入场券。
2. 意识到“美商”能够提升求职者的个人形象与气质。

认知层面

1. 认识到表达是多元化的，包含语言表达与非语言表达。
2. 认识到职场礼仪对个人商务形象塑造的重要性。

行为层面

1. 掌握求职沟通的基本原则。
2. 掌握求职礼仪的基本内容。

四、班会准备

1. 材料准备：班会前，准备一套包含职场角色卡、性格卡、语气卡、谈判卡的“职场游戏卡牌”；准备20个求职面试的常见词组。

2. 素材准备：班会前，查找与沟通礼仪相关的音视频及书籍资料等。

3. 人员准备：班会前将学生进行分组，5～6人一组。

4. PPT准备：根据本次主题班会内容制作PPT。

五、班会引导

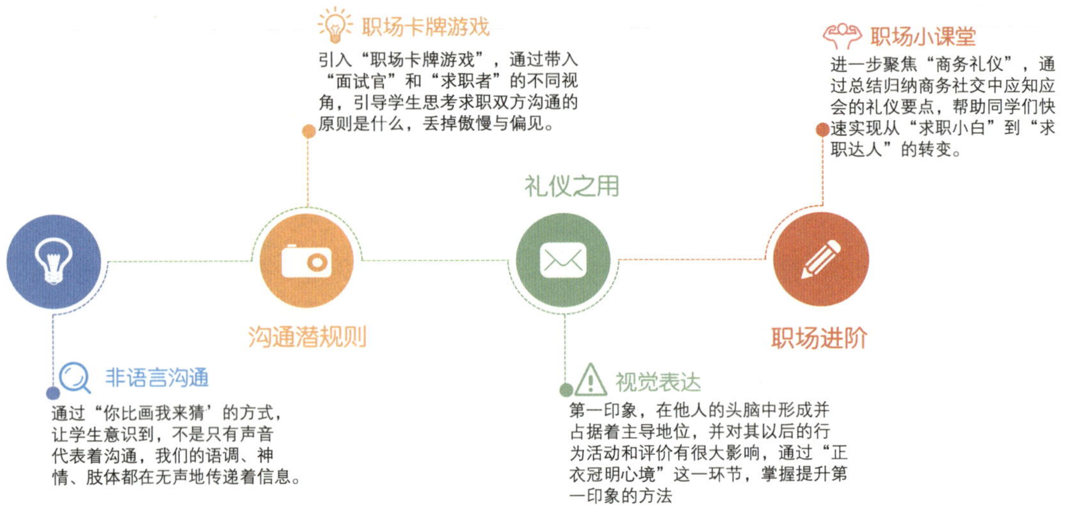

六、班会实施

1. 班会导入：非语言沟通——你比画我来猜

通过“你比画我来猜”的方式，引入美国传播学家艾伯·特梅拉比安提出的沟通公式，让学生意识到，不是只有声音代表着沟通，我们的语调、神情、肢体都在无声地传递着信息。

实操步骤如下。

（1）邀请4～6位同学上台分组进行“你比画我来猜”，并邀请台下的同学一起参与进来。

（2）拟定20个求职过程中常见的词组，这些词组需能充分调动学生的五官与肢体。

（3）每组进行“你比画我来猜”的时长为3分钟，猜得最多的组获胜。

在日常生活或求职面试中，我们往往会更多地关注“有声”的信息传递，却忽视了“无声”的信息流动。然而，有时候正是这些“无声”的信息，对谈话的成败起着决定性的作用，因为这些“无声”的信息往往代表着约定俗成的礼仪、规矩、规则、流程，是美商的静态展现，代表着共识、默契和前提。因此，请同学们注意，求职面试过程中面试官不仅能从“有声”的表达中了解你，也能从“无声”的表达里观察你。（求职礼仪指导如图4-56所示）

图4-56 求职礼仪指导

2. 沟通“潜规则”：职场卡牌游戏——丢掉傲慢与偏见

引入“职场卡牌游戏”，通过邀请学生扮演、模仿不同性格、语气、态度的“面试官”和“求职者”，引导学生思考求职双方沟通的原则。

实操步骤如下。

（1）自制一套包含职场角色卡、性格卡、语气卡、谈判卡的“职场卡牌”，其中“角色卡”为名词，“性格卡”“语气卡”为形容词，“谈判卡”为主谓宾结构的短语。

（2）邀请两名学生分别抽取角色卡、性格卡、语气卡，再请其中一名同学抽取谈判卡，由此组成双方沟通的背景信息，并请学生根据卡牌给出的角色特征、性格特征、语言风格围绕谈判话题展开沟通。

（3）谈话后分别请不同角色的扮演者谈一谈沟通过程中自己的情绪感受，用三个关键词评价对方，并说一说自己对谈判结果的预期。

尊重与合作是开展一场良性沟通的前提，也是沟通交流的逻辑与基础。沟通过程中的表情、手势、语言、语气等构成了美商的动态展现。

3. 礼仪之用：视觉表达——正衣冠明心境

通过让学生思考如何给面试官留下良好的第一印象，帮助学生掌握最基本的求职礼仪。

实操步骤如下。

（1）你后天有一场非常重要的国企面试，你望着站在镜子前的自己，告诉自己一定要给面试官留下一个好印象，你打算做些什么呢？请同学们以小组为单位进行讨论，并做好记录。

（2）请同学们将给出的答案按照仪容、仪表、仪态进行分类。

（3）除在视觉上加强仪容、仪表、仪态外，是否还需做其他的准备工作？

美国心理学家洛钦斯提出的首因效应，指人与人第一次交往中给对方留下的印象，在对方的头脑中形成并占据着主导地位，并对其以后的行为活动和评价有很大影响。第一印象在很大程度上与视觉印象相关联，因此想要提升第一印象，可以从提升个人仪容、仪表、仪态三个方面入手。另外，意识决定行动，行动决定结果，一颗开放之心、恭敬之心、包容之心，正是自我道德要求的集中体现，这对形成良好的第一印象也起着至关重要的作用。（求职礼仪示范教学如图4-57所示）

图4-57 求职礼仪示范教学

4. 职场进阶：职场小课堂——我们应知应会的商务礼仪

通过对沟通礼仪的逐层拆解与阐释，同学们已经对美商的概念有了更加清晰的认识，它既包含动静相宜的视觉之美，又体现在沟通的原则、礼仪、技巧上。接下来我们将进一步聚焦商务礼仪，通过总结归纳商务社交中应知应会的礼仪要点，帮助同学们快速实现从“求职小白”到“求职达人”的转变。

在此过程中，可以通过场景模拟+明确要点+总结归纳的方法，通过体验式互动帮助学生掌握常见常用的商务礼仪，如正确的社交距离和握手礼、得体的商务会面安排、电话沟通礼仪、邮件沟通礼仪等，以帮助学生尽快适应“求职者”“职场人”的角色。

本次主题班会从求职面试的“美商”入手，引导学生思考语言沟通与非语言沟通在求职面试过程中的作用与影响，启发学生用良好的礼仪规范塑造第一印象。同时，向学生介绍了不同商务场景下的商务礼仪，为学生求职实战提供了理论指导与方法策略。希望同学们学以致用，在实践中打造独具个人特色的商务形象。

七、班会感悟

学生A

本次主题班会以沟通礼仪为线索，通过逐层递进的讲述方式，让我们明白了什么是沟通、沟通的原则以及礼仪的作用，让我们掌握了更多关于沟通礼仪的知识，这对我们的求职有非常大的帮助。

学生B

本次主题班会令我印象最为深刻的是“求职卡牌游戏”，通过体验游戏，我才发现自己在人际沟通中的一些不足之处。在和朋友、家人、老师的沟通过程中，我常常下意识为自己的情绪所裹挟，因此忽略了对方的声音，往往在没有听清问题、听懂问题之前就已经发了一大堆牢骚，今后我会时刻提醒自己，及时改正。

学生C

本次主题班会令我最感兴趣的是第三部分——礼仪的探索，老师对于“仪容”在于“露”，“仪表”在于“盖”，“仪态”在于“动”的总结，让我觉得非常经典且实用，使我发现了许多之前求职过程中忽略的小细节。这节课后，我会重新复盘之前的求职面试，查缺补漏，争取下一次做得更好！

砥砺前行，研梦可期

——考研专题教育主题班会

班会素材

一、班会主题

砥砺前行，研梦可期

二、班会背景

随着时代的进步和竞争的加剧，越来越多的行业要求从业者具备更高的学历背景，考研因此成为许多大学生实现职业发展和学术追求的重要途径。在大学校园中，“考研热”现象普遍存在，这既体现了大学生对未来的积极规划，也反映了同学们对自我价值的追求。考研不仅关乎学历的提升，更是一次对毅力、耐力和学术能力的全面考验。在这个过程中，需要同学们面对各种挑战和压力，而如何有效应对这些挑战、减轻压力，成了考研路上的重要课题。考研主题班会旨在为同学们提供一个交流和学习的平台，引导他们深入了解考研政策、分享备考经验、探讨应对压力的策略，从而更加自信、从容地迎接考研的挑战，实现自己的学术和职业梦想。

三、班会目标

情感层面

1. 缓解焦虑情绪：通过班会中的分享和交流，帮助同学们减轻考研带来的焦虑和压力，保持积极的情绪状态。

2. 增强信心与决心：通过班会中学长学姐的成功经验分享，激发同学们对考研的信心和决心，鼓励他们勇敢追求自己的梦想。

3. 增进同学间的情感交流：班会中设置互动环节，增进同学之间的情感联系，共同营造积极向上的学习氛围。

认知层面

1. 提升对考研的认知：通过班会中对考研政策、专业选择等方面的解读，帮助同学们更加全面、深入地了解考研的重要性和意义。

2. 拓展备考策略与技巧：通过班会中高分学长学姐的备考经验分享，使同学们掌握有效的复习方法和技巧，提高备考效率。

3. 深化对自我定位与职业规划的理解：通过班会中的讨论与交流，引导同学们明确自己的考研目标和职业规划，为未来的发展做好充分准备。

行为层面

1. 制定合理的备考计划：鼓励同学们在班会后根据自己的实际情况，制定切实可行的备考计划，并付诸实践。

2. 养成良好的学习习惯：通过班会中的经验分享和讨论，引导同学们养成良好的学习习惯，提高自主学习能力。

四、班会准备

1. 数据搜集：查找近几年所在学院各专业的考研人数、报考院校及考研成功率等相关数据，了解当下考研形势，并对考研当前情况及后续发展趋势进行归纳总结。

2. 问卷调查：调查周围学生对于未来的发展选择，了解学生的发展需求及对考研的认知情况，发现问题，并分析可行的解决办法。

3. 案例搜集：查找往届考研案例，特别是那些成功与失败的案例。对案例进行深入剖析，总结其学习心态与学习方法，寻找有效的备考策略。

4. 实地走访：联系学院老师，组织学生到老师的科研室参观，鼓励学生就研究生学习、生活等事项与老师及研究生学长学姐实际交流，了解研究生生活。

5. 资料整合：将所有的资料进行归纳整合，撰写讲稿。

6. PPT制作：根据策划书和讲稿内容制作PPT，并征求学生意见进行完善。

五、班会导引

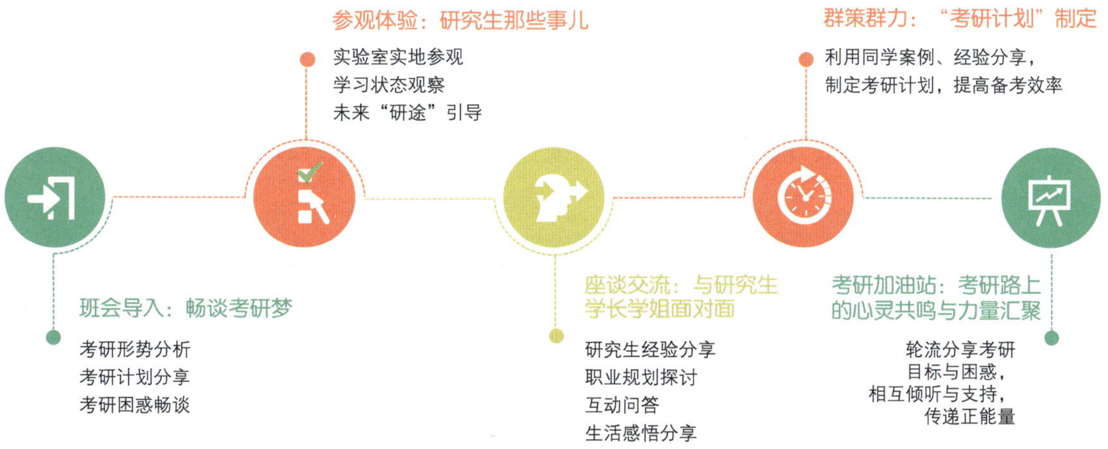

六、班会实施

1. 班会导入：畅谈考研梦

通过对“未来选择”的提问切入主题，用身边同学们的发展选择更容易引起学生的兴趣和注意。

（1）考研形势分析。通过数据展示和形势分析，让同学们了解当前考研的整体情况和发展趋势。

（2）考研计划分享。分享自己的未来期许，如理想院校选择、考研途中故事等，引发同学们的情感共鸣。

（3）考研困惑畅谈。对学生考研途中的困难进行随机提问采访，“你觉得压力大吗？有什么调节的好办法吗？”让学生说出自己的真实感受，为后面的经验交流、情感引导做铺垫。

2. 参观体验：研究生那些事儿

组织学生到科研实验室走访参观、座谈交流，真切地感受研究生阶段的氛围，进而为学生的未来规划提供有力的参考。

（1）实地参观：组织同学们走进科研实验室，目睹研究生们日常的学习和工作状态。在实验室里，同学们将有机会近距离观察各种先进的科研设备和仪器，感受科研工作的严谨与细致。

（2）学习状态观察：通过参观可以了解到研究生是如何在导师的指导下开展研究工作的，以及他们如何面对科研中的挑战和困难，如何在实践中不断提升自己的学术能力。

（3）未来“研途”引导：参观过程中，引导同学们正确认识研究生阶段的真实情况，包括学习压力、学术要求、职业发展等方面，帮助他们为未来的学习生活做好充分的准备。

3. 座谈交流：与研究生学长学姐面对面

（1）经验分享：研究生代表分享他们在研究生阶段的学习经验，包括课程选择、研究方法、时间管理等方面，同时讲述自己在科研过程中遇到的挑战和困难，以及解决这些问题的过程。

（2）职业规划探讨：研究生代表分享读研的职业规划，包括继续深造、就业方向、行业前景等方面的内容。就同学们关心的职业问题进行解答，为同学们提供宝贵的建议和指导。

（3）互动问答：在交流过程中，鼓励同学们积极提问，与学长学姐们进行深入的互动。就学术问题和生活问题，为同学们提供实用的建议。

（4）生活感悟分享：研究生代表分享在研究生阶段的生活感悟，包括如何平衡学习与生活、如何处理人际关系、如何保持积极心态等方面的内容，帮助同学们更好地了解研究生阶段的生活状态，为他们的未来生活提供有益的参考。

4. 群策群力：“考研计划”制定

老师给出一个同学的考研设定（隐去姓名），PPT展示出他的详细资料，并让小组讨论，分析他在考研中可能遇到的情况，给他制定一份“考研计划”。

（1）引导学生从设定出发联想到自己，就考研中的困难烦恼畅所欲言，帮助学生调节情绪，释放压力。

（2）互动讨论往届考研成功案例，剖析其成功因素，分享自己的见解和心得。

（3）从学长学姐或考研专家分享的备考经验和技巧中梳理备考策略，帮助同学们提高学习效率。

通过互动讨论和经验分享，引导同学们归纳出应对考研需要做哪些准备，帮助同学们从中了解自己的情况，“对症下药”。

5. 考研加油站：考研路上的心灵共鸣与力量汇聚

（1）分组围坐：将同学们分成若干小组，每个小组围坐成一圈，营造亲密而温馨的氛围。

（2）轮流分享：小组成员轮流分享自己的考研目标、困惑或担忧。分享内容可以是对理想院校的向往、对复习进度的焦虑，也可以是备考过程中遇到的具体困难。（考研主题班会分享如图4-58所示）

图4-58 考研主题班会分享

（3）倾听与支持：其他成员认真倾听，提供情感上的支持和建议。鼓励同学们用鼓励的话语和正面的态度为同伴加油打气。

6. 写给未来的信：用文字传递信念与希望

（1）准备信纸与笔：为每位同学准备信纸和笔，让他们给考研结束后的自己写一封信。

（2）想象未来场景：引导同学们想象考研结束后的场景，想象那个站在人生新起点的自己。让他们思考希望未来的自己具备哪些品质、取得哪些成就。

（3）书写信件：同学们用心书写信件，记录自己对未来的期待与憧憬，以及对自己的鼓励与祝福。鼓励他们用真挚的情感和有力的语言为未来的自己加油打气。

（4）封存信件：将信件封存起来，待考研结束后统一发放给同学们。让他们在未来的某个时刻重新打开这封信，感受自己曾经的信念与希望。

同学们通过给未来写信的方式，展现了坚定的信念与美好的希望。他们想象着考研后的新起点，写下对未来的期许与憧憬，为自己加油打气。封存的信件将成为大家未来路上的宝贵回忆，也将时刻提醒大家不忘初心，砥砺前行。

七、班会感悟

学生A

通过本次考研主题班会，我开始重新审视考研这件事，开始了解考研需要具备的一些条件，而这些是我原来从未想过的。因此，这次班会给了我很多思考，可能我需要重新考虑自己的人生之路，看看自己是否适合考研。

学生B

我从大一入校时就在计划考研，这次班会让我更坚定了想法。这次班会给了我很多“干货”，也让我发现了自己的很多问题，相信如果我把这些问题克服了，一定能够考研成功！

学生C

我原来只是有考研的想法，并没有具体的计划和目标。这次班会给了我一个了解研究生生活的机会，让我明白了研究生的学习工作是我想要的。我原来简单的想法现在已经转变，我将认真选择考研学校和专业，沉下心来，专心考研。

点亮创新火花，探索无限可能

——创业教育主题班会

班会素材

一、班会主题

点亮创新火花，探索无限可能

二、班会背景

近年来，国家积极倡导创业创新，为高校学子创设了优越的创业环境，也使得创业启蒙教育备受瞩目。新一代青年群体怀揣着丰富的想象力和澎湃的激情，拥有更为开阔的视野和更为充沛的资源，对创业怀有热切的向往与期盼，是推动大众创业、万众创新的重要力量。因此，本次班会围绕创业教育主题展开，旨在通过创业思维的启蒙教育，引导学生树立创业意识，培养创业精神，为未来职业发展探索无限可能。

三、班会目标

情感层面

1. 点燃创业激情：通过分享成功创业者的故事和举办创业主题演讲，激发学生的创业激情，培养学生对创业的热情与向往。

2. 树立创业信心：组织创业经验交流会，让学生与创业者面对面交流，从而树立创业道路的信心和勇气。

认知层面

1. 深化创业知识理解：通过创业教育讲座和创业案例分析，使学生全面理解创业的基本概念、流程和关键要素。

2. 提升市场敏锐度：引导学生参与市场调研活动，了解行业趋势和市场需求，提升学生的市场敏锐度和洞察力。

3. 认识创业风险与机遇：通过风险评估和机遇识别训练，帮助学生认识到创业过程中的风险，并学会把握创业机遇。

行为层面

1. 明确创业目标：引导学生根据自身兴趣和能力，设定合理的创业目标，并明确实现目标所需的资源和步骤。

2. 制定创业计划：组织学生进行创业计划书的撰写，培养学生的计划制定和项目管理能力。

3. 落实创业行动：鼓励学生参与创业实践项目，如创业比赛、创业实习等，将创业计划付诸实践，积累创业经验。

四、班会准备

1. 案例搜集：搜集成功创业案例，特别是与学生们年龄相仿、背景相似的创业者的案例，以便引起学生共鸣。

2. 问卷调查：设计一份关于学生创业意愿和认知的问卷，了解他们的真实想法和需求。

3. 文献查找：查找创业教育相关的书籍、文章等，为班会提供理论支持。

4. 材料制作：制作PPT、视频等多媒体材料，辅助班会进行。

五、班会导引

六、班会实施

1. 班会导入：创业初印象

通过播放创业励志视频，展示创业者的风采和创业过程的艰辛与喜悦，激发学生的创业热情。

（1）视频播放。选取一段具有代表性、能够激发学生情感的创业励志视频。视频内容可以涵盖创业者的心路历程、创业初期的困难、团队的合作与努力，以及最终取得成功的瞬间。在播放前，简短地介绍视频的背景和内容，帮助学生更好地理解视频所要传达的信息。（学生创业团队在全国创业赛事中进行成果展示如图 4-59 所示）

图 4-59 学生创业团队在全国创业赛事中进行成果展示

（2）感悟分享。视频播放结束后，围绕“创业之路的艰辛与喜悦”这一主题进行讨论交流。每个学生都可以分享自己的感想和体会，以及从视频中学到的创业精神和经验。

班会主导者需强调创业不仅仅是一种经济行为，更是一种生活态度，一种追求梦想的方式。创业之路虽然充满挑战，但只要有梦想、有勇气、有行动，就一定能够闯出一片属于自己的天地。

2. 认识创业：创业者的智慧之路

通过分享成功创业者的故事，让学生了解创业者的品质和智慧，以及创业过程中的经验教训，引导学生思考创业的意义和价值，激发他们的创业欲望。

（1）故事分享。分享成功创业者的故事，引导学生了解他们的创业历程与成功经验，分析创业者在创业过程中展现出的智慧与品质。

（2）智慧解析。小组讨论创业成功的关键因素，分享看法。引导学生思考自身与创业的结合点，启发创业灵感。

（3）分享讨论。每组派代表上台发言，与其他组分享讨论成果，老师点评总结。

创业不仅仅是为了赚钱，更是一种实现自我价值、服务社会的方式。我们要学习创业者的精神和智慧，为自己未来的创业之路打下坚实的基础。

3. 感知创业：项目选择与评估之道

通过案例分析和头脑风暴等环节，让学生了解如何选择合适的创业项目，并进行初步的项目评估，从而引导学生了解创业需要关注市场需求、竞争态势等因素，培养他们的市场敏感度和分析能力，为未来的创业之路奠定坚实基础。

（1）案例分析。从成功和失败的创业项目中挑选几个典型案例，确保案例具有代表性和启发性。通过PPT、视频或现场讲解的方式，详细展示案例的背景、项目选择过程、评估方法以及最终成果。

（2）分析讨论。引导学生对案例进行深入分析，讨论项目选择的关键因素、评估指标以及决策过程中的得失。从案例中提炼出创业项目选择与评估的一般原则和方法，帮助学生形成系统化的思维框架。

（3）头脑风暴。鼓励学生提出创业想法或疑问，全班头脑风暴寻找解决方案。

① 分组与准备：将学生分成若干小组，每组选出一名组长负责协调和组织讨论。提前布置任务，要求学生收集与创业项目选择相关的资料和信息。

② 提出议题：提出一个具体的创业项目选择议题，如“如何选择具有市场潜力的创业项目”或“如何评估创业项目的可行性”。

③ 头脑风暴讨论：每个小组围绕议题展开头脑风暴，鼓励大家畅所欲言，提出各种可能的想法和观点。组长负责记录并整理讨论内容。

④ 分享与交流：每个小组选派一名代表上台分享本组的讨论成果和观点，其他小组可以提问或补充。老师进行点评和总结，引导学生深入思考和完善观点。

选择合适的创业项目是创业成功的关键之一。此环节需要引导学生学会从多个角度分析和评估项目，通过案例分析和头脑风暴等活动，学生不仅能够了解创业项目选择与评估的方法和技巧，还能够培养市场敏感度和分析能力，确保未来在创业之路上能够稳步前行。

4. 实践创业：创业项目大比拼

通过组织创业项目策划大赛，让学生分组进行创业计划的制定和展示，培养学生的团队合作能力和实践能力。通过模拟演练和实际操作，让学生深入了解创业过程中的关键要素，为未来的创业之路做好充分准备。

（1）分组与选题。将学生分成若干小组，每组4～6人，确保每个小组内的成员具备不同的背景和专长。每个小组需要选择一个具有市场潜力和创新性的创业项目进行策划。

（2）创业计划制定。每个小组需要制定详细的创业计划，包括项目背景、市场分析、产品定位、营销策略、财务预算等关键要素。老师可以提供创业计划模板和指导，帮助学生明确计划的结构和内容。小组内成员需要分工合作，共同完善创业计划。

（3）模拟演练。在制定完创业计划后，每个小组需要进行模拟演练，模拟创业项目的实施过程。演练内容可以包括产品原型展示、市场推广、融资路演等。老师可以邀请企业导师或创业成功人士担任评委，为学生提供专业的反馈和建议。演练结束后，小组成员需要进行总结和反思，完善创业计划。

（4）项目展示与评选。所有小组依次上台展示他们的创业计划和模拟演练成果。展示过程中，其他小组和评委可以提问或给出建议。

评委根据创业计划的创新性、市场潜力、可行性以及团队的表现进行打分。最终评选出优胜小组，并给予奖励和表彰。

制定和实施创业计划是创业过程中的重要环节。创业项目模拟演练作为一种有效的实践教学方式，对于培养学生的创业意识和实践能力具有重要意义。本环节的实践体验，不仅锻炼了学生的团队协作能力，还使学生深化了对创业过程的理解，为未来的创业之路做好充分准备。（创业能力培训主题班会如图 4–60 所示）

图 4–60 创业能力培训主题班会

5. 意义探讨：创业价值大揭秘

（1）国家层面意义探讨。一组学生从在国家层面讨论创业对经济发展、产业结构升级、国家竞争力等方面的意义。结合国家创业政策、创业环境等要素，分析创业在推动国家创新驱动发展战略、实现经济转型升级中的关键作用。讨论如何通过优化创业环境、加强创业教育等方式，进一步激发全社会的创业热情和创新活力。

（2）社会层面价值分析。一组学生讨论创业对社会的贡献，包括推动就业、促进经济增长、创新商业模式等方面。分享社会上的创业成功案例，分析这些案例如何改变人们的生活方式、提升社会福祉。讨论创业在推动社会创新、提升社会效率、优化资源配置等方面的积极作用。

（3）个人层面影响探讨。一组学生就创业对个人成长、职业发展、经济收益等方面的影响展开讨论。分享个人或身边人的创业经历，分析创业过程中遇到的挑战与机遇，以及这些经历为个人成长带来的积极变化。结合收集的资料，讨论创业如何提升个人的创新能力、团队协作能力、问题解决能力等关键素质。

（4）观点汇总与分享。每组选出一名代表，在全班范围内分享本组的讨论成果和心得体会。将讨论成果进行汇总，全班进行互动交流，对不同观点进行补充、质疑和深化，形成更加全面和深入的认识，最终形成关于创业对个人、社会和国家影响与价值的综合观点。

七、班会感悟

学生A

通过这次班会，我深刻感受到了创业的魅力和挑战。我明白了创业不仅仅是一个梦想，更需要付出实际行动和努力。我要努力学习创业知识，提升自己的创业能力，为未来的创业之路做好准备。

学生B

在班会中，我听到了许多成功创业者的故事，他们的精神和智慧让我深受启发。我也意识到了创业需要勇气和决心，不能害怕失败和挫折。我会努力克服自己的恐惧和犹豫，勇敢追求自己的创业梦想。

学生C

通过小组讨论和创业计划的制定，我学会了如何与团队成员合作，如何分析问题并提出解决方案。这次班会让我更加明确了自己的创业方向和目标，我会继续努力学习和实践，为自己的创业之路打下坚实的基础。

第四节　安全文明篇

安全情系你我他，人人守护家国安

——国家安全教育主题班会

班会素材

一、班会主题

安全情系你我他，人人守护家国安

二、班会背景

党的二十大报告中指出："国家安全是民族复兴的根基，社会稳定是国家强盛的前提。"树立国家安全意识，自觉关心、维护国家安全，是每个公民的基本义务。近年来，境外一些情报机构将国内部分高校特定专业学生列为间谍策反目标，以金钱诱使涉世未深的高校学生为其搜集、传递和分析情报；境外某些学校以与中方一起办学为借口，吸引优秀学生留学，然后进行策反；有的大学生缺乏警惕，把在科研活动中接触到的涉密内容当成无关紧要的资料对外泄露……追求不劳而获的"成功"，滥讲"江湖义气"，心智不成熟而被威胁，都是大学生国家安全知识缺乏、辨别能力不足、防范意识不强的表现，这些现实问题也为高校敲响了筑牢安全防线的警钟。

三、班会目标

情感层面

1. 深刻领会国家安全的极端重要性。
2. 树立以实际行动维护国家安全的信念。

认知层面

1. 识别危害国家安全的具体表现。
2. 掌握应具备的价值观念、行为规范和法律意识等。

行为层面

1. 积极掌握国家安全基本知识、国家安全法律法规，了解损害国家安全的典型事件。
2. 在学习、生活、工作中规范自己的言行，切实维护国家安全。

四、班会准备

1. 文本资料整理：通过相关图书、网络文献等全方位了解国家安全的基本知识，梳理国家安全知识学习目录。

2. 视频材料：收集并梳理危害国家安全典型案例视频资料。

3. 知识竞赛题库：整理汇总与学生息息相关的国家安全知识竞赛题目。

五、班会导引

六、班会实施

1. 班会导入：身边的暗战

解读大学生身边发生的典型案例，将事件的起因、经过、结果生动真实地向学生讲述，使学生切实了解危害国家安全的体现形式，增强维护国家安全的紧迫感。

案例一《经不起的诱惑》：北京某大学国际政治系四年级学生李某在毕业前夕，被在校任教的美籍英语教师、美国中央情报局间谍约翰·德雷克斯策反，参加了美国情报组织，并为其收集我国的各类情报。约翰以帮助李某毕业后找工作、担保出国、物质与金钱引诱等方式，发展李某为情报人员。

解析：毕业后找到一份理想的工作或者出国继续深造，是很多大学生的梦想，特别是在当前复杂而又严峻的就业形势下，部分大学生难免会想尽一切办法去实现自己的梦想。

国外的间谍组织正是利用这种需求心理，通过线上线下多种途径进行渗透、腐蚀、拉拢，把一些意志薄弱，经不起诱惑的学生拖入陷阱。

案例二《法律的无知》：某地区公安机关发现网络上在传播一段长达3分多钟的恐怖活动视频，场面极其血腥。经调查后锁定了嫌疑人某网络媒体负责人朱某，并将其传唤。到案后，朱某对自己的违法行为供认不讳。公安机关依法对朱某作出了行政处罚。

解析：部分学生为了刷“存在感”，喜欢在网络平台发布或转载一些恐怖、暴力的图文或视频，特别是可能引起模仿的恐怖活动的实施细节，以提高自己的关注度，殊不知这些行为已经触犯了《反恐怖主义法》的相关规定。

当我们听到“国家安全”时，第一反应都觉得离我们很遥远。当前，我们面临的国内外形势比历史上任何时候都复杂，国家安全不是遥远的“谍战片”，它已经涵盖了经济、社会、文化、网络信息等多个方面，与我们的学习、生活、工作等息息相关。

2. 知识普及：国家安全知识库

通过现场互动、播放教育宣传片、漫画讲解的形式，促使学生感知、理解、深化对国家安全的认识。（同上一堂国家安全教育课如图4-61所示）

图4-61　同上一堂国家安全教育课

（1）互动问答："请说一说你所了解的国家安全内容有哪些？"让学生谈一谈自己所了解的国家安全是什么，梳理掌握学生的知识盲点，为针对性介绍国家安全相关内容做好充分的准备。

（2）视频解密：组织学生集中观看国家安全教育宣传视频《国家安全　为了你　依靠你》和保密公益宣传片《一秒钟》，从宏观和微观层面让学生深入了解国家安全与我们学习、生活、工作的关系。

（3）漫画讲解：坚持问题导向，聚焦"国家安全是什么、国家安全包括的领域、危害国家安全的行为、公民需要履行的职责和义务"等方面向学生进行逐一阐释，引导学生全面了解国家安全的具体内容。

2014年1月24日，为了进一步完善国家安全体制和国家安全战略，确保国家安全，中共中央决定设立国家安全委员会。2015年7月1日，全国人大常委会通过的《中华人民共和国国家安全法》，明确规定每年4月15日为"全民国家安全教育日"。同年11月，国家安全机关向社会发出通告，12339是国家安全机关受理公民和组织举报电话。国家安全关系我们每一个人、每一个家庭，在维护国家安全上，我们都是参与者、守护者，人人有责且需人人尽责。

3. 履践致远：争做国家安全小卫士

通过现场组织学生参加国家安全知识竞赛、国家安全互动集市，寓教于乐，促使学生在沉浸式的体验中增长知识。

（1）线上竞赛：依托雨课堂线上平台，组织同学们现场开展国家安全知识竞赛，进行国安知识大比拼，考察学生的知识掌握与内化程度，按照竞赛成绩评出国家安全学习优秀小卫士。

（2）趣味闯关：围绕《中华人民共和国宪法》《中华人民共和国国家安全法》《中华人民共和国反分裂国家法》《中华人民共和国反恐怖主义法》《中华人民共和国数据安全法》《中华人民共和国网络安全法》《中华人民共和国反间谍法》《中华人民共和国反有组织犯罪法》《中华人民共和国密码法》等法律法规，精心设计"快速判断""极速前行""知识拼图"等国家安全知识小游戏，以分组积分、趣味闯关的形式促使学生"涨知识"，让国家安全教育更鲜活。

（3）好书推荐：为学生提供一些关于国家安全的著作和读本清单，促使学生将短期学习和长效学习相结合，筑牢学生国家安全意识，争做遵法学法守法用法的新时代青年。（国家安全主题团日活动如图4-62所示）

家是最小国，国是千万家。青年一代肩负着时代赋予的历史使命，更应该在国家安全维护上挺膺担当：维护祖国团结，不受他人蛊惑；理性分析应对，防范间谍行为；发现危害活动，及时提供线索；保守知悉秘密，履行法定义务，争做维护国家安全的忠诚卫士。

图4-62　国家安全主题团日活动

七、班会感悟

学生A

班会系统地普及了有关国家安全的知识，让我意识到国家安全的极端重要性，维护国家安全，我们每个人责无旁贷。我们的祖国正一步一步走向繁荣，只有守住了国家安全的这座“钢铁长城”，前进才能得到有效保障。

学生B

之前提到国家安全，只会联想到间谍、特工、战争等，觉得离自己太遥远。通过本次班会我了解到“国家安全”早已不限于“保卫国家不受侵略”的意思，而是拓展到了经济、社会、生态环境、网络空间等各个领域，它与我们每个人的生活都息息相关。

学生C

此次寓教于乐的主题班会，让我们知晓了在日常生活中该如何用实际行动维护国家安全，对于微博、微信文章中的一些煽动性言论，我们要保持清醒的头脑，不能被这些言论所左右。在微信朋友圈发布照片时，也要注意照片中的背景，未经允许不能在军事基地、军用港口等地拍摄；面对危害国家的不法行为，可拨打国家安全机关电话12339进行举报。

安全千金难买，命运自己主宰

——人身安全主题班会

班会素材

一、班会主题

安全千金难买，命运自己主宰

二、班会背景

人身安全是大学生在校学习生活、成长成才和全面发展的根本前提。大学生人身安全是指大学生的在生活、学习和社交活动中免受外界伤害、威胁和侵犯，保持身体和精神健康的状态。大学生人身安全是大学生自我发展的基本需求，是保障个人权益和社会稳定的重要前提。近年来，学生人身安全问题越来越受关注，校园火灾、交通事故、溺水、意外猝死等事件偶有发生。学生安全意识淡薄、自我保护能力弱、对安全教育的接受度较低、纪律意识和法律意识淡薄等是发生安全事故的主要原因。召开大学生人身安全教育主题班会，旨在普及安全知识，增强学生安全意识，提高学生自我保护能力，有效预防安全事故发生，促进学生的身心健康和安全成长。

三、班会目标

情感层面

1. 增强责任感，牢固树立安全意识和自我保护意识。
2. 形成共同维护人身安全的内在认同，防患于未然。

认知层面

1. 认识人身安全的重要性，掌握安全防范知识和安全技能。
2. 了解人身安全隐患，在现实生活中能够有效防范与应对危险。

行为层面

1. 具备预防、危险识别和自救自护的能力，让安全隐患远离生活。
2. 掌握应急处理技能，练就应对突发事件本领。

四、班会准备

1. 资料搜集：收集整理人身安全事故案例、视频和安全防范小常识等。

2. 问卷调查：开展大学生人身安全教育专题调研，并进行深度分析。

3. 资料查找：查找《学生伤害事故处理办法》《普通高等学校学生管理规定》等文件资料。

4. 技能学习：邀请学校校医院、体育部老师讲解急救知识和自我防身招式。

5. 主题辩论：策划组织人身安全防范主题辩论赛。

6. 班级分组：将班级同学根据实际情况分为6～8组。

7. 材料制作：制作班会所需PPT和讲稿。

五、班会导引

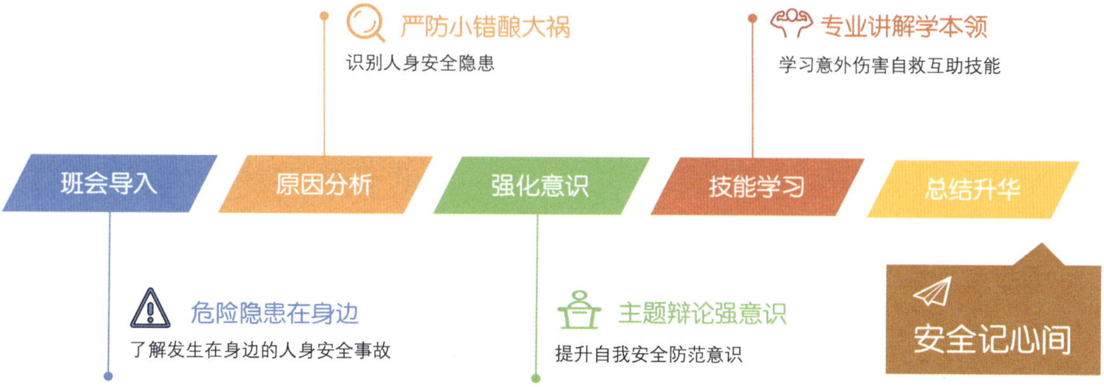

六、班会实施

1. 班会导入：危险隐患在身边

通过视频导入和小组讨论，引出班会主题，引导学生了解发生在身边的各类人身安全事故。

（1）隐患在身边。播放近年来发生的人身安全事故视频，让同学们了解发生在身边的各种类型的人身安全事故。

（2）安全无小事。各小组结合视频围绕“如果面临危险的人是你，你该怎么办？”进行讨论，并选一名代表进行班级分享。通过班级分享，归纳整理出人身安全类型。

“安全第一，人人有责”，作为大学生，要时刻保持警惕，坚持学习并在实际中运用安全知识；要树立安全意识，在日常生活中保护自己及他人的人身安全。

2. 严防小错酿大祸

通过案例研讨，引导学生识别人身安全隐患，做到防患于未然。

（1）找隐患。发放提前准备好的人身安全相关案例，以小组为单位讨论每个案例的安全隐患和防范方法。

案例一：食物中毒事件。某高校2名女生通过网络订餐购买外卖快餐，吃后出现头晕、恶心、呕吐等症状，经医院诊断为轻微食物中毒。

解析：部分同学经常叫外卖，而部分外卖商家没有安全卫生合格证、健康证等，存在食品安全隐患，影响身体健康。

案例二：溺水事件。暑假，雷某留校，因天气较热，该同学不顾湖边“严禁游泳”的警示，下湖游泳，溺水身亡。

解析：游泳是广大青少年喜爱的体育锻炼项目之一，但下水前未做好热身准备、缺少安全防范意识，极易发生意外。学校校园内的人工湖、自然湖等不是游泳场所，学校明令禁止下水游泳及在水边嬉戏打闹。雷某不顾学校警示，强行下水游泳，最终导致惨剧发生。

案例三：意外猝死。某高校一名大三男生在体育测试跑1000米时，跑到700米左右，猝然倒地，昏迷不醒。经抢救无效，不幸去世。

解析：事故的发生暴露出部分学生未能熟练掌握急救知识和急救技能，不能冷静处理突发意外事件。在运动发现有不良症状时没有引起足够重视，在身体不适时，认为自己年轻，一会儿就好了，健康常识匮乏、安全意识薄弱。

案例四：交通意外。某高校学生李某，平时喜欢戴着耳机边听音乐边走路。一天下午，他跟往常一样边听音乐边走路回宿舍，经过十字路口时，一辆小汽车从他左侧开来，汽车鸣笛，他丝毫没有避让的意思，结果汽车刹车不及时，将其撞倒，造成李某左大腿骨折。

解析：道路千万条，安全第一条。少部分同学在校园内外的道路上骑电动车、自行车和行走时，不遵守交通规则，随意变道、闯红灯等，有时因为侥幸心理造成严重后果。

案例五：运动伤害。赵某喜欢玩极限单车，一次在玩耍的过程中，不小心摔倒，胸口撞到车把手上，当天下午在医院诊治，医生建议留院观察。但该生未遵守医嘱，自行回到学校住宿，当晚病情恶化，于第二天凌晨去世。医生推断因内脏破裂导致死亡。

解析：体育运动是大学生十分热爱的一种活动方式，但一些危险竞技性项目对运动者的身体素质要求高，并且专业技术性强、危险性大、安全保障要求高，这需要运动者引起重视，准确掌握相关项目的危险系数，如赵某玩的极限单车，就是危险竞技性运动项目，一旦发生受伤等意外状况应及时就医，且听取医生的诊治建议。案例中的赵某受伤入院治疗时，不听从医生的嘱咐，最终导致病情恶化死亡。

（2）说预防。每小组选派一名代表分享不同类型人身安全隐患的预防方法。

不少同学认为危险离自己很远，大学生的人身安全无需在意。可是，大学生的身心生命安全，是大学生最重要、最基本的安全。人的生命只有一次，防止大学生生命不受伤害是大学生安全最主要、最基本的内容。

3. 主题辩论强意识

通过辩论赛，让学生在思辨中阐释安全的重要性，提升自我安全防范意识，提高自身避险能力。

邀请学生代表以“发生人身安全事故是可以预防的/无法避免的”为主题开展辩论赛，辩论双方应注意时间把握、言语得当、有理有据。

通过辩论表明人身安全事故并非不可预防，人身安全保护九原则需牢记。生命第一，兼顾财务及其它；防范为重，树立安全风险意识；做足准备，熟悉报警疏散信息；重视预警，提前规避风险；服从指引，避免无谓伤害；预判后果，躲避连锁反应；遵纪守法，打消侥幸心理；量力而为，互助互救需量力；知行合一，技能应知应会。

4. 专业讲解学本领

通过实践教学的方式，让学生在实操过程中增强意外伤害自救互助能力。

（1）实践教学。邀请学校校医院、体育部老师分别讲解急救知识和运动安全知识，并带领同学们进行心肺复苏、海姆立克急救法、防身术等技能实操体验。

（2）情景再现。请同学们合理利用仿真医疗器械、医疗标志等营造急救氛围，现场演绎情景剧《筑牢防火墙·海姆立克急救法》。

安全是家长的嘱托，也是老师的期盼。同学们，安全永远是第一位的，我们要积极参与校园安全建设，增强安全与急救意识，掌握基本的急救技能、应急处理技能，真正做到“生命第一、安全至上”。（新生安全意识教育如图4-63所示）

5. 安全记心间

有人说，生命是宝藏；有人说，生命是黄金。但如果不把安全放在第一位，那么生命之花就有可能因意外而过早地凋谢。同学们在生活中要时刻关注安全，要从点滴做起，小心用火用电、小心外出游玩、小心自然灾害、小心身体不适。安全永远是第一位的，只有人身安全得到保障，生活才会多姿多彩，我们才能快乐学习，健康成长。同学们，请时刻牢记“安全千金难买，命运自己主宰”。（学生事务助理聘任仪式如图4-64所示）

图4-63　新生安全意识教育

图4-64　学生事务助理聘任仪式

七、班会感悟

学生A

我在平时生活学习中常常会忽视安全，总认为危险离我们很远。通过今天的班会，我突然意识到其实危险就在我们身边，我会主动提高思想认识，强化安全意识。

学生B

小小隐患有时会酿成大祸，本次班会让我注意到点外卖、运动前未热身、骑共享单车时听歌或不戴头盔等安全隐患有时也会发生在自己身上，这次班会为我敲响了警钟。

学生C

心肺复苏、海姆立克急救法等技能实操体验，让我真正掌握了安全防范技能，今后如果在生活中遇到紧急情况，我会充分运用相关知识，在第一时间实施自救、互救。

宿舍你我他，安全靠大家

——宿舍安全教育主题班会

班会素材

一、班会主题

宿舍你我他，安全靠大家

二、班会背景

宿舍是大学生生活、学习、交友的重要场所，是构建和谐平安校园的重要一环，是大学生的第二个“家”。然而，近年来，各高校宿舍火灾、盗窃、诈骗、用电安全等问题时有发生，每一次问题的爆发都给国家、社会、学校、家庭、个人带来不同程度的伤害与损失。例如，2024年1月19日，河南南阳一学校宿舍发生火灾，导致13人遇难，4人受伤；2024年3月27日，湖南长沙一学校宿舍外发生火灾，现场浓烟滚滚；2024年3月30日，上海浦东新区一学校宿舍发生火灾，所幸因处理及时并未造成人员伤亡……宿舍安全与学生的生命安全息息相关，没有人能置身事外。本次班会将带领同学们共同发现宿舍中潜在的安全问题，从小事做起，从身边做起，防患于未然，共建安心家园。

三、班会目标

情感层面

1. 认识到宿舍是同学们共同的家，每一位同学都有义务守护自己的家园。

2. 认识到宿舍安全与每一位同学都息息相关，只有提高防范意识，改善生活习惯，遵守规章制度才能共建安心家园。

认知层面

1. 发现当前宿舍中存在的安全隐患。
2. 了解宿舍常见安全问题的类别。
3. 了解不同安全问题的应对方法。

行为层面

1. 掌握常见安全问题的避险救灾方法。

2. 针对性整改宿舍现存的安全隐患。

3. 共同监督养成良好的生活习惯。

四、班会准备

1. 图片搜集：以日常宿舍检查为契机，针对学生宿舍存在的安全隐患进行拍照，形成《宿舍安全问题自查相册》。

2. 视频搜集：搜集近三年高校宿舍发生的安全事故，并以“高校宿舍火灾”为关键词，通过国家消防救援局数据统计及国家级新媒体平台新闻报道等，搜集近三年来高校发生的具有代表性的各类宿舍火灾资讯。

3. 邀请专讲人员：邀请校保卫部相关老师为同学们开展宿舍安全专题讲座，帮助同学们了解常见的宿舍安全问题并普及科学的解决办法。

五、班会导引

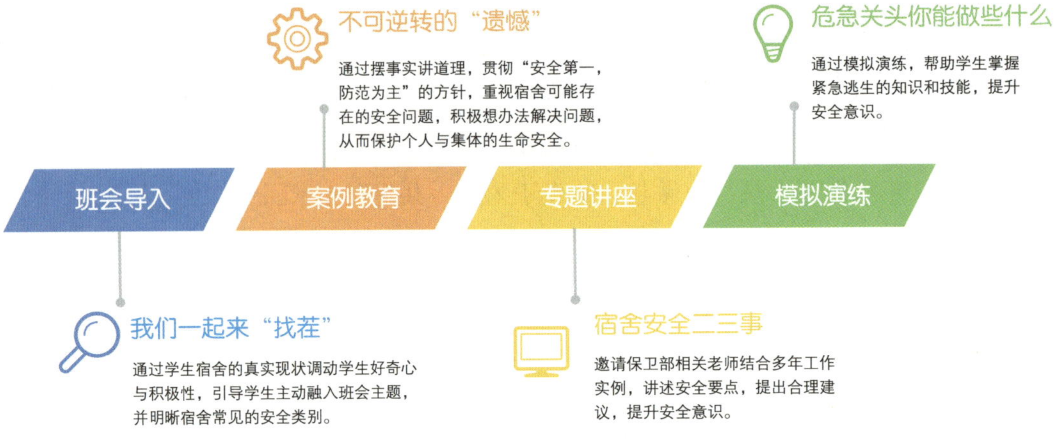

六、班会实施

1. 班会导入：我们一起来“找茬”

利用事先准备好的宿舍安全隐患图片素材，引出宿舍安全这一主题。请同学们结合照片回答以下问题。

（1）找出图片中存在的安全隐患点；

（2）对图片所示的安全隐患进行分类；

（3）请同学们结合个人经验给出整改安全隐患的方法。

宿舍是同学们共同生活的空间，承载着同学们的青春梦想。然而，宿舍也是安全问题多发地，防火安全、防盗安全、用电安全、信息安全，都是需要同学们长期关注的问题与要点。

2. 案例教育：不可逆转的“遗憾”

通过摆事实讲道理的方式，从数据呈现、视频展示、案例分析等多方面引起学生对宿舍安全问题的重视与思考。

（1）以直观数据抓住人心：通过分析近三年宿舍发生各类安全事故的频次及每一起事故导致的后果，抓住学生眼球，引导学生重视宿舍安全。

（2）以安全视频抓牢眼球：通过观看四类宿舍安全教育视频，让学生意识到宿舍安全并不只是一个空洞又模糊的概念，它和每一位学生都息息相关。

（3）以火灾案例抓好重点：在四类宿舍安全问题中，宿舍火灾往往会造成群体性伤害，因此在此环节可以着重对“宿舍火灾”进行分享与讲述，引导学生进一步加强对宿舍安全问题的重视。

宿舍是安全隐患多发地，也是人生意外多发地。“注意安全”并不是一句空话，我们要切实贯彻“安全第一，防范为主”的方针，面对可能存在的安全问题不可视而不见、避而不谈、事不关己，而要积极采取措施，主动防范，不断提高自我防范意识，自我保护意识；室友之间要达成共识，重视宿舍可能存在的安全问题，积极想办法解决问题，从而保护个人与集体的生命安全。

3. 专题讲座：宿舍安全二三事

通过邀请保卫部、校医院等相关老师，结合多年工作实例，向同学们讲述在日常宿舍生活中如何防止安全问题的发生、当安全问题发生时如何科学采取行动保护自己、降低伤害和损失，并针对同学们目前宿舍生活中存在的问题，提出合理的意见和建议。

4. 模拟演练：危急关头你能做些什么

通过实物体验的方式，检查学生对个人逃生技巧及应急救护技巧的掌握情况。

（1）邀请保卫部门相关老师在班会上进行正确逃生方法以及消防栓使用方法的演练，并邀请部分同学上台体验。（消防安全知识讲座如图 4-65 所示）

（2）邀请校医院相关部门医生，向学生介绍并演示紧急救护知识，并邀请部分发同学上台体验。

宿舍是我们的生活聚集区，一旦出现事故，将对学生生命财产构成严重威胁。掌握紧急逃生的知识和技能，提高自我救护能力和应急处突能力，即使在危急时刻，也不要放弃希望，学会自救同样能为自己和他人争取多一点时间与希望。安全不容小觑，需我们常记心间。

图4-65　消防安全知识讲座

七、班会感悟

学生A

宿舍安全对于我们大学生来说是一个永恒的主题，贯穿我们大学四年的生活。这次主题班会老师将理论与实践相结合，既让同学们掌握了宿舍安全问题的科学应对技巧与办法，还让同学们有机会真实体验怎样使用消防栓等消防工具，检验了班会的学习成果。

学生B

这次主题班会将图片材料、视频材料、数据分析、专题知识与逃生演习有机结合在一起，主题鲜明、结构完整，增强了同学们的参与感，也加深了同学们的印象。

学生C

今天让我感触最深的是图片检索环节，在这一环节我发现原来我们的宿舍里确实存在着各种各样的安全隐患，但是大家以前从来没有关注过或者即使知道也不当回事，回去后我会和室友对这些安全问题进行排查，因为这既是保护自己，也是在保护他人。

别让校园贷，“贷”走你的青春

——大学生财产安全校园网贷主题班会

班会素材

一、班会主题

别让校园贷，“贷”走你的青春

二、班会背景

近年来，互联网借贷平台瞄准了大学生群体，以贷款平台、校园分期购物平台和电商平台的分期付款等形式慢慢渗入校园，以“零门槛，无抵押”等口号诱骗在校大学生过度消费、透支个人信用，宁静的象牙塔成为网络借贷平台争夺的地盘。然而低息的背后往往是高额的服务费，打着校园贷的幌子放高利贷。不法分子往往采取虚假宣传的方式和降低贷款门槛、隐瞒实际资费标准等手段，诱导学生陷入“高利贷”的陷阱，影响了学生正常的学业，侵犯其合法权益，也让一些家庭背负了沉重的债务。

互联网的飞速发展，给我们的生活带来了诸多便利，但同时它也是一把“双刃剑”。随着互联网的发展，消费需求的膨胀也随之而来，特别是大学生群体中，存在很多不健康的消费理念，有些学生为了满足自己的消费欲望，走上了校园贷款的道路。央视新闻曾重点报道过一例校园网贷的悲剧《郑先桥：校园网贷悲剧》，而这样的事件早已不是个例。“欠款跳楼”“裸条借贷”“暴力催收”等现实悲剧不断上演，不得不引起大家的警醒和反思。

三、班会目标

情感层面

1. 提高学生对财产安全的重视和关注，培养他们珍惜自己的财产并增强保护意识，防止财产遭受损失以及因财产损失而引发的焦虑和恐慌情绪。

2. 强化学生对身边同学及亲友之间的信任和理解，让他们意识到诈骗可能会破坏彼此间的信任关系，从而引发对财产安全的情感认知和行为反应。

认知层面

1. 帮助学生了解各类校园网贷的诈骗手法和常见套路，增强他们的辨别能力和警惕意识，使其能够从根源上防范和应对财产安全的风险。

2. 提升学生对合法贷款渠道和金融知识的认知水平，让他们了解正规借贷的流程和注意事项，培养理性理财的观念和能力。

行为层面

1. 培养学生主动寻求帮助和咨询的行为习惯，让他们在遇到财产安全问题时能够及时向校园相关部门或专业机构寻求援助，避免财产损失的进一步扩大。

2. 增强学生对财务管理和风险防范的实际操作能力，通过实际案例分析和模拟演练等方式，让他们掌握应对校园网贷风险的具体方法和技巧，保护自己的财产安全。

四、班会准备

1. 案例搜集：对校园网贷的相关信息进行搜集整理，初步了解校园网贷的基本信息，搜集班会所需的“校园贷”典型案例、教育视频、PPT等素材。

2. 问卷调查：发布问卷调查，并要求同学们课前主动对校园网贷进行了解，同学们在班会开展前填写问卷调查（见二维码），与自己身边的同学对校园网贷进行预讨论，了解自己身边是否有同学接触过校园网贷。

3. 分组作业：班会前对班级同学进行分组，部分学生参与班会前的“校园贷”情景小短片的拍摄，并准备情景小短片的拍摄工具、场地以及道具。

4. 材料制作：对搜集的资料进行归纳整理和制作PPT。

五、班会引导

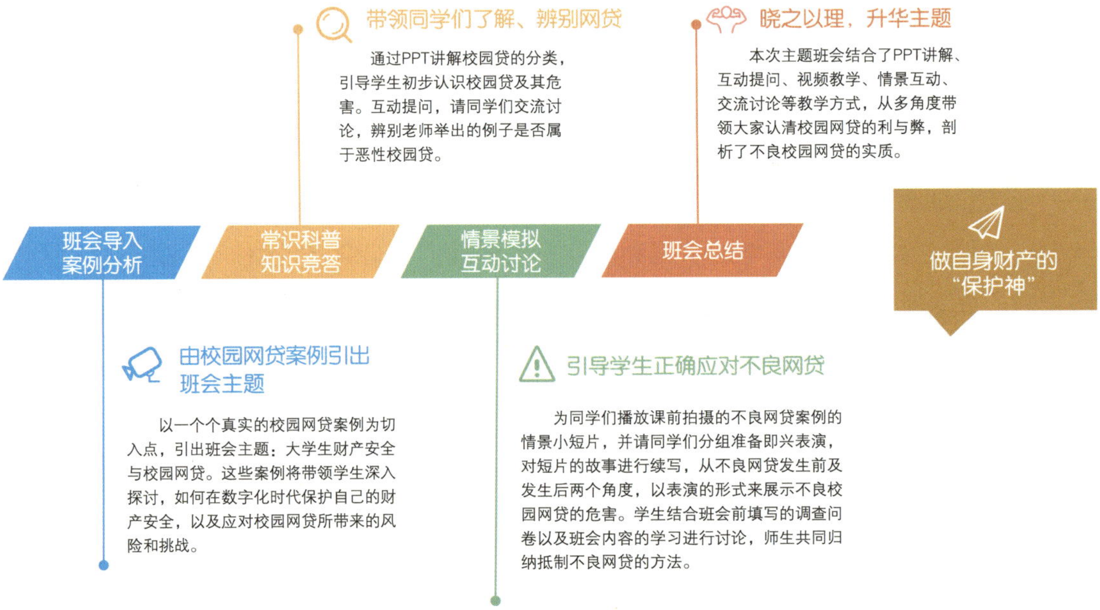

六、班会实施

1. 班会导入、案例分析：由校园网贷案例引出班会主题

以一个个真实的校园网贷案例为切入点，用这些案例带领学生深入探讨，如何在数字化时代保护自己的财产安全，以及应对校园网贷所带来的风险和挑战，引出班会主题。

案例一：2017年4月11日，厦门某高校一名大二女生因陷校园贷，在泉州一宾馆自杀。据报道，该女生借款的校园贷平台至少有5个，仅在某一家平台就累计借款257笔共57万多元。其家人曾多次帮她还钱，期间曾收到过“催款裸照”。

案例二：2017年8月15日，20岁的北京某外国语高校的大学生范某某，在吉林老家溺水而亡。家人发现他留下的遗书后，他的手机还不间断收到威胁恐吓其还款的信息。通过其家人介绍得知，他此前曾在多个网络借贷平台借“高利贷”，已累计达13万余元，其中一笔借款数额为1100元，一周后需还1600元，周利息高达500元。

案例三：2018年，山东长清一批大学生深陷“套路贷”引起了网友关注，其中一女大学生借5000元被逼还13万，还写下30万元的欠条。诈骗团伙用各种手段催债，在借款大学生家的墙上喷上各种威胁和恐吓的文字，有的大学生已经离家出走，甚至全家搬迁……

案例四：合肥一职业学院读大二的男生小林（化名），陷入了校园高利贷漩涡，其2023年9月向放贷人借了2000元钱，两个月时间，债务本息滚雪球一般增长了接近100倍，到处打短工的父母倾尽家中积蓄，还了1万多元债后，欠的高利贷本息仍有17万多元。小林如今已不敢上学，躲回家中，精神疑似出现障碍。因为追债人频繁上门，其家人甚至不敢回家，只得报警求助。

互联网的飞速发展，给我们的生活带来了诸多便利，但同时它也是一把“双刃剑”。随着互联网的发展，消费需求的膨胀也随之而来，特别是大学生群体中，存在很多不健康的消费理念，有些学生为了满足自己的消费欲望，走上了校园贷款的道路。这也就给予了犯罪分子可乘之机，校园贷诈骗随之兴起。

2. 常识科普、知识竞答：带领同学们了解、辨别网贷

（1）通过PPT讲解校园贷的分类，引导学生初步认识校园贷及其危害。

① 电商背景的电商平台提供的信贷服务，如蚂蚁花呗、备用金、京东校园白条等；

② 消费金融公司如趣分期、任分期等，部分还提供较低额度的现金提现；

③ P2P贷款平台（网贷平台），用于大学生助学和创业，如名校贷等。因国家监管要求，包括名校贷在内的大多数正规网贷平台均已暂停校园贷业务；

④ 线下私贷，即民间放贷机构和放贷人这类主体，俗称高利贷。高利贷通常会进行虚假宣传、线下签约、做非法中介、收取超高费率，同时存在暴力催收等问题，受害者通常会遭受巨大财产损失甚至人身安全威胁；

⑤ 银行面向大学生提供的校园产品，如招商银行的“大学生闪电贷”、中国建设银行的“金蜜蜂校园快贷”、青岛银行的“学e贷”等。

（2）互动提问，请同学们交流讨论，辨别老师举出的例子是否属于恶性校园贷。例如，小王由于急需用钱在蚂蚁花呗平台借款；小李想要换一个新手机，一天他收到短信声称他拥有零利息高额校园贷款资格等。

校园网贷并非全都是合法安全的。不良校园网贷一般披着具有诱惑力的迷人外衣，打着申请便利、手续简单、放款迅速的旗号，喊着花明天的钱，圆今天的梦，总有一款满足你的口号，像金融毒品一样让受到迷惑的大学生欲罢不能，引发各种不良后果。如何辨别不良校园网贷，是大学生应该掌握的课题。

3. 情景模拟、互动讨论：引导学生正确应对不良网贷

通过视频教学和情景互动，使学生深入了解了不良网贷的危害，并通过学生的表演展示该问题的严重性。

（1）视频教学、情景互动。为同学们播放课前拍摄的不良网贷案例的情景小短片，并请同学们分组准备即兴表演，对短片的故事进行续写，从不良网贷发生前及发生后两个角度，以表演的形式来展示不良校园网贷的危害。

短片内容：小芳是一名大学生，在室友的影响下她开始接触一些大牌美妆，然而她的家庭条件并不富裕，生活费并不能支撑起自己的“爱好”。一个偶然的机会，她点开了一个叫做“贷你飞”的信贷网页，“免手续办理长期限高额度贷款”的条件吸引了小芳，在客服的指引下她成功借到了2000元。但短短四个月内利息翻了十几番，看着手机上的催债短信，她急得像热锅上的蚂蚁，不敢告诉家人又不知道该怎么做，陷入了深深的恐惧中。

（2）学生结合班会前填写的调查问卷以及以上班会内容的学习进行讨论，师生共同归纳抵制不良网贷的方法。

① 树立正确的消费观，自觉抵制不良网贷的诱惑；

② 提高金融知识和法律知识素养，提升对网贷业务的鉴别能力，维护人身和财产

安全；

③ 及时告知亲友，必要时果断拿起法律武器保护自己；

……

在面对不良网贷的诱惑时，智慧和勇气是我们的双重盾牌。智慧使我们看穿诱惑的本质，而勇气让我们在挑战面前坚定不移。正确的消费观、充足的金融知识，以及在困境中寻求帮助的勇气，共同构筑了抵御风险的坚固防线。

4. 班会总结：晓之以理，升华主题

通过结合PPT讲解、互动提问、视频教学、情景互动、交流讨论等教学方式，从多角度带领大家认清校园网贷的利与弊，剖析了不良校园网贷的实质。希望同学们可以认识到抵制不良校园网贷不仅需要国家和社会方面严加监管，学生自身也应该主动强化自我保护意识、责任意识和风险意识，提高自己的辨别能力，树立理性的消费观念，坚决杜绝不良校园网贷，弘扬青春正能量。

任何事物的存在都具有两面性，网络借贷的出现在一定程度上方便了一些人的生活，但随着网络借贷的快速发展，许多不法分子都盯上了这块“肥肉”。所以，我们应该提高安全防范意识，摒弃超前消费、过度消费和从众消费等错误观念，自觉远离借贷行为。

七、班会感悟

学生A

以前从未想过校园贷竟可以如此侵蚀一个人的灵魂乃至生命，不良校园贷很可怕，就像毒品一样，我们绝对碰不得，所以必须学会理性消费，摒弃错误的消费观念，坚决抵制不良网贷。

学生B

在班会上的辩论环节，从各位辩手的唇枪舌剑中，我了解了校园网贷的相关知识，可校园贷不应该被一棒子打死，有些正规途径的校园贷不见得不可取，关键是我们应该掌握好网贷的度，树立科学的消费观和价值观。

学生C

陷入不良网贷的泥沼而无法自拔的同学不仅危害了自己的未来，也导致自己身边的家人和朋友深受其害。班级的情景剧给我们展示了正确抵制不良网贷的方法，遇到问题千万要找亲人朋友帮忙，通过法律途径保护自己。

骗你不简单

——防范电信诈骗主题班会

一、班会主题

骗你不简单

班会素材

二、班会背景

花季少女徐某玉被声称是教育部门的诈骗电话骗走了准备用于上大学的9900元学费，伤心欲绝，郁结于心，最终不幸离世。一个即将进入大学校门，开启人生新篇章的少女，却因为一个诈骗电话失去了宝贵的生命。这样的事情让闻者流泪，见者伤心、惋惜、愤怒……一个鲜活的生命就这样凋零了，而杀死她的元凶——“网络电信诈骗”却依然逍遥法外，依然潜伏在我们身边。近些年，高校教授被骗、博士生被骗、大学生被骗……越来越多的“高智商诈骗案件”层出不穷，网贷、刷单、筹款……越来越多的诈骗形式花样翻新，甚至越来越多的诈骗案件以生命的代价作为结局。我们不禁思考，受害者被骗背后的原因是什么？“网络电信诈骗”为什么会这么危险？怎样识别和防止“网络电信诈骗”？（防电信诈骗安全知识讲座如图4-66所示）

图4-66　防电信诈骗安全知识讲座

三、班会目标

情感层面

1. 增强学生对网络电信诈骗的警觉性和防范意识，使他们在面对类似诈骗时能够保持冷静和理性。

2. 通过分享真实案例和受害者的遭遇，引发学生的同情心和同理心，激发他们主动防范网络电信诈骗的责任感和使命感。

认知层面

1. 使学生全面了解网络电信诈骗的常见手法、特点和危害，认识到网络电信诈骗的严重性和普遍性。

2. 帮助学生识别和防范网络电信诈骗的常用套路和陷阱，提高他们识别和应对网络电信诈骗的能力。

行为层面

1. 引导学生树立正确的防骗意识，形成自我保护的习惯，不轻易相信陌生人的信息和要求。

2. 鼓励学生在日常生活中积极传播防骗知识，向身边的人宣传网络电信诈骗的危害和防范方法，共同营造安全和谐的网络环境。

四、班会准备

1. 案例搜集：查找最新的电信诈骗真实案例，了解当下情况，收集案例照片、视频和新闻材料，并进行不同类型的归纳整理。

2. 问卷调查：调查周围学生对于电信诈骗的认识和心理，发现问题，进行深度分析。

3. 文献查找：查找心理学、传播学等论文资料，进行专业的学习总结，剖析原因，寻找解决办法。

4. 资料整合：将所有的资料进行归纳整合，撰写讲稿。

5. PPT制作：根据策划书和讲稿内容制作PPT，并征求学生意见进行完善。

6. 道具准备：准备班会上的游戏道具。

五、班会导引

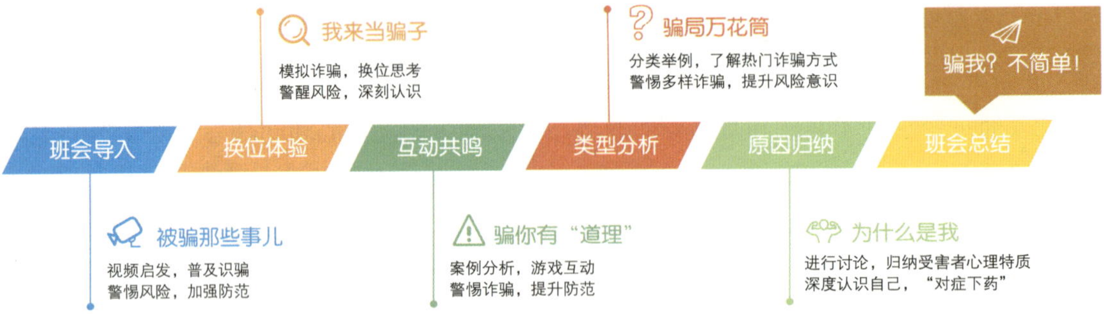

六、班会实施

1. 班会导入：被骗那些事儿

（1）视频引入

通过播放一段网络电信诈骗的警示视频或展示相关新闻报道，引起同学们对网络电信诈骗问题的关注和思考。班会主持人通过现身说法和采访提问切入主题，让同学们进行故事分享，分享自己或者身边人的被骗经历，引发同学们的情感共鸣。

（2）知识普及

利用PPT或黑板等教学工具，展示相关案例和数据，邀请老师或专业人士进行网络电信诈骗知识普及，讲解常见的诈骗手法、特点、危害和识别方法。

2. 换位体验：我来当骗子

设计一个模拟的网络电信诈骗场景，让学生亲自扮演“骗子”，换位思考体验，进行实景演练，加深对诈骗的认识。

（1）将学生分为几个小组，并让学生给自己的“犯罪团伙”命名，活跃气氛，让学生心态放松。

（2）老师给出一个真实事件的人物设定（如某某大学的高材生被骗事件中的主人公），PPT展示出她的详细资料，并让小组讨论如何去“骗”她。

（3）同学畅所欲言，让各个“诈骗团伙”讲一讲自己的“诈骗”想法。

（4）展示真实的犯罪团伙如何行骗，让学生体会到现代诈骗手法的复杂与“高科技”。同时，让同学们进行思考，充分认识到自己在面对高配合的诈骗团伙时存在的经验与知识缺乏。

3. 互动共鸣：骗你有“道理”

通过案例分析分组讨论诈骗手法及防范措施，结合快问快答游戏，让同学们理解“应激反应”并反思防范诈骗的重要性。

（1）案例分析

每组分发一起网络电信诈骗案例，让组内成员共同分析讨论。

A. 分组讨论：将同学们分成若干小组，每组分发一起网络电信诈骗案例，让组内成员共同分析讨论。

B. 分享交流：每个小组选派一名代表上台分享讨论结果，包括诈骗手法、受害者心理、防范措施等方面的内容。

C. 总结点评：对同学们的讨论进行点评和总结，强调网络电信诈骗防范意识和自我保护能力的重要性。

（2）游戏互动

让同学们在娱乐中了解一些诈骗背后的科学常识。

A. 快问快答：挑选几名同学做一个游戏，突然提出一些熟悉的问题，如母亲的手机号，学生必须在2秒内回答，不能迟疑。

B. 原理阐释：同学们会发现大家面对突如其来的问题会不知所措，老师解释心理名词“应激反应”。（应激反应指的是人们在高度紧张、惊慌、恐惧的情况下，反应、意识、判断能力，以及行动能力都大幅下降）

C. 反思分析：让学生了解在突如其来的事件面前，我们常常不知所措，再加上面对的是一个事先计划周密的诈骗团伙，让学生进一步明白不管智商高低，任何人都有受骗的可能性，要了解相关知识，随时提高警惕。

此部分主要强调了网络电信诈骗的复杂性和危害性，同学们通过分组讨论和案例分析，深入了解了诈骗手法和受害者心理。快问快答游戏直观展现了人们在压力下的应激反应，进一步提醒同学们提高防范意识，增强自我保护能力，警惕诈骗风险。

4. 类型分析：骗局万花筒

通过分类举例让学生了解一些热门的诈骗方式，让学生“开眼界”。

（1）太“听话”，未必是好事

最常见也最容易“得手”的就是“官方诈骗”，冒充公安机关、银行、学校等各种离你很近但你又不那么熟悉的“官方单位”工作人员，对你进行一些指示，让你跟着他们的“线索”把钱“交出去”。

A. 举例官方诈骗的案例，老师播放音频，讲述整个案件过程。

B. 让同学讨论发言遇到这种情况该如何解决，老师总结遇到官方类诈骗该如何防骗。

（2）“兼职”没准并不“值”

现在广泛出现在大学生中的一种诈骗手段就是刷单、网拍、写手等类似于“兼职”的网络电信诈骗，很多同学为了勤工俭学补贴生活费却误入歧途，有的更是“人财两空”。

A. 举例刷单被骗的真实案例，并揭秘刷单、网拍等“不正当”兼职背后的秘密和隐患。

B. 老师列举一些大学生的正当兼职，并提出兼职注意事项。

（3）有去无回的“网贷”

随着消费的升级，很多大学生的消费观念产生了变化，越来越多的同学靠着“花呗”“借呗”等度日，也有越来越多的同学奉行“花明天的钱，办今天的事”的生活理念。网贷、校园贷、裸贷就是抓着这样的空子，让无数人永远地失去了“未来的钱”。

A. 举例大学生网贷的真实案例，并讲述一些校园贷、裸贷案件背后的故事。

B. 讲述当代年轻人的消费观，并分享正确的消费观和如何控制自己的欲望。

（4）骗钱难，骗情易

很多同学觉得只要不贪财不图利就不会被骗，但是现在很多新型诈骗都是打着感情牌来攫取非法利益。

A. 老师讲述当下流行的情感诈骗“杀猪盘”，结合真实案例带同学了解“甜甜恋爱”背后的利益秘密。

B. 针对性地进行总结和提醒如何预防感情诈骗。

5. 原因归纳：为什么是我

进行讨论和测试，归纳出受害者普遍具有的心理特质，并让同学们深度认识自己，“对症下药”。

（1）学生小组讨论总结上面几个案例被骗者普遍存在的心理，然后老师归纳。

（2）进行一个被骗指数的小测试，活跃气氛，同时让学生认清自己，老师总结现在年轻人普遍存在的不良心理。

6. 班会总结：骗我？不简单！

“我们嘲笑落水者的狼狈和笨拙，但有朝一日我们自己落水的时候，我们不会怪自己笨，而是会怪岸边太滑。”进行整个班会的回顾总结，升华主题，紧绷防范之弦，让学生学有所得。

（1）如何防骗：由老师对此次班会进行总结，重点提炼常用的防骗技巧，提醒学生在日常生活中应该怎样防骗。

（2）如何应骗：让学生学会理性对待自己被骗和他人被骗的事实，并掌握被骗后的相关应对流程。

例举徐玉玉等被诈骗而不幸离世的事件，为同学分享被骗后的情绪处理和心理干预，让学生意识到即使失去了钱财，生活的脚步也不会因此停止，及时寻求相关帮助，向前看，珍惜生命，守护青春不迷路。

七、班会感悟

学生A

从来没关注过网络电信诈骗，没想到会有这么多“学问”在里面。第一次体验当“骗子”，感觉自己的“职业素养”还是不太够，以前真的是小看骗子了。越来越多的“高科技”诈骗、“感情”诈骗，太厉害、太可怕了，我以后也要更加关注这方面的问题，多多学习，提高自己的警惕性。

学生B

这次班会使我改变了很多的固有认知，我一直以为上当受骗是少数人的“个人原因”，从来没想过其实这是个“大概率事件”，我们只是幸运没有碰上而已。应激反应环节真的震撼到我了，我感觉即使有再多的准备，当碰到真实环境时生理和心理上的那种反应也很难控制，我们能做的就是让自己再多“幸运”一点，尽可能地远离诈骗，不贪小便宜。

学生C

班会上“事后处理”的内容让我深受触动。我未曾料到被骗的阴影如此深重，甚至能危及生命。因此，我们不仅要防范诈骗，更要学会应对诈骗。遭遇骗局后，应冷静求助，调整心态，保持乐观，避免极端情绪，这样才能更好地保护自己。

言而有礼，行之有仪

——文明礼仪教育主题班会

班会素材

一、班会主题

言而有礼，行之有仪

二、班会背景

子曰："不学礼，无以立。"文明礼仪是人类在社会生活中共同遵守的基本道德规范，不仅是素质与教养的体现，更是个人道德和社会公德的交互融合，是一个公民个体性与社会性的统一。中国是礼仪之邦，作为社会高素质群体的当代大学生，更应该注重自身言行举止。但在校园生活中，仍有部分大学生存在言谈举止素养缺失的情况，具体表现为礼仪观念淡薄、举止失范、谈吐不雅、习惯不良等问题。持续进行文明礼仪教育，引导学生养成良好的言行习惯，提升大学生礼仪素养显得极其重要。

三、班会目标

情感层面

1. 通过罗列剖析校园中大学生存在的不文明言行，唤起学生对自身言行的自检反思，激发学生对不文明行为的理性意识，增强对文明行为的认同共鸣。

2. 培养学生尊重他人、关心集体的情感，增强其对文明校园建设的责任感和使命感。

认知层面

1. 使学生深入了解文明礼仪的内涵和基本要求，认识到文明礼仪在个人成长和社会交往中的重要作用。

2. 提高学生对不文明行为的辨识能力，明确文明行为与不文明行为的界限，增强对社会文明进步的贡献力。

行为层面

1. 引导学生在日常生活中自觉践行文明礼仪，养成良好的行为习惯，增强文明践行的自觉性。

2. 引导学生进行一次入校后言行举止的自查自纠，制定不文明行为的负面清单及文明行为践行计划，提升抵制不文明行为的主动性。

四、班会准备

1. 资料收集：收集并整理关于文明礼仪的资料，准备相关视频材料，如文明礼仪宣传片、校园文明行为短视频等。

2. 校园采访：组织学生成立校园言行观察小分队，分配任务、开展调查，对本校及周边大学进行随机采访，录制采访视频。

3. 问卷调查：在校园中开展问卷调查，调查学生对文明礼仪的认识，了解大学生不雅言行的主要表现及学生对不文明言行的态度，形成基础资料。

4. 嘉宾邀请：邀请学校文明礼仪方面的专家或老师作为主讲嘉宾。

5. 活动筹备：安排指导学生编排演绎校园不文明行为情景短剧，对班会过程中的其他活动环节进行设计，做好所需物资、场地等的准备工作。

6. PPT 制作：根据策划书和讲稿内容制作 PPT。

五、班会导引

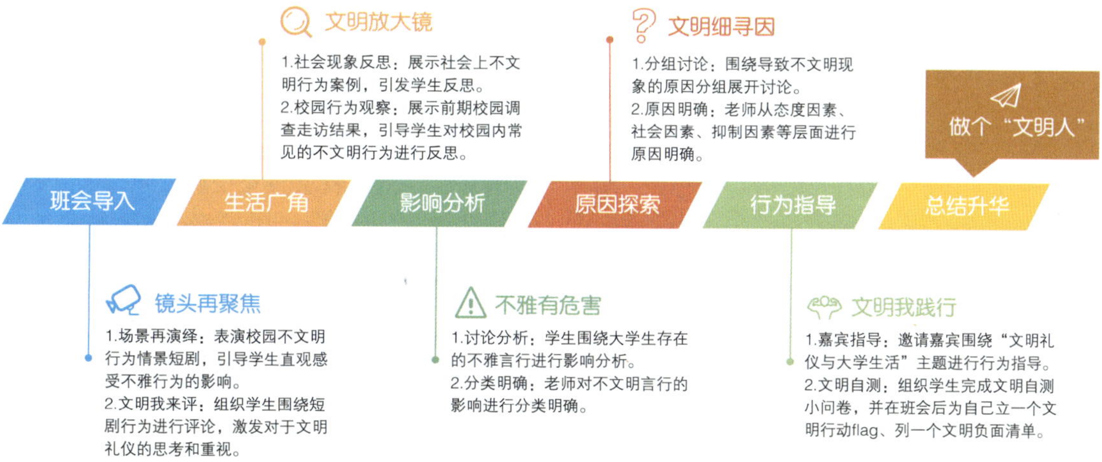

六、班会实施

1. 班会导入：镜头再聚焦

组织学生按照之前排练的剧本，表演校园不文明行为的情景短剧，通过生动形象的演绎，让学生直观感受到不文明行为给他人带来的不便和困扰，从而加深对文明礼仪重要性的认识。

（1）场景再演绎

场景1：课堂上，学生忽略正在讲课的老师，穿着拖鞋、短裤、背心从前门直接进入教室落座。

场景2：24：00的学生宿舍里，已有3人上床休息，一学生坐在自己位子上玩游戏，大声敲击键盘、鼠标。

场景3：校园里，4个男生一起谈论昨晚的在线游戏，脏话口头禅不断，痛斥对方玩家。

（2）文明我来评

要求学生指出场景中学生的言行哪里不适宜，引导学生反思自身是否有过类似的言行。如果身在以上场景，你会选择怎样做？学生分组讨论，选择学生代表阐释看法。班会老师做好总结，引出文明礼仪的重要性。

巧妙设计校园生活中常见的不文明行为情景短剧，通过短剧的形式，让同学们更加直观地认识到不文明行为给他人带来的困扰和不适，让大家在观看过程中产生更强烈的共鸣，激发对于文明礼仪的思考和重视。

2. 生活广角：文明放大镜

通过呈现社会上的不文明现象，引发学生共鸣，激发学生抵制不文明现象的社会责任感。通过展示校园调查采访视频等材料，让学生阐述列举校园内的不雅言行，引发学生深刻反思自身言行是否符合行为规范。

（1）社会现象反思：播放社会上不文明行为的相关视频、图片，如旅游景点刻字、攀爬景点建筑、翻越栏杆、随地吐痰、乱扔垃圾、插队、高铁上乘客不雅行为等。引导学生讨论这些照片、视频，结合自己的切身感受，分享态度看法，并通过社会现象反思校园行为。

（2）校园行为观察：展示前期校园调查小分队在教室、宿舍、食堂、图书馆等学生活动频繁的区域开展调查走访的结果，引导学生根据调查结果对校园内常见的不文明行为进行补充。

A. 教室：迟到学生大摇大摆从前门直接进入，课上吃东西，窃窃私语，手机不调静音，随意顶撞老师，离开教室不关灯、不关电扇等。

B. 宿舍：个人卫生脏乱差，在别人休息的时候玩游戏、打电话、出入频繁，如厕不冲，电子设备声音外放等。（“千寝百天共创文明”寝室文明专项整治行动如图4-67所示）

C. 食堂：打饭插队或不排队，吃完不送餐盘，浪费严重，用书包等个人物品占座位等。

D. 图书馆：占座，情侣卿卿我我，拨打电话声音很大，损坏图书等。

E. 校园其他公共区域：乱扔垃圾，口头禅脏话，抄近路践踏草坪等。

在社会现象观察和校园行为反思中进行自我言行审视，引发同学们对文明礼仪的深入思考。这种反省和自检，有助于同学们更加自觉地规范自己的言行，提升个人素养。希望大家能够将这种反思和认识转化为实际行动，不断提升自己的素质和修养，共同营造一个和谐美好的校园环境。

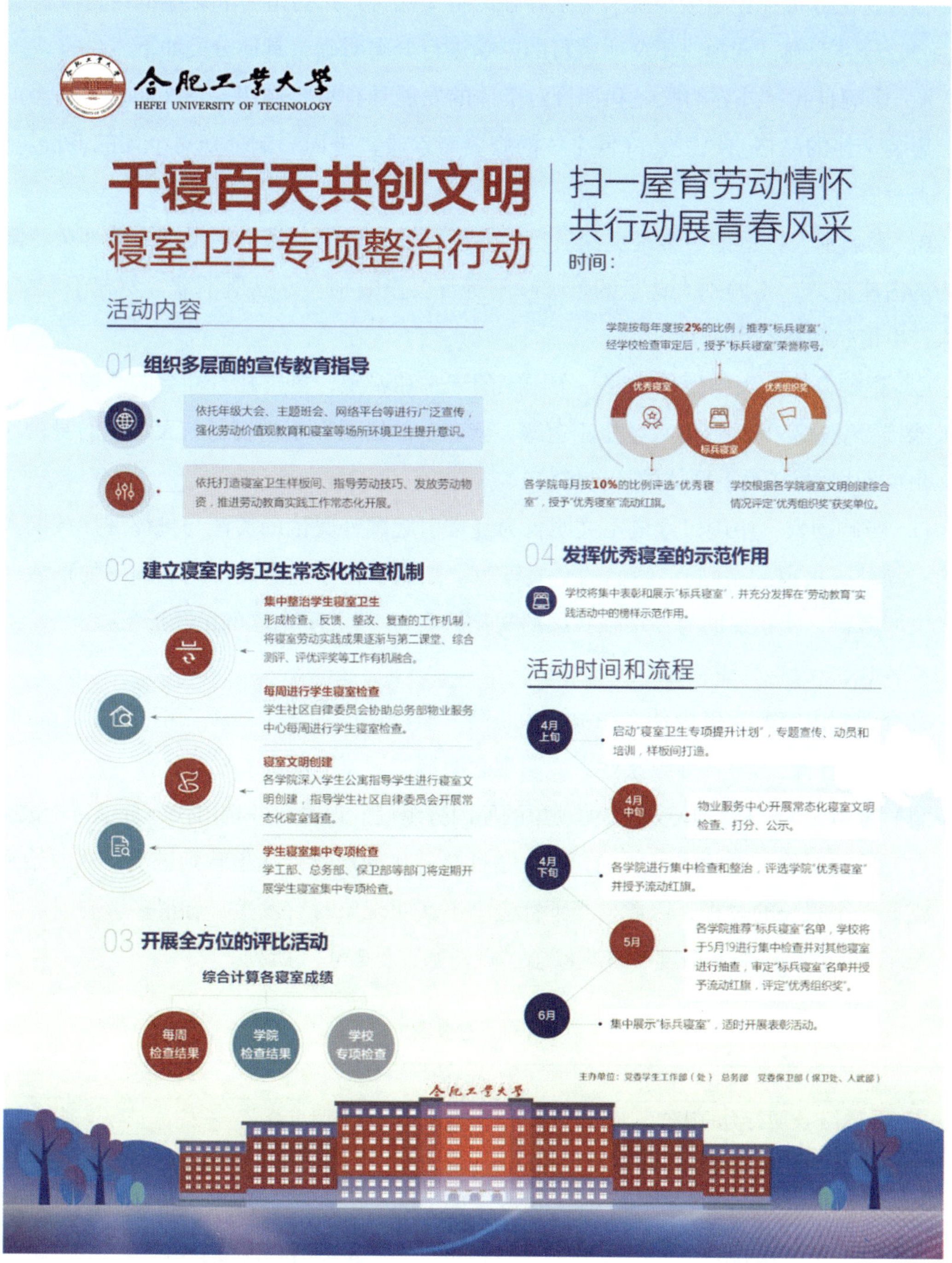

图4-67 "千寝百天共创文明"寝室文明专项整治行动

3. 影响分析：不雅有危害

引导学生明确，作为大学生，肩上背负着多重身份和使命，如果大学生不注重个人文明，不讲求言谈礼仪，会产生一系列的连带效应和不良后果。

（1）讨论分析：让学生围绕大学生存在的不文明言行进行危害和影响的讨论分析。

（2）分类明确：老师对不文明言行的影响进行分类明确，具体分类如下。

A. 影响自我：外界的眼光和评价对个体的发展具有重要作用，不文明、不妥当的言行会影响个体的品格与风度，降低个体的修养与素质，进而影响公众对个体的评价。（关系个人素质与尊严）

B. 影响别人：道德污染是更深层次的污染，校园里的脏话会污染别人的耳朵，随性而为的占座插队、不顾别人休息的喧哗吵闹等都会影响别人，己所不欲，勿施于人。（对别人产生情感和利益影响）

C. 影响群体：大学生代表着一个国家的未来和希望，更寄托着社会的高期待，公众不太能接受受过高等教育的大学生犯道德、修养上的错误。不雅言行与大学生的身份、地位、角色不相称。（关乎群体的社会评价）

D. 影响国家：中国民众的不文明行为经常引起国外舆论的关注与批评（播放国人不雅言行被外媒报道的新闻）。我们的个人行为，却能够在不经意间影响到国家的形象。拒绝不文明言行，就是在助力，增强我国的文化软实力。（关乎中国的国际形象）

4. 原因探索：文明细寻因

结合课堂内容，反思为什么在被认为是高素质群体的大学生当中，不文明言行也时有发生。让学生讨论思考，导致某些人文明观念淡薄的因素有哪些？

（1）分组讨论：围绕导致不文明现象的原因分组展开讨论，并选出代表分享讨论成果。

（2）原因明确：老师进行明确，文明是社会进化的产物，从愚昧到进步，从原始到现代，需要一个很长的过程，因此，当下社会中不文明现象时有发生，有很多影响因素。

A. 态度因素：个人态度、自我概念、责任感，见表4-1所列。

表4-1 态度因素

态度因素			
个人态度	对不文明行为的认知	能否判断言行的文明与否	举例
	对不文明行为的情感	对不文明言行持什么态度	举例
自我概念	自我约束	是否能做到文明言行	举例
	对不文明行为的反馈	如何对待遇到的不文明行为	举例
责任感	情感升华	能否将个人言行与他人、社会、国家形象挂钩	举例

B. 社会因素：社会规范、教育环境、诱导因素，见表4-2所列。

表4-2 社会因素

社会因素			
社会规范	社会共识	大家是否都觉得某些言行是不对的	举例
	社会角色	大学生应该是高素质、高品德的代表	举例
	社会风气	社会上仍然存在不良风气	举例
社会教育	素质教育	素质教育尚未跟上经济发展的步伐	举例
	民众受教育程度	中国自改革开放以来才将素质教育提上日程，活跃在当下中国社会中的几代人中，部分未受过素质教育，文化程度较低	举例
	父辈的受教育程度	部分大学生的父辈受教育程度不高，导致家庭在此方面的教育不充分	举例
诱导因素	生活环境	居住环境、社交圈整体的文明程度	举例

C. 抑制因素：政策法规、宣传教育，见表4-3所列。

表4-3 抑制因素

抑制因素			
政策法规	惩罚机制	法律法规空白和违法成本过低	举例
宣传教育	宣传程度	社会场域、新媒体等平台宣传不到位	举例
	家庭、学校教育	家庭及学校忽视学生修养教育	举例

5. 行为指导：文明我践行

邀请学校文明礼仪方面的专家或老师作为主讲嘉宾，对学生行为进行指导。结合文明自测问卷，加深学生对文明礼仪的理解，强调文明礼仪需要长期的坚持和实践，鼓励学生从自身做起，成为文明礼仪的践行者和传播者。

（1）嘉宾指导：邀请主讲嘉宾围绕“文明礼仪与大学生活”这一主题，结合自己的实践经验或实际案例进行分享指导。内容可以包括文明礼仪的历史渊源、现代社会的文明礼仪要求、大学生在文明礼仪方面的责任与担当等，让学生深入地理解文明礼仪的实际意义。

（2）文明自测：将提前设计好的文明自测问卷分发给每位学生，指导学生在规定的时间内独立完成问卷，班会老师进行结果统计，分析学生们在文明礼仪方面的表现。根据统计结果，指出学生们在文明礼仪方面存在的普遍问题和不足之处，并提出改进建议。同时，鼓励学生们积极分享自己在文明礼仪方面的经验和心得，并在班会后为自己立一个文明行动flag、列一个文明负面清单，对照执行。

礼之用，和为贵。文明礼仪是构建和谐社会的重要基石。文明是一种习惯，素质是一种修养。让我们不断增强自身的文明意识，时刻反思检阅自己的言行举止，既要“博学于文”，更注重“约之以礼”，通过提升个人礼仪素养，投身文明实践行动，共同营造一个和谐美好的校园环境、社会环境。

七、班会感悟

学生A

这次班会让我深刻认识到文明礼仪的重要性，它不仅是我们个人素质的体现，更是对他人和社会的尊重。比如，我们自以为是的“不拘小节”，竟然会像蝴蝶效应一样产生一系列不良影响。因此，学会约束自己是态度也是能力，在日常生活中我们要更加注意自己的言谈举止，努力成为一个有礼貌、有修养的人。

学生B

这次班会让我深刻认识到文明礼仪不仅是个人素质的体现，更是对他人和社会的尊重。我会将学到的文明礼仪知识融入日常生活中，积极向身边的人宣传文明礼仪的重要性。

学生C

通过班会上的视频资料和嘉宾的分享指导，我学到了很多关于文明礼仪的知识和技巧。我觉得文明礼仪并不是一种约束，而是一种修养和美德的体现。我会将学到的知识应用到日常生活中，为校园文明建设贡献自己的力量。

5G来临，文明永不掉线

——网络素养教育主题班会

班会素材

一、班会主题

5G来临，文明永不掉线

二、班会背景

5G来临，社会进入万物互联时代，社会整体工作效率大幅提升。我国网民迅速增长到“10亿+”的超大规模，但其中便捷与隐患兼而有之，应审慎对待。5G为校园带来的是“云+端”的场景化、个性化教育服务。网络的博大、新颖、快捷与大学生成长特征及对新鲜事物的探索相吻合。

与此同时，由于网络的匿名性、虚拟性、开放性和便捷性，知乎、微博、微信、抖音等平台逐渐成为大学生表达利益诉求的主渠道，也是热点难点等社会矛盾的集散地，更成为青年学生群体倾倒负面情绪的宣泄口。近几年，大学生网络话语的非理性表达让网络舆情此消彼长，也让现实问题在网络上被镜像折射，热搜经常出现各大高校的热点话题。原本该在校园内讨论的话题，却被迁移到校园以外的网络公共平台进行讨论，话题下紧跟的评论大都缺乏理性，没有基于客观事实，甚至为了博取眼球或宣泄情绪而出现负面引导，对青年学生及高校带来的负性影响极大。

习近平总书记曾指出，网络空间是亿万民众共同的精神家园。网络空间天朗气清、生态良好，符合人民利益；网络空间乌烟瘴气、生态恶化，不符合人民利益。大学生是伴随网络成长的一代，如何引导大学生文明、规范用网，实现网上自我教育、自我约束和自我保护，是高校重要的一项课题。

三、班会目标

情感层面

1. 培养学生对网络世界的审美情感，让他们能够在海量信息中筛选出有价值的内容，培养对优质内容的欣赏和感悟能力。

2. 增强学生对网络安全的责任感和担当意识，使他们能够理解网络行为的影响，并始终保持对自己和他人的尊重与关爱。

认知层面

1. 帮助学生建立正确的网络认知观念，使其能够辨别信息真伪、分辨网络风险，培养批判性思维和独立思考能力。

2. 帮助学生掌握《中华人民共和国网络安全法》《中华人民共和国刑法》等相关法律法规，知晓网络信息安全隐患、网络暴力、网络低俗文化、网络谣言的表现形式和常见手段。

3. 提升学生对数字化时代的理解，引导他们掌握网络资源的有效利用方法，培养自主学习和解决问题的能力。

行为层面

1. 培养学生良好的网络行为习惯，如文明上网、保护个人隐私、合理分配上网时间等，促进健康网络生活方式的养成。

2. 引导学生将网络作为获取知识与实现知识技能共享的便捷途径。

3. 引导学生积极参与网络社区建设，培养团队合作精神和社会责任感，为构建和谐网络环境做出积极贡献。

四、班会准备

1. 案例搜集：查找最新的大学生网络造谣、网络暴力案例和与网络文明相关的图片、电影视频和新闻材料。

2. 文献查找：查找网络规范管理办法、信息传播理论与网络心理效应理论，进行多学科的系统学习与总结，向学生阐述网络上不文明现象的根源。

3. 材料制作：对搜集的案例进行归纳整理和制作PPT。

4. 设计游戏：设计“同心圆”游戏，并准备相应的道具和场地，以游戏的形式调查学生对网络文明的认识和网络使用状况，发现常见的问题，进行讨论与反思。

5. 分组作业：班会前对班级同学按照5~8人进行分组，并要求学生完成网络文明卡设计和网络文明誓词征稿活动。

五、班会引导

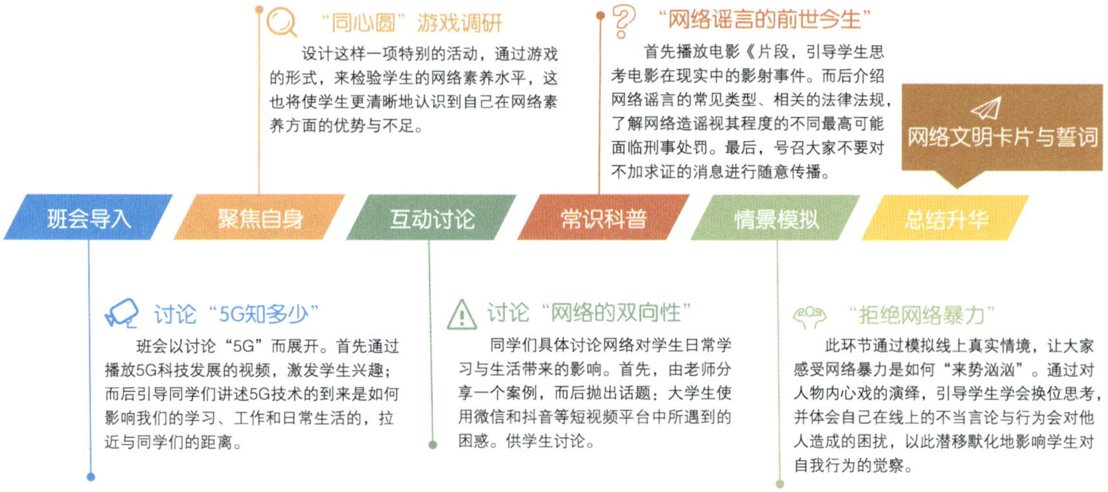

六、班会实施

1. 班会导入——讨论"5G知多少"

通过播放5G科技发展的视频，激发学生兴趣；而后引导同学们讲述5G技术的到来是如何影响我们的学习、工作和日常生活的，拉近与同学们的距离，引出班会主题。

对于一个新的网络技术，我们要了解它的特点、应用和对现实生活的影响，踏上这段关于5G网络的探索之旅是开启网络素养教育的第一步。

2. 聚焦自身——开展课堂"同心圆"游戏调研

通过开展有趣的课堂游戏，使学生更清晰地认识到自己在网络素养方面的优势与不足，这种自我发现的过程，使每个人都能从中学习和成长，不断接近科学文明用网的理想状态。

（1）在地上画出9个同心圆，设计9个问题，分别对应9个同心圆。学生们起初都在圆心位置，每个问题作答后，选择是否后退一个圈，最终的站位代表着自身与学习文明用网的距离。

（2）游戏结束后请离圆心较远的同学进行讨论和反思。

游戏问题示例如下。

① 你是否曾出于好奇点开过来历不明的链接？

② 你是否曾在班级群里匿名调侃过他人？

③ 你是否曾未经允许制作了同学的表情包？

④ 你是否曾在QQ空间或朋友圈转载过信以为真的谣言？

⑤ 你是否曾在学习时忍不住拿出手机漫无目的地浏览网页？

⑥ 你是否曾有一段时间沉溺网络游戏？

⑦ 你是否曾在未经安全验证的网站上填写个人信息？

⑧ 你是否曾在网络上发表过情绪化言论？

⑨ 你是否很少利用网络进行在线学习或云课堂讨论？

在网络的迷宫中，我们每个人都是一位探险家。而这场“同心圆”游戏，则是我们探索网络世界的一次冒险。在游戏过程中，我们不仅了解了自己的网络素养水平，更体会到了科学文明用网的重要性。每一步的选择，都是对自我的审视，也是对未来的规划。让我们深入洞察自己的心灵，探索网络的真谛，成为网络世界中的智者与引领者。

3. 互动讨论——讨论“网络的双向性”

通过组织同学们具体讨论网络对学生日常学习与生活的影响，使学生学会正确审视网络。由老师分享一个案例，抛出话题：大学生使用微信、抖音等网络平台中所遇到的困惑。

（1）各小组结合自身进行分享，分享自己在上网时遇到的“奇葩事”，引发同学们的情感共鸣。

（2）小组间交流，如碎片化传播给我们带来了哪些利弊？朋友圈里软文推广下的毒鸡汤有哪些？学生之间相互描述自己的心理，为后面的情感转变做铺垫。

（3）老师引导进一步分析，如何保持一双慧眼与理性心态，不让自己沉浸于他人的设计情感中、埋没于垃圾信息里。让学生知道网络不只包含着垃圾与有害信息，更多时候网络也为学生的全面发展提供广阔平台，告诉学生如何利用网络提升学习效率与生活质量。

网络如同一把双刃剑，既能带来无穷的信息与便利，也可能诱导人迷失于虚幻与消极之中。在涉足网络的过程中，保持一颗理性的心，是我们抵御诱惑与误导的利器。让我们学会正确审视网络，学会过滤信息，让网络成为我们学习与成长的助手，而非束缚我们心灵的枷锁。

4. 常识科普——“网络谣言的前世今生”

通过科普帮助学生识别和应对网络谣言。

（1）播放电影《热搜》片段，引导学生思考电影在现实中的影射事件：“广西百色助学网事件”。剖析案例中网络谣言的传播途径以及成因，理解大数据背后的商业化驱动现象，转发量和关注度可以被别有用心的人用来谋利。

（2）介绍网络谣言的常见类型、相关的法律法规，了解网络造谣视其程度的不同最高可能面临刑事处罚。最后，号召大家不要对不加求证的消息进行随意传播。

在浩瀚的网络海洋中，谣言如影随形，潜藏其中。然而，科普的光芒能够洞察谣言的本质，照亮真相的道路。通过案例剖析和法律法规的介绍，我们能够更清晰地认识到谣言的危害，以及不加求证的消息可能带来的严重后果。让我们共同抵制谣言，用科学的眼光审视网络，用理性的行动守护我们的思想与行为。

5. 情景模拟——“拒绝网络暴力”

通过模拟线上真实情景，让大家感受网络暴力是如何“来势汹汹”。通过对人物内心戏的演绎，引导学生学会换位思考，并体会自己在线上的不当言论与行为会对他人造成的困扰，以此潜移默化地影响学生对自我行为的觉察。

各小组分角色扮演网络施暴者与网络暴力攻击对象，设计不同情景，如擅自为同学制作具有调侃性质的表情包，并在群里转发；对挑灯夜读的室友进行拍照并附上讽刺性的文字。

在网络的虚拟世界里，我们的言行举止常常被放大，并产生意想不到的影响。通过情景模拟，我们能够感受到网络暴力带来的伤害和痛苦，更能够意识到自己的言行可能对他人造成的影响。让我们学会换位思考，在网络世界里保持友善与理性，拒绝网络暴力，为构建和谐网络环境贡献自己的力量。

6. 总结升华——网络文明卡片与誓词

引导学生共同展示对网络文明的理解和承诺，以及确立班级日常网络文明公约与监督机制，不仅是对前面讨论内容的总结，更是对网络素养教育的积极响应和承诺的体现。让学生共同投入这个环节中，为建设和谐、清朗的网络空间贡献自己的力量。

（1）各小组展示准备好的文明卡片、文明誓词。通过现场投票，确定学生心目中最为认可的作品。

（2）集体进行网络文明宣誓。

（3）梳理班会内容，确立班级日常网络文明公约与监督机制。

作为新时代有道德素质的青年，同学们应该学会始终尊重他人的权利和尊严，无论是在现实生活中还是网络空间中，都要学会友善、礼貌地与他人交流，避免使用攻击性的言辞和恶意评论，不仅要在现实生活中拥有道德底线意识，在网络上更要做一名有素养、有道德的新时代优秀青年。另外，我们还应明确作为新时代有道德的青年应该承担的责任，要积极努力，共同创造友善、尊重和安全的网络环境，让每个人都能够自由地使用互联网。

七、班会感悟

学生A

我之前对网络暴力的认识很模糊，觉得这个词离自己很远。通过主题班会中的情景模拟，我意识到“水群”也要把握好尺度，以后我不再随意匿名调侃任何一名同学的个人形象或行为举止，有什么想法还是要当面坦诚沟通解决的。在知乎、B站等平台上，更需要文明、友善评论，多一些真诚，拒绝暴力。

学生B

我原以为只要不在网上爆粗口自己就算得上是个文明网民，现在才明白，那些因猎奇心理而点开的链接，正一点点侵蚀着自己的身心健康，这些洪水猛兽会让我偏离社会的主流价值观。面对朋友圈里的“毒鸡汤”以及花式“真相”，我将不再沉默，相信自己所受的教育能让我明辨是非，做到不造谣、不信谣、不传谣。作为一个成年人，我需要对自己线上的言论与行为负责。

学生C

5G来临，我们在享受互联网技术飞速发展的福利时，更应该警惕与之同在的潜在威胁。本次主题班会扫除了我的法律盲区，让我知道一些网民不负责的网上行为可能已经违反了《中华人民共和国网络安全法》。此外，作为大学生网民，在学会自我约束与管理的基础上，更应对网络“不卑不亢”，亮明立场，做到取其精华、弃其糟粕，激浊扬清、正本清源，不因噎废食。

E“网”情深，与“文明”撞个满怀

——网络文明建设主题班会

班会素材

一、班会主题

E“网”情深，与“文明”撞个满怀

二、班会背景

随着互联网技术的飞速发展，网络社交以其快速、便捷、亲民等特点，迅速成了人们人际交往的重要方式。发微信、聊QQ、刷抖音、逛贴吧、看直播……一系列的网络社交行为越来越受到大学生群体的青睐，成了大学生活中的常态。在一个现实社交与网络社交共存的环境中，网络更便于自由切换，构建不同的社交圈，在网络世界中每位同学都会有一个或者多个“身份”。网络社交以虚拟性、多元性、创新性、自由性、异化性等特点，为学生提供了虚拟化的社交模式，但由于部分学生网络文明意识薄弱，有时不自觉地就成了网络不文明行为的制造者和传播者。提升学生网络文明意识，使其自觉践行网络文明行为，才能构建风清气正的网络新生态。

三、班会目标

情感层面

1. 引导学生正确认识现实之我与网络之我之间的区别和联系。
2. 认真反思网络社交过程中自身遇到的各种问题。

认知层面

1. 帮助学生深入了解文明网络社交的重要性。
2. 盘点网络社交不文明现象的种类和表现形式，并探究成因。

行为层面

1. 为大学生进行网络社交、维护自身虚拟形象提供有效策略。
2. 最大化发挥网络社交在个人生活需要和健康成长中的作用。

四、班会准备

1. 文本整理：通过借阅图书、下载网络文献等方式对网络社交相关内容进行了解。
2. 学生访谈：提前了解学生对网络社交文明的认识。
3. 问卷调查：发现网络社交不文明现象。
4. 视频拍摄：拍摄随机访谈视频《身边的不文明》。
5. 图文征集：“晒晒我的朋友圈”主题征文。

五、班会导引

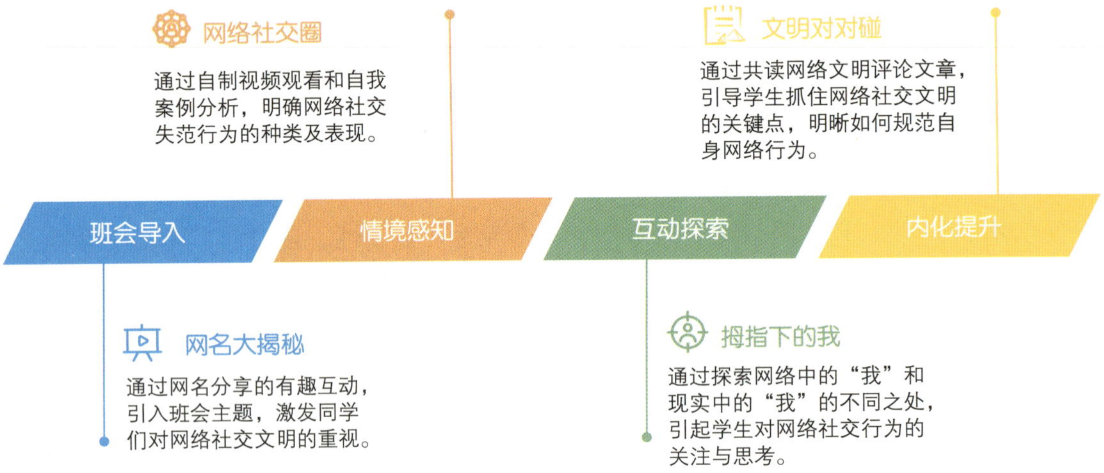

六、班会实施

1. 班会导入：网名大揭秘

通过网名分享的有趣互动，引入班会主题，激发同学们对网络社交文明的重视。

（1）互动分享：组织“网名大揭秘”微分享活动，遴选5名左右的同学就自己在不同网络社交平台上给自己取的“网名”进行解读，分享取名缘由、网名内涵、网友评价等。

（2）网络万象：通过上述活动引入当前学生经常使用的网络社交平台，如微信、QQ、抖音、今日头条、小红书等，结合前期调查问卷结果就学生网络社交平台的种类、特点等内容进行阐释。

网络社交重构着人们社会交往的各个层面，互联网的虚拟也是一种真实、一种社会实存，网络交往必然会导致真实人际关系的改变。借由社交网络平台聊天、发表状态、发布图片、表达意见等“自我展露”行为，既在向他人分享关于自己的信息、感受、状态或者过去的经历、未来的规划，满足自己个人心理需要，也可以让人们稳固真实社会关系，提高人际交往的质量。

2. 情境感知：网络社交圈

通过自制视频观看和自我案例分析，明确网络社交失范行为的种类及表现。

（1）视频播放：播放前期录制剪辑的随机访谈视频《身边的不文明》，通过学生视角揭示网络不文明现象，引发学生对自身网络行为的思考。

（2）乱象侦探：通过梳理学生访谈中发现的问题，以“我是侦探”的方式让学生找寻案例中的网络社交失范行为，明确网络谣言、网络暴力、网络侵权现象等不文明行为。

乱象一“网络谣言”：“快告诉家人、同学、朋友暂时别吃橘子！今年广元的橘子在剥了皮后的白须上发现小蛆状的病虫。四川埋了一大批，还撒了石灰……”一个疯传的消息导致了一场危机，柑橘严重滞销损失或达15亿元。后官方辟谣，称该传言不实。

【解析】类似这样的谣言在微博、微信等网络社交平台上还有很多，很多不明真相的人以为这是一条“分析独到”且利己利人的消息，纷纷转发给亲朋好友。谣言止于智者，有些虚假消息经过无数次的转发、再转发，对实际生活和社会产生的危害远远超过预期。

乱象二“网络暴力”：杭州女孩郑灵华在收到研究生录取通知书后，第一时间赶往医院分享给躺在病床上的爷爷，用照片记录下这一温情时刻，并发布到个人小红书账号，此时的她留着一头粉色长发。然而，这张照片被无良营销号盗用作广告引流，一些网友也因为她的粉色头发而展开人身攻击，使用“荡妇”“不正经”等词对郑灵华进行侮辱。郑灵华饱受网暴侵扰，患上抑郁症，历经长达半年的维权之后去世，生命永远定格在23岁。

【解析】从普通市民到公众人物，都有可能受到网络语言暴力的侵害。“键盘侠”通过使用侮辱歧视性语言文字对受害者进行攻讦谩骂、诋毁、蔑视、肆意评论、嘲笑等，使受害者在精神和心理上遭受侵犯和伤害。网络行为有边界，网络言行要遵守法律、道德规范和社会公德。

乱象三“网络侵权”：在培训学校、教育公司工作的杨某、徐某等6人，非法获取、购买200余万条学生及家长信息，除了定点向家长群发广告，还在赶集网、58同城等网络平台出售这些信息。日前，杨某、徐某等6人因犯非法获取公民个人信息罪，被海淀法院判处1年3个月、半年及缓刑一年等不同的有期徒刑。

【解析】不轻易泄漏个人和他人资料，不随便答应网友的要求，不浏览非法网页。现实生活中，提高安全防范意识、辨别觉察能力和自制力尤为重要，遇到问题尽可能找熟悉的朋友或师长帮助解决，不依赖网友来满足自己的情感需求，以免上当受骗或触犯法律。

制造谣言、传播恶意广告、发布低俗图文或恶搞视频、网络赌博、人肉搜索等不文明的网络行为严重影响了正常的网络秩序，我们应善于理性思考和分析，学会辨别信息真伪，不随便约见网友，发现可疑情况及时投诉或举报，自觉维护网络社交安全，共建共享清朗网络。

3. 互动探索：拇指下的我

通过探索网络中的“我”和现实中的“我”的不同之处，引起学生对网络社交行为的关注与思考。

（1）网络画像：引导同学们根据自身的网络社交特点，画出自己的网络社交圆圈，圆圈的大小与网络社交行为的特点明显程度相关，形成自身的网络行为画像，引导学生梳理自身的网络行为特点。

（2）镜像自我：组织学生与熟悉程度较高的同学组队，2人一组，画出在现实中呈现的“你”的特点，完成后交给彼此，由自己对比网络之“我”与现实之“我”，发现二者有哪些相同和不同之处，引发对自身网络行为的内在探索。

人人都是自媒体，网络社交平台给我们提供了一个展示学习、生活、工作的平台。网络社交不仅仅是“刷存在感”，更是互助共进、促进交流、增进友谊的重要纽带。以约束为前提的自由，无需提醒的自觉，内外一致的网上网下行为方能促使我们行稳致远。

4. 内化提升：文明对对碰

通过共读网络文明评论文章，引导学生抓住网络社交文明的关键点，明晰如何规范自身网络行为。

（1）对话时评：通过选取关于网络文明行为的经典时评，诸如《让诚信成为网络空间亮丽底色》《让网络空间正能量更加充沛》等，激发学生思想共振、情感共鸣、行动共进，推动形成积极健康的网络文化。（大学生网络素养教育及提升报告会如图4-68所示）

图 4-68 大学生网络素养教育及提升报告会

（2）文明“满格”：讲述新时代网络文明建设的十件大事，促使学生充分了解我国网络文明的发展前进脉络。同时，根据学生实际，讲解“五要九不”文明网络构建要诀，牢记共筑网络文明的行为密码。（大学生网络素养提升训练营如图 4-69 所示）

图 4-69 大学生网络素养提升训练营

“五要九不”文明网络构建要诀：要依法上网、文明上网、安全上网、自律上网、诚信上网，不传播虚假消息，不浏览不良网站，不窥探他人隐私，不发表不文明言论，不传播垃圾邮件，不使用盗版软件，不沉迷网络游戏，不窃取他人成果，不随意与网友见面。

互联网不是法外之地，盲目跟风、炒作不可取。让我们守网有责、用网尽责，以文明风尚传递时代正能量，让每一次“指尖漫游”都舒心舒畅。

七、班会感悟

学生A

班会中，老师将常见的网络不文明现象进行深入的解析，使大家深刻认识到网络不文明行为给自己、给他人、给社会带来的不良影响，我们要坚决抵制网络不文明行为，塑造自己良好的网络形象。

学生B

参与“拇指下的我”互动环节，使我开始认真反思自己在网络上的言行举止是否适当，筑牢网络文明意识，时刻注意自己在网络上发布的每一条消息，线上线下都争做一个有品德、有修养的人。

学生C

就如同班会中提出的，网络为我们开辟了一个新的世界。在网络世界中，我们要如同现实世界中一样遵守规则，坚决抵制网络谣言、网络暴力等行为，只有这样才能真正享受网络给我们带来的便捷丰富的生活。

网上网下，请理性“吃瓜”

——网络舆论引导教育主题班会

一、班会主题

网上网下，请理性“吃瓜”

二、班会背景

班会素材

随着互联网在全球范围内的飞速发展，网络媒体已成为当下时兴的、具有普及性的交流沟通手段，网络成为反映社会舆情的主要载体之一。中国互联网信息中心第53次《中国互联网络发展状况统计报告》中指出，截至2023年12月，我国网民规模达10.92亿人，其中青少年、青年和中年群体网民占全体网民的48.9%，已成为互联网主体用户。今天，网络日益成为人们表达和传播意见、情绪、态度和要求的主要选择。然而，由于网络信息具有传播平台多样、表达方式多元、发展速度迅速等特点，导致网络上的信息良莠不齐，网络舆情发生频率逐年上升。大学生群体正处于“三观”形成的重要时期，他们一方面思想活跃、好奇心强，敢于表达自己的想法，乐于接受新鲜事物，但同时部分学生难免会受到一些不良、不实信息的影响，从而在看待网络热点问题上较为激进和片面。针对上述情况，以本次主题班会为契机，引导大学生正确使用网络，正确看待舆情。

三、班会目标

情感层面

1. 认识到任何一条网络信息、任何一起网络事件都与真实的生活情景相联系，但不是每一条网络信息、每一起网络事件都与事实相符。

2. 认识到任何网络言论的发表都应基于对事件本身的全面认识和深刻了解，而不是盲目的、片面的、冲动的认识。

认知层面

1. 认识到网上行为的自发性与互动性一方面为网民提供了发表意见的媒介和平台，另一方面次生了信息的误读与偏差。

2. 认识到网上行为的广泛性与匿名性一方面实现了资讯的传播与共享，另一方面增加了网络信息的不稳定性和不可控性。

3. 认识到在上网过程中应学会甄别网络舆情信息，预判网络舆情中的危机与风险，对待热点事件时刻保持清醒。

行为层面

1. 端正网上行为，网络并非不法之地，每一个人都要为自己的言行负责。

2. 树立正确的网络道德观念，提高不良信息的辨识能力，能够通过正确的途径了解问题、反馈问题。

四、班会准备

1. 案例导入：上网搜索近期的热点事件，并对事件进行全面了解，形成自己的观点和看法。

2. 问卷分析：设置网络舆情问卷，了解学生上网的目的与意义、获取网络信息的主要途径、热衷的话题类别、热点事件的追踪情况、网络舆情的看法、网络言论的特点等。

3. PPT 准备：通过归纳总结大学生网络行为中存在的问题、引导学生思考正确的网络行为，普及网络相关法律规定，引导学生树立正确的网络道德观念。

五、班会导引

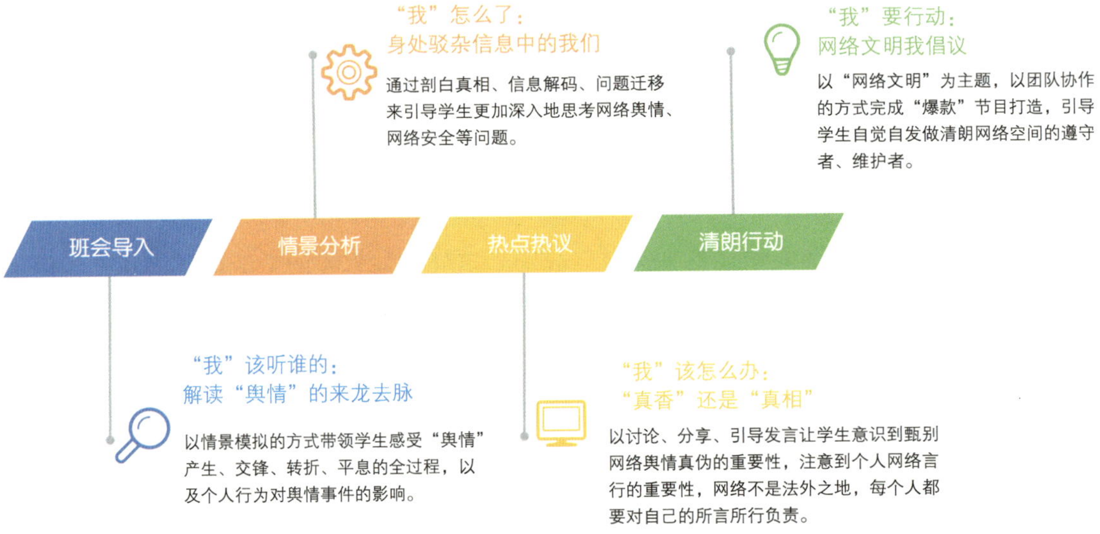

六、班会实施

此次主题班会以网络舆论引导为中心，旨在通过“感受舆论”“解析舆论”“正视舆论”“坚定行动”四个环节，逐层递进引导学生思考面对网络舆论时，作为一名大学生应该怎么想、怎么看、怎么做。

1. 班会导入：“我”该听谁的——解读“舆情”的来龙去脉

在班会正式开始前，以情景模拟的方式带领学生感受“舆情”产生、交锋、转折、平息的全过程，以及个人行为对舆情事件的影响。

（1）情景设置：以学生生活的真实情景为背景，选择影响范围小、可控制性强的生活场景类话题作为“舆情”；通过学生QQ群、微信群在一部分学生群体中“制造舆情”，如以学生在食堂吃饭时吃到虫子为例。

“舆情”的选取需要进行全面思考，应考虑哪类舆情会吸引学生的注意力；哪类舆情可控性强，便于教师对于教学过程的全局把控；哪类舆情能以小见大，引导学生反思个人在舆情事件中的态度与行为。

（2）制造舆论：事先与个别学生骨干进行沟通，让个别学生骨干了解该事件只是一次“情景教学”而非真实情况，并请个别同学配合老师推动主题班会的进行，例如，请同学A在班级群里匿名发布一张图片，图片上是一块煎蛋，煎蛋右上角有蚂蚁大小的一块黑点，但因像素问题无法看清，并请同学A留言称：早上在食堂买的煎蛋，这个黑点……咱也不敢说，咱也不敢问……

在舆论制造环节需注意，在情景模拟前，需将此次班会的主旨、用意以及开展班会主要的方式方法与相关的学生骨干进行沟通，以便师生在相互配合共同推进主题班会进程的同时将“舆情”控制在可控范围内，以免出现次生危机。

（3）舆论发酵：自同学A匿名发言后，观察班级群内其他同学的发言情况、舆论发酵情况，记录下同学们的主要观点以及态度。

在舆论发酵环节要注重对学生反应的关注并做好记录，同时时刻关注舆论的发酵情况，若舆论热度过高，需及时对舆情进行澄清，以免产生新的舆情。

（4）舆情澄清：根据舆情的发酵情况，及时对舆情进行澄清，如10分钟后，同学A在群里言明真相：“同学们不好意思，我问了食堂师傅，这个黑点是芝麻包上的芝麻……”同时附上一张清晰的图片并继续观察同学们的发言情况。

在舆论澄清环节要及时还原事情真相，让所有同学了解开展网络情景模拟的初衷在于让学生设身处地感受舆情的瞬息万变，正所谓“一千个读者就有一千个哈姆雷特”，每个人对待不同信息的反应、观点、态度、做法都是不同的，因此面对驳杂的信息才更需要审慎。

在此环节中要有意识引导学生思考置身网络舆情中，个人与群体的关系，既引导学生觉察“个人”在网络舆情中的情绪反应、行为反应等，又引导学生观察“群体”在网络舆情中的观点变化及舆论导向。

2. 情景分析：“我”怎么了——身处驳杂信息中的我们

（1）剖白真相：首先向同学们解释同学A的做法是为了将大家带入话题中去；其次以同学们在情景嵌入环节中的匿名发言为讨论对象，对同学们的反应、态度、发言情况等进行分析。

（2）信息解码：统计在舆论发酵期间同学们发言的人数、条数、内容、类别，进而分析学生们的网上行为，总结学生们对待网络舆情的行为和态度。

（3）问题迁移：将同学们在情景中的发言情况进行迁移，让他们真切地感受到网络舆论对于还原事情的真相既可能起到积极作用，也可能起到消极作用。引导同学们认识到，面对网络舆情需要全面了解，不可偏听偏信。

在此环节，要持续引导学生深入思考网络舆情背后的群体现象和个人行为之间的关系，引导学生了解引发网络舆情的群体（“键盘侠”）都有哪些共同特性，个体又有哪些“无意识”行为。在此可引入法国心理学家古斯塔夫·勒庞的著作《乌合之众》中对“集体心态”的探讨与总结，引导学生思考“键盘侠”是怎么来的？变成“键盘侠”的这群人都怎么了？从而向学生揭示匿名群体存在的“人来疯”现象、“传染”现象和“暗示”现象。同时在问题迁移环节可向同学们拓展“群体极化”“信息茧房”等知识点，引导同学们更加深入地思考网络舆情产生背后的推动力。

3. 热点热议：“我”该怎么办——“真香”还是“真相”

（1）分组讨论：将班会前准备好的时事热点问题，按照同学们对问题的感兴趣程度进行分组，要求同学们围绕事件发生的“起因——经过——结果”以小组为单位进行自主讨论，并统计每组同学对事件“起因——经过——结果”三个阶段了解的人数情况、信息真实性以及信息来源情况。

（2）小组分享：各小组派一名代表发言，根据讨论要求，逐条说明小组成员对热点问题的了解程度。

（3）引导发言：同学们从热点热议环节可以看到，每个人所掌握的信息是不同的，大多数同学只关注了话题的“热度”但不关注话题的“深度”和“真度”，因此由于掌握信息的程度不同，使得大家对事件的观点和言论不同。从而引导学生思考在网络舆情产生的过程中，同学们自己是否在无意识中扮演了“键盘侠”的角色，是否保持了理性。在此过程中，继续引导学生思考身处舆情中的我们应该怎样跳出舆论，保持理性。同时，向学生介绍理性对待舆论的方法，例如，学会溯源——查证来源的可靠性；不走极端——从不同角度看待问题；理性分析——补全空缺的逻辑链条而非受感情驱使；降温处理——“让子弹飞一会儿”再评论。在此过程中要引导学生意识到甄别网络舆情真伪的重要性，全面了解信息的重要性以及个人网络言行的重要性，警惕在无意间成为“键盘侠”。同时要引导学生意识到网络不是法外之地，每个人都要对自己所说的话、所做的事负责，作为一名当代大学生，更应坚定立场，自觉维护清朗网络空间。（网络舆论引导主题讲座如图4-70所示）

图4-70 网络舆论引导主题讲座

4. 清朗行动：“我”要行动——网络文明我倡议

在此环节要引导学生坚定个人立场，遵守网络文明法律法规，将个人对网络舆情的辩证思考，转化为积极正向的行动。可邀请各小组进行小组团队赛，并按要求完成以下任务。

（1）各小组给团队取一个名字；

（2）各小组围绕“网络文明”这一主题，打造一款“爆款”节目；

（3）制作一份节目宣传推广海报；

（4）各小组派代表进行“爆款”节目宣传；

（5）由班级同学投票产生“爆款”节目。

该环节以“网络文明”为主题，要求学生以团队协作的方式完成“爆款”节目打造，一方面能够检验本次班会的教学成果，另一方面也能真正听到学生对“网络文明”“网络舆情”的认识，引导学生自觉营造清朗网络空间、规范上网行为、严守法律底线，自觉自发做清朗网络空间的维护者。

本次主题班会以网络舆情为切入点，通过模拟网络舆情产生的过程，引导学生思考“语言”的威力；进而从热点事件分析环节，引导学生意识到面对舆论需要保持理性，坚决不做“以键伤人”的“键盘侠”，坚决不做网络谣言的传播者，坚决不做网络暴力的施暴者，而是做一名遵纪守法、理性平和、正向积极的大学生网民；最后通过制作“爆款”节目的方式，检验学生本次主题班会的学习情况，并引导学生自觉维护清朗网络空间。希望同学们能将今日所学运用到网络场景中，做一名有礼、有节、审慎、睿智的大学生网民。

七、班会感悟

学生A

此次班会以网络舆论为主题，话题新颖。同学们通过此次班会活动，深刻地认识到，网络虽然是一个虚拟的平台，但是作为一名大学生，我们仍然应该有自己的态度、自己的主张，面对驳杂的舆论信息，不可偏听偏信。

学生B

在班会设计方面，老师和班委为了加强同学们的代入感，以一张图片为引，模拟了真实的网络情景，这一点非常有趣。同时也让我意识到，匿名的网络环境确实让人放松，但放松不代表我们可以胡乱发言，无论何时何地我们都应该为自己的言行负责。

学生C

在热点热议环节，老师让我们如实记录了解事件发展的起因、经过和结果的人数，而我发现，大多数同学确实像老师说的那样，只关注了话题的热度（起因），却没有持续关注事件的发展，导致许多同学对事件的看法较为片面。以后我会持续关注事件的发展，在理性的思考、分析后慎重表明我的观点。

上网容易下网难，自律自省成空谈

——大学生网络成瘾教育主题班会

班会素材

一、班会主题

上网容易下网难，自律自省成空谈

二、班会背景

在21世纪的信息时代，互联网已经成为我们日常生活不可或缺的一部分。它为我们提供了无限的信息和便利，但同时也带来了一系列问题，尤其是对大学生这个群体，网络成瘾已经成为影响大学生身心健康、学业成绩乃至未来发展的重要因素。随着社交媒体、在线游戏和各种数字娱乐平台的兴起，越来越多的学生发现自己难以抗拒网络的诱惑，“上网容易下网难，自律自省成空谈”成了许多人的真实写照。

研究表明，网络成瘾不仅会导致学生的注意力分散，影响学习效率，还可能引发焦虑、抑郁等心理健康问题。此外，长时间使用网络还会影响人际交往能力，使得学生在现实生活中的社交活动减少，进一步加剧了孤独感和社交焦虑。然而，面对网络成瘾，单纯的禁止或限制并非长久之计，需要引导学生树立正确的网络使用观念，通过教育和自我管理，学会合理安排时间，平衡线上和线下生活。帮助学生认识到网络成瘾的严重影响，学习如何自我管理和控制网络使用，培养健康的生活习惯，最终实现线上线下生活的和谐统一。

三、班会目标

情感层面

1. 唤起学生对于网络成瘾的深刻担忧与情感共鸣，激发自我反思和自我调节，以建立健康的情感连接和社交关系。

2. 提升学生对于自我价值和身份认同的正面感受，培养积极的情感体验和情感调节能力，以抵御网络成瘾所带来的情感波动和空虚感。

认知层面

1. 引导学生拓展对于网络成瘾的认知边界，深入了解其对身心健康和学业发展的负面影响，引导他们建立正确的认知观念和认知策略。

2. 引导学生正确认识个人需求与网络行为之间的关系，培养批判性思维和问题解决能力，以建立积极的网络使用模式和认知行为。

行为层面

1. 激发学生对于健康生活方式的行为动力，引导他们主动探索多元化的兴趣爱好和社交活动，建立积极的行为替代和应对机制。

2. 有效培养学生的自我管理和时间管理能力，帮助他们形成规律的学习和生活习惯，以实现网络使用与现实生活的平衡和协调。

四、班会准备

1. 案例搜集：搜集班会所需的关于“网瘾少年”典型案例和“戒网瘾”的教育视频、PPT等素材。

2. 问卷调查：发布问卷对班级同学网瘾情况进行调查，班级同学填写发放的调查问卷（见二维码），统计班级同学对网络的依赖度、戒掉网瘾的难度等信息，及时发现部分同学的网瘾问题，并总结解决问题的策略。

3. 布置活动：班会前一周，被选拔的10名学生志愿者，体验7天限制使用网络的生活。学生利用手机自带的屏幕使用时间管理系统，将每日的屏幕时间设置在1小时左右，进行生活体验，并记录下自己一周的感受变化，例如，从最开始几天的焦虑无聊产生断联感，到后来的逐渐适应并探索心得兴趣活动，最后情绪稳定养成了积极健康的生活习惯。统计每位志愿者“限网”生活体验坚持的天数，分析同学失败的原因，将不同志愿者的感受汇集成稿，在班会期间与同学们分享。

4. 走访调研：班委组成临时调研团队，对每个寝室进行走访，搜集记录同学们手机的日常屏幕使用时间，使用统计图表进行数据分析，以PPT形式在班会上展示，反映本班同学对网络的依赖程度。

5. 材料制作：对搜集的资料进行归纳整理和制作PPT。

五、班会引导

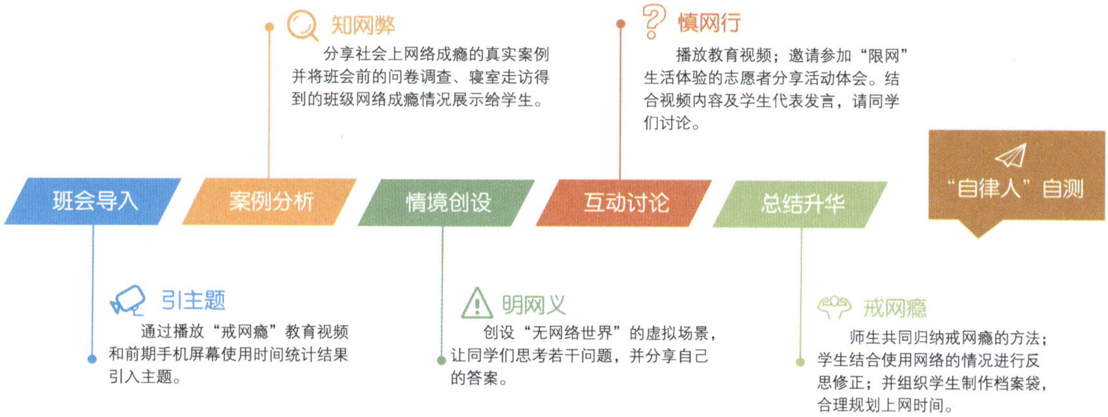

六、班会实施

1. 班会导入——引主题

通过播放“戒网瘾”教育视频和前期手机屏幕使用时间统计结果引入主题，用身边的真实事件和数据引起学生的兴趣和注意，使学生思考什么是网瘾、网瘾有哪些表现、自己是否存在网瘾，为后续如何戒网瘾的教育做铺垫。

在人生的舞台上，每个人都扮演着自己独特的角色，而互联网则是这场戏中的一把双刃剑。今日，我们站在“戒网瘾”的十字路口，面对着一个重要的选择：是被网络牵引，还是成为自己人生的主角？通过深入思考网瘾的定义、表现形式以及自我反省，我们为自己的人生绘制一张清晰的蓝图，唤醒内心的勇气，掌握自己的节奏，让生活更加精彩。

2. 案例分析——知网弊

通过网络成瘾案例的分析，结合网络的危害机制和正确使用方法，以及学生的调查问卷和寝室走访结果的展示，引导学生认识到网络成瘾的危害，强化正确使用网络的意识和方法。

（1）结合社会上网络成瘾的真实案例，解读“网络的危害机制”“网络的行为失范”“网络的工具属性”“网络的正确使用”四个方面的问题，使学生明确网络的弊端与危害，引导其正确使用网络。

① 网络使部分大学生注意力分散，弱化了他们的思维能力和想象力，导致其价值观混乱，造成价值主体自由化，价值导向多元化，价值目标模糊化。

② 网络信息的杂乱无章，逐步淡化了部分大学生的精英责任意识，使其过分追求个

人的绝对自由。

③ 网络的虚拟性使得某些大学生整天沉湎于网络虚拟空间里，导致数字化人和非人性化倾向。

（3）将班会前的问卷调查、寝室走访得到的班级网络成瘾情况展示给学生，使学生意识到自身网瘾正在逐渐形成，必须及时改正。

在网络的迷宫中，我们为自己导航。虚拟世界的诱惑与陷阱，对于我们大学生而言，既是机遇，也是挑战。网络的迷离，模糊了我们的视野，淡化了我们的精英责任感。然而，正是透过这片迷雾，我们才能发现内心的坚定，唤醒沉睡已久的责任与使命。网络不是束缚，而是启迪。认识其中的陷阱，勇敢面对自我，方能在无限的网络空间中找到真正的自由。

3. 情境创设——明网义

通过创设“无网络世界”的虚拟场景，让同学们思考以下问题，并分享自己的答案，使学生明确网络存在的真正意义，积极杜绝网瘾的形成。

① 如果没有网络，你的生活将会出现哪些变化？有哪些好的变化？有哪些坏的变化？

② 如果没有网络，你将需要多长时间调整自己，适应新的生活环境？

③ 如果没有网络，你认为你可以使用什么样的工具或方法，来取代网络的功能？

④ 如果没有网络，你认为你将用什么活动来填补自己的娱乐时间与闲暇生活？

网络给学生的课余时间带来了很多新鲜事物，满足了学生的求知欲，其虚拟属性也使得学生更容易在其中找到自己的存在感。网络形成一个相对独立的空间，能够使学生感受到一种自由，但同时也占据了学生大量的时间。过度使用网络很容易导致情绪问题、消费问题、交际问题、学业问题等，严重影响个体的身心健康，产生网内网外的自我分裂。

4. 互动讨论——慎网行

通过视频教育和学生分享活动，让同学们深入了解限网生活的积极影响，从而引发他们对自律自省的思考。

（1）播放知名视频博主关于“一天只用半小时手机，坚持一周后我有哪些变化”的教育视频。视频讲述了一位同学放假时每天频繁使用手机的生活状态，导致一天无所事事，随后决定限制自己使用手机的时间，每天只用半小时手机，坚持一周后自己使用手机的习惯发生了极大的变化，提高了生活效率，改变了生活习惯和生活质量，甚至心态也变得更加积极乐观。

（2）邀请参加“限网”生活体验的志愿者分享活动体会，挑战成功的同学就自己在此次挑战中的心路历程和学习生活的变化等方面进行分享，向同学展示正确的使用网络行为带给自己的积极影响；挑战失败与未参加挑战但存在网络成瘾问题的同学讲述自己受网瘾支配的痛苦经历。

（3）结合视频内容及学生代表发言，请同学们讨论：作为新时代的大学生，我们应该如何克服网络成瘾，做到自律自省，让上网、下网随我支配？引导同学们及时做出改变，养成健康的上网习惯，从根本上杜绝网瘾，预防网瘾。

在无尽的网络世界中，我们是自己的舵手。正如一帆风顺的航行需靠指南针引导，我们的网络之旅亦需自律与自省为航标。观视频、听体验，我们见证了限网之路的奇迹与挑战。有人因自律而焕发生机，有人因放纵而深陷泥沼。然而，每一次选择都是我们自己的抉择，塑造着我们的命运。作为新时代的大学生，我们应当拥有掌控自我的能力，让自律成为内心的信仰，让自省成为生活的习惯。唯有如此，我们才能在虚拟的网络海洋中航行自如，不为浪潮所困扰，不为风浪所摧残，做到上网、下网随我支配，成为网络世界的主宰者。

5. 总结升华——戒网瘾

通过案例分析、情境创设、互动讨论、视频观看等环节，使同学们亲身体验到网络对自己生活的巨大影响，从根本上认清网络的利害，引导学生戒除网瘾，养成良好的上网习惯，培养自律自省能力，树立正确的人生观和价值观，争做德智体美劳全面发展的新时代青年。

（1）师生共同归纳戒网瘾的方法，示例如下。

① 走出网络，走进自然；

② 培养自己的兴趣爱好；

③ 阅读书籍；

④ 结交优秀的朋友；

……

（2）引导学生结合自身情况和父母、同学、朋友、教师的评价对自己使用网络的情况进行分析、评估、修正。

（3）组织学生制作档案袋，将自己使用网络的目标和计划都放在里面，立下“军令状”，每过一段时间组织学生进行自我评价，并将新的评价放入档案袋。组织学生对其他同学的目标和计划实现提出自己的意见、建议、经验供对方参考。

在戒除网瘾的征途上，我们是自己的导航者，也是航行者。通过意识的觉醒，我们才能穿越虚拟的迷雾，走向真实的天空。戒网瘾，不仅是一场对自我的解放，更是一次对内心的探索与成长。走出网络，感受自然的清新；培养兴趣，拓展心灵的天地；阅读书籍，汲取智慧的养分；结交优秀的朋友，共享人生的美好。在这个过程中，我们需要的不仅是意志的坚定，更是心灵的洗礼。让我们将目标写在档案袋里，让每一次的自我评价成为我们前进的动力，让彼此的关怀与支持成为我们的航行灯塔。在戒网瘾的征程上，让我们携手前行，成为新时代充满智慧和勇气的航行者。

七、班会感悟

学生A

通过此次班会，我意识到了自己的网瘾问题，我以前经常把放松自己和沉迷网络混淆，长时间地沉浸在网络当中，对互联网产生强烈的依赖。可网络到底只是工具，并非生活的全部，万万不能陷入其中无法自拔。

学生B

每天都在与网络接触，可从没有想过使用网络也要有度，是时候好好平衡自己的现实生活和网络世界了。只有正确使用网络，控制每日的上网时长，才能把生活节奏拉回到正常轨道上。

学生C

正确使用网络能使我们养成良好的习惯，但戒掉网瘾并非易事。走下网络，积极学习，培养爱好，相信生活中还有很多值得我们发掘的美好，让自己更加自律、自信、自强。